国家社科基金
后期资助项目

宪法社会学

Constitutional Sociology

喻中 著

中国人民大学出版社
·北京·

国家社科基金后期资助项目
出版说明

　　后期资助项目是国家社科基金项目主要类别之一，旨在鼓励广大人文社会科学工作者潜心治学，扎实研究，多出优秀成果，进一步发挥国家社科基金在繁荣发展哲学社会科学中的示范引导作用。后期资助项目主要资助已基本完成且尚未出版的人文社会科学基础研究的优秀学术成果，以资助学术专著为主，也资助少量学术价值较高的资料汇编和学术含量较高的工具书。为扩大后期资助项目的学术影响，促进成果转化，全国哲学社会科学规划办公室按照"统一设计、统一标识、统一版式、形成系列"的总体要求，组织出版国家社科基金后期资助项目成果。

全国哲学社会科学规划办公室
2014 年 7 月

序

宪法社会学，旨在从社会学的角度看宪法。在现行的学科体系中，宪法社会学可以归属于法学理论，更具体地说，可以归属于法学理论的一个研究方向——法社会学，因为宪法是法的一个组成部分，宪法社会学表达了法社会学的一个方面。同时，宪法社会学也可以归属于宪法学，因为，按照宪法学界的一种划分，与宪法社会学并列的理论形态是规范宪法学与政治宪法学。当然，从更宽的范围来看，宪法社会学还可以归属于社会学，因为法社会学就是社会学的一个分支，宪法社会学则是社会学的一个更细小的分支。宪法社会学在学科归属上的这种交叉性、重叠性，意味着宪法社会学是一个跨学科的研究主题。多年来，我在法理学、宪法学、社会学的交叉地带做了一些持续性的思考，完成了这部《宪法社会学》。现在，我把它交给读者，希望得到各位读者的指教。

喻 中
2016 年 9 月 16 日

目　录

第一章　导论 ··· 1
　第一节　宪法社会学的视界 ································· 1
　第二节　意义、难点与思路 ································· 22
第二章　政治过程 ·· 30
　第一节　作为不成文宪法的政治惯例 ························ 30
　第二节　在宪法与政党之间 ································· 40
　第三节　中国宪法蕴含的七个理论模式 ······················ 50
　第四节　中国宪法发展进程中的八大关系 ···················· 67
第三章　制度角色 ·· 80
　第一节　人民代表大会的制度角色 ··························· 80
　第二节　行政权的性质与政府的角色 ························ 92
　第三节　最高人民法院的政治功能 ··························· 104
　第四节　检察院作为法律监督机关 ··························· 127
第四章　历史变迁 ·· 137
　第一节　宪法塑造的人的形象 ······························· 137
　第二节　宪法塑造的国家形象 ······························· 159
　第三节　中国宪法的演进 ··································· 171
　第四节　中国宪法的修改 ··································· 181
第五章　研究方法 ·· 192
　第一节　恩格斯的宪法社会学研究 ··························· 192
　第二节　从宪法解释学到宪法社会学 ························· 202

第一章 导　　论

第一节　宪法社会学的视界

一、日本的宪法社会学

在中外学术史上，尤其是在西方学术史上，从社会学的角度考察宪法的作品并不少，甚至很多。譬如，恩格斯的长篇论文《英国宪法》①，就是从社会学的角度考察英国宪法的成果。但是，直接以"宪法社会学"命名的著作却很少见到。日本学者上野裕久的《宪法社会学》也许是一个难得的例外。这部由日本劲草书屋于1981年出版的法学作品，不可避免地引起了中外法学界的关注。

日本法学界已经推出了自己的《宪法社会学》，这也许可以表明：宪法社会学的研究在日本已有相当的自觉。在这个主题上，中国学者董璠舆根据上野裕久的《宪法社会学》及其所列举的相关书籍编译而成的《宪法社会学及其在日本的研究》一文②，给我们提供了比较全面、比较密集的信息。根据董璠舆的这篇文章，日本的宪法社会学可以从以下几个方面来透视。

首先，从理论沿革来看，日本的宪法社会学是日本法社会学的一个组成部分。第一次世界大战结束以后，日本引进了西方的法社会学，并把它运用于宪法学研究，由此开创了日本的宪法社会学。从源头上说，早在1921年，美浓部达吉就在《日本宪法》一书中提出了法社会学的宪法学

---

① 参见《马克思恩格斯全集》，第1卷，北京，人民出版社，1956，第678页。
② 参见董璠舆：《宪法社会学及其在日本的研究》，载《国外社会科学》，1985（4）。

立场，提倡比较法的、历史的研究方法。不过，在上野裕久看来，美浓部达吉虽然在宪法学研究中表现出法社会学的倾向，但美浓部达吉的宪法学理论本质上还是宪法解释学，并不是严格意义上的"社会科学的宪法学"或"宪法社会学"。到了1927年，中岛重在《日本宪法论》一书中明确提到了"宪法社会学"——这也许是"宪法社会学"一词的最初使用。1935年，田畑忍在《宪法学在法学体系中的地位》一文的注释中，对宪法社会学有所论及，但他认为，宪法社会学相当于一般宪法学和宪法哲学。1938年，田畑忍在《国体与政体》一文中，再次使用了《宪法社会学》这一术语。1951年，尾高朝雄在《法社会学》第1期发表的题为《宪法社会学》的评论中，也使用了"宪法社会学"这一术语，他说："宪法同国民政治生活和社会生活实际之间产生各种意义上的分歧……抓住这些，进行一种宪法社会学的研究……我想是法社会学一种可能的做法。"1953年，小林直树发表的《战后重要立法的立法过程研究》一文，推进了日本宪法社会学的研究。1955年，黑田在《宪法讲话》中，把宪法社会学作为宪法学包含的种类加以列举。1956年，久田发表了一篇题为《日本宪法在现实中的分析》的文章，其副标题即为"宪法社会学序说"。从那以后，田畑、池田、铃木、山林、影山、稻田、上田、伊藤等学者的著作与论文，都使用过"宪法社会学"一词。青林书院新社先后于1968年、1981年分别出版的《体系宪法事典》，以及1975年、1981年的有斐阁丛书《宪法小辞典》，都载有"宪法社会学"词条。这就是说，自20世纪20年代以来，"宪法社会学"一词在日本法学界已经得到了广泛的承认与普遍性的运用。

其次，从理论内涵来看，日本法学界关于宪法社会学的理解是多元化的，并没有一个得到普遍认同的"宪法社会学"概念。(1)按照前文提到的田畑忍的观点，宪法社会学相当于一般宪法学与宪法哲学。这是对"宪法社会学"的广义理解。现在看来，这种过于宽泛的理解，几乎销蚀了"宪法社会学"一词的意义，以至于在"宪法社会学"与"宪法学"之间，几乎看不出有什么区别。但是，(2)樋口阳一在其执笔的《体系宪法事典》第三章"宪法社会学"中，对宪法社会学作出了新的界定。他说："宪法社会学一般不限于宪法的狭义社会学，而是作为社会科学的宪法学，即以宪法现象这一社会现象为对象的科学。"这就是说，宪法社会学是关于宪法的社会科学，或者从社会科学的角度看待宪法学。(3)小林直树把宪法学分为理论宪法学与应用宪法学。其中的理论宪法学，又分为宪法学（指宪法原理论）、宪法史（包括宪法学说史和宪法思想史）、比较宪法学（包括比较宪法史）、宪法社会学（包括宪法的政治学、社会学、心理学研究）四个部分。按照这样的分类，宪法社会学是理论宪法学的一个组成部分，其内容是关于宪法的政治学研究、社会学研究与心理学研究。（4）上野裕久认为，宪法社会学是把宪法过程作为一个社会过程，把宪法规范、宪法制度、宪法意识、宪法关系、宪法运动等宪法现象，与政治、经济、社会等其他现象联系起来，进行实证研究的经验科学。在上野裕久看来，宪法社会学有助于发现支配宪法现象的规律并予以系统的说明，宪法社会学虽不如宪法解释学和宪法政策学那样直接有助于审判、行政和立法，但是，如果不吸收宪法社会学的研究成果，宪法学就会变成唯心的、形式主义的东西，将无助于宪法政治的实现。

再次，从具体内容来看，"二战"以后日本法学界关于宪法社会学的研究热点主要包括：（1）关于天皇制问题的研究。这是日本特有的宪法现象。（2）随着日美安保条约的缔结，在压制言论集会、全面修改警察法、加强警察权的背景下，日本宪法学界展开了关于学术自由、审判、选举、教育，以及治安立法、基本人权、日美安保条约框架下的法律体制等问题的研究，这些主题，不仅具有日本特色，而且具有时代特色，那就是缔结日美安保条约这样一个特殊的时代背景。（3）20世纪50年代后半期以来，日本政府时不时把修改和平宪法作为现实的政治过程①，日本学界则开展了关于宪法的舆论调查。其中，长谷川正安通过研究判决书，分析了法官的宪法意识和思想体系，出版了宪法社会学著作《宪法判例研究》；久田出版了《现实的日本宪法分析》。（4）20世纪60年代，在修改日美安保条约、增强自卫队的背景下，日本学界展开了关于游行示威、安保体制、判例等宪法现象的社会学研究。其中，小林直树运用各种意识调查和统计资料，在1963年、1964年，分别出版了代表性的宪法社会学著作《日本宪法动态分析》《日本国宪法的问题状况》。长谷川正安、渡边洋三等编的《新法学讲座》自1962年开始陆续出版，其中收录了优秀的宪法社会学论著。（5）20世纪70年代以后，宪法社会学的研究主题更加广泛，诸如安保体制、地方自治、司法危机、冲绳问题等现实问题，都成为饱受关注的理论热点。1972年，川岛武宜编的《法社会学讲座》开始出版，收有小林直树、上野裕久的宪法社会学论文。

最后，从研究领域来看，根据上野裕久的归纳，日本的宪法社会学研究主要涉及以下七个方面：（1）宪法是在怎样的社会政治条件和经济条件下产生的，又是怎样受这些条件的制约；在宪法制定过程中，哪些阶级展

---

① 参见喻中：《论"特别法理优于一般法理"：以日本修宪作为切入点的分析》，载《中外法学》，2013（5）。

开了斗争,斗争的结果是什么,斗争的意义和价值观以何种形式在宪法中体现出来。(2)围绕宪法的实施,探究哪些阶级之间展开了怎样的斗争,斗争的结果又是什么,怎样根据宪法法典的规定来立法和执行,以及宪法的功能和影响,对宪法的社会反应,立法和行政的变化,等等。(3)探讨纷争的原因、法庭上的斗争、法院的判决、判决同宪法的关系、法院如何审判、政治形势对判决的影响、判决对社会和政治的影响,以及决定法院如此判决的主要原因,等等。(4)研究立法、行政、司法过程与宪法本身的规定相背离的原因,国民对宪法规范和实施情况的反应,国民中关于这一问题的矛盾和对立,以及围绕宪法的各种政治势力的力量对比关系。(5)宪法中的活法究竟是什么,活法和宪法的关系,活法与宪法变迁之间的关系,现实宪法的结构和发展,决定现实宪法结构和发展的各种社会力量的分析。(6)宪法在现实中所履行的职能,宪法解释是什么,宪法判例和宪法学说理论的意义,宪法解释存在分歧的原因,正确的宪法解释应该是什么。(7)宪法现象产生、变化和发展的社会规律,等等。[①]

此外,还值得一提的是,日本《法律时报》在1993年第10期上刊登了由宫泽节生、奥平康弘、户松秀典、大泽秀介、佐上善和、长谷川公一、伊藤公雄、大久保史郎和大塚浩共9名宪法学家撰写的特辑——《宪法过程的法社会学》。其中,对"作为秩序原理的宪法""作为法解释论的宪法诉讼论的现实性成果和课题""作为公共诉讼的宪法诉讼""作为社会运动的宪法诉讼""在社会过程中的宪法动员:宪法、舆论、大众媒介"、"二战后的政治、社会过程与宪法"等宪法实施过程中的社会问题展开了论述,进一步推动了日本的宪法社会学的发展。[②]

以上几个方面,大致反映了宪法社会学在日本的源与流。概括地说,日本的宪法社会学研究既打出了"宪法社会学"这个旗号,也按照社会学的方法,对日本宪法领域内的具体问题展开了丰富多彩的研究。不过,一方面,宪法社会学本身的理论框架或理论体系,还没有成为日本宪法社会学的重心;另一方面,日本的宪法社会学总体上说是一种广义的宪法社会学,关于宪法的社会学研究、政治学研究、政策学研究是混在一起的。

二、德国的宪法社会学

上文已经略微提及,日本的宪法社会学是欧洲的法社会学示范、牵引

[①] 以上7个方面,详见〔日〕上野裕久:《日本宪法社会学的研究课题》,黄维玲译,载《国外社会科学》,1988(2)。

[②] 参见何勤华:《20世纪日本法学》,北京,商务印书馆,2003,第189页。

的结果，是欧洲的法社会学尤其是埃利希的法社会学引入日本法学界的产物。因此，宪法社会学的视界，还需要从日本延伸至欧洲以及更宽广的空间。

在欧洲，德国法学对日本的影响较为突出。在德国学术思想史上，虽没有找到以"宪法社会学"命名的作品，但是，德语世界中关于宪法的社会学研究却是极为繁荣的。譬如，马克思论述巴黎公社的名篇《法兰西内战》，就对一种独特的宪制进行了富有社会学意义的研究，其中关于"议行合一""地方自治"等宪法原则的阐述，就可以归属于宪法社会学。上一目提到的恩格斯关于"英国宪法"的专题论文，堪称标准的宪法社会学文献。比马克思年长5岁的天才德语作家毕希纳的《黑森快报》虽然只是一篇檄文，虽然其主要旨趣在于批判，却称得上是宪法社会学的重要文献。在这里，不妨摘引几句，看看毕希纳的叙述风格："在德国，宪法究竟是什么东西呢？它除了像一堆被诸侯脱过粒的麦穗之外什么也不是。我们的邦议会是什么东西呢？它阻挠过一两次诸侯及其部长们的贪欲，但它除了像用过的慢腾腾的破车之外，什么也不是，人们永远也不能把这种邦议会建设成为一个德意志自由的坚固堡垒。我们的选举法是什么呢？它除了损害大多数德国人的公民权和人权之外什么也不是。"[①]

在马克思、恩格斯以及毕希纳带有批判色彩的宪法社会学论著之外，德国的宪法社会学还可以在韦伯、哈贝马斯等人的作品中加以体会。

在社会学领域，一般把韦伯看作是与马克思、迪尔凯姆比肩而立的主要奠基人。但是，相对于马克思、迪尔凯姆的研究重心而言，韦伯在法社会学方面的论述更为丰硕、详尽，其中关于公法的论述、关于若干宪法现象的论述，就可以归属于德国传统的宪法社会学。譬如，在《法律社会学》一书中，韦伯开篇即指出："依照社会学的划分法，公法，就其在法秩序规定下的意义而言，可简单定义为：约制国家机构相关行动的总体规范。所谓国家机构的相关性行动，是指使国家机构的各种目的得以维持、伸张和直接遂行的行动，而这些目的必须是根据法规或基于共识方为妥当。"[②] 这种关于公法的界定，立足于社会学的方法，着眼于国家机构的行动、目的以及社会共识，就体现了宪法社会学的趣味。

[①] [德]毕希纳：《黑森快报》，载《毕希纳文集》，李士勋、傅惟慈译，北京，人民文学出版社，2008，第14页。
[②] [德]韦伯：《法律社会学：非正当性的支配》，康乐、简惠美译，南宁，广西师范大学出版社，2010，第3~4页。

韦伯的宪法社会学思想，还散见于他的其他社会学著作。譬如，针对合议制这种具体的宪法现象，韦伯就在《支配的类型》一书中写道："从一个历史的角度来看，合议制有两层主要的意义：(a) 合议制里，同一职务有几个任职者，或者是由一群权限范围是直接竞争而每一个又都拥有彼此否决权力的官员所组成。此型合议制主要是借技术上的分权，而达到尽可能缩小支配的目的。最典型的例子是罗马执政长官的合议制。其制度最重要意义在于：每个政务官的法令会受制于拥有同等权限的官员，因此大大限制了任何个别政务官的权力。政务官的职位仍然只是一个，只不过是同时有数人出任此职。(b) 第二种类型是关系到合议式的决策的。在此类型中，行政法令只有依照无异议或多数决的原则——由大多数人合作通过的才有正当性。此型合议制目前最盛行，虽然古代世界也曾经有过。它可以划分为三种：1. 领袖支配的合议制；2. 行政机构的合议制；3. 咨询组织的合议制。"[①] 这种关于合议制的论述，可以归属于关于合议制的历史社会学研究。

以史论结合的方式论述宪法，还体现在施密特的宪法社会学著述中。与韦伯一样，施密特也善于从历史变迁，特别是从思想史的角度，有纵深感地阐述宪法在历史过程中的存在形式。在《宪法学说》中，施密特认为，宪法是一个动态发展的过程，"有一种根本的或在根基处涌动的力量或能量使政治统一体处于不断形成、不断被创造的过程中，宪法就是这个过程的原则"[②]。在《宪法的守护者》中，施密特又写道："当前德国的具体宪政状态，在这里可以通过三个概念以简要地标举其特征：多元主义、多角主义与联邦主义。这里涉及的是三个彼此不同的、在国家生活的不同领域中以不同形式出现的，也是我们国家法上关系的发展现象。"[③] 虽然，施密特的人生经历与纳粹政权有一些交集，颇受人诟病，但他阐述的宪法社会学及其理论价值却是不容忽视的。

在当代德国思想界，哈贝马斯是具有代表性的思想家。在他的政治哲学、法哲学、宪法学论著中，不乏宪法社会学方面的贡献。他在《在事实与规范之间》一书中，就区分了"宪法判决在自由主义的、共和主义的和程序主义的政治观中的作用"。他说："决定性区别在于对民主过程之作用

---

① [德] 韦伯：《经济与历史：支配的类型》，康乐等译，南宁，广西师范大学出版社，2010，第418页。
② [德] 施密特：《宪法学说》，刘峰译，上海，上海人民出版社，2005，第7页。
③ [德] 施密特：《宪法的守护者》，李君韬、苏慧婕译，北京，商务印书馆，2008，第93页。

的理解",根据自由主义的观点,"民主过程所执行的任务是根据社会利益为政府制定规划,在此过程中政府被看成是公共行政的机构,而社会则是一个按市场经济方式形成结构的私人间交往以及他们的社会劳动的体系"。"但是,根据共和主义观点,政治的内容不仅仅是这种中介性功能;它应当是对整个社会过程来说具有构成性意义的。"① 在比较这两种不同的政治观的基础上,哈贝马斯对程序主义政治观进行了具体的阐述;宪法判决在不同的政治观中,尤其是在程序主义政治观中的作用,得到了有效的说明。

21世纪之初,针对欧洲是否需要一部宪法这个极具现实意义的问题,哈贝马斯论述了统一的欧洲宪法对于欧盟民主化的意义。他说,欧盟民主化需要三大功能条件,它们分别是:"第一,必须有一个欧洲公民社会;第二,建立欧洲范围内的政治公共领域;第三,创造一种所有欧盟公民都能参与的政治文化。"这三大功能条件都可以理解为"一个复杂而又相对集中的发展过程的出发点。制定一部宪法,可以大大加快这个过程,并使发展更加集中,因为宪法具有一定的催化作用。换言之,欧洲必须通过回顾,把当初民主国家和民族相互促进的循环逻辑再次运用到自己身上。首先要在欧洲范围内就立宪问题进行全民公决。因为,立宪过程本身就是跨国交往的特殊手段,它具有自我履行诺言的能力。一部欧洲宪法不仅可以明确潜在的权力转移,而且也将推动新的权力格局的形成"②。

根据韦伯、施密特、哈贝马斯的宪法社会学思想,同时结合马克思、恩格斯的经典论述,可以发现德国的宪法社会学存在一些共通性的特质,那就是注重从历史过程、政治现实的角度,揭示宪法的存在状况。这样的宪法社会学,或许可以概括为关于宪法的历史社会学与政治社会学。韦伯、哈贝马斯、施密特等人特别擅长的史论结合的叙述方式,又为德国的宪法社会学打上了强烈的思辨色彩和历史纵深感,使德国的宪法社会学在某种程度上又呈现出思想史的风格,使德国的宪法社会学文献既是法学文献,同时也是思想史方面的重要文献。总体上说,德国传统的宪法社会学具有强烈的批判性、思辨性和历史意识。此外,德国的宪法社会学还有一个形式上的特点:它主要是广义的思想家的产物。

---

① [德]哈贝马斯:《在事实与规范之间:关于法律和民主法治国的商谈理论》,童世骏译,北京,三联书店,2003,第331页。
② [德]哈贝马斯:《欧洲是否需要一部宪法》,载曹卫东编:《欧洲为何需要一部宪法》,北京,中国人民大学出版社,2004,第46页。

三、法国的宪法社会学

在德国的近邻法国，其宪法社会学又是一个怎样的情形呢？在法社会学这个学术理论谱系中，人们很容易想到的代表性学者是法国人狄骥。狄骥是社会连带主义法学的主要阐述者，法国因而也成为这个法学流派的原产地。按照社会连带主义的理论逻辑，宪法亦是社会连带的规则化表达。因此，社会连带主义法学作为法社会学的一个分支，亦可以支撑一种具有"社会连带主义"风格的宪法社会学。

何谓"社会连带"？按照狄骥的表达，"社会连带学说面临着这样一种促动，就是说明法治原则不是根植于那种关于先于社会而存在的个人权利的形而上学和自相矛盾的观念之上，而是来自于那些构成社会联结的相同因素。那么，这些因素是什么？"狄骥回答说，"在每一个集团中，有两个因素构成了社会联结；虽然这两个因素可能会以无穷无尽的形式出现，但是它的基础——那种被简化为社会联结的某些最简单条件的基础，总是一成不变的。它们是（1）需求的相似性，无论是对由于机械的相互依赖而形成的，还是对由于相互类似而形成的连带，这都是连带的基础；（2）在需要与能力方面的差异，这种差异导致和造成了各种服务之间的交换成为必要，并且既通过有机的相互依赖，又通过劳动分工建立起社会连带。这样一来，下面这条关于法治原则——它适用于某个社会集团中的一切个人，无论这一集团的规模是大是小、力量是强还是弱，也同时适用于统治者和被统治者——的规则便由此产生了，即：不要去做那些可能损害社会的相互依赖的事情，无论这种相互依赖是由于相似性，还是由于劳动分工而形成的；而要在自己的权限范围之内，在自己现有的处境和能力所允许的范围之内，去做那些保障和加强社会的相互依赖的事情，无论这种依赖是由于相似性还是由于劳动分工而形成的"[①]。换言之，正是人与人之间的相互依赖所形成的社会连带支撑了社会连带主义的法学及宪法学。

在《宪法论》中，狄骥论述了社会连带主义的宪法理论。他说："公法的第一部分包括直接和专门适用于统治者本身的全部规则。它决定统治者的活动及其活动范围和限度，决定统治者能做什么，不能做什么，以及应该做什么。"此外，"归入公法第一部分中的还有按照习惯说法来决定国家组织的规则"；"在另一方面，直接的或代表的统治者自然要指定代理人来确保完成今天要求任何政府所做的一切活动。于是出现了许多规则来确

[①] ［法］狄骥：《法律与国家》，冷静译，北京，中国法制出版社，2010，第213~214页。

定设立代理人的方式，确定这些代理人和统治者的关系，代理人的不同类别，以及他们的地位和他们服从统治者的范围。总之，公法的第一部分所包括的规则决定统治者的活动范围，统治者各种势力的代表方式，以及他们代理人的地位，他们代理人之间的关系，以及代理人和统治者的关系。人们往往把国内公法的这个第一部分称为宪法"。至于宪法与公法的关系，"我坦率地承认，在一般公法和宪法之间我看不出有什么区别"①。在这里，狄骥把宪法与一般公法等同起来，并认为，宪法（公法）的内容既包括适用于统治者本身的全部规则，也包括按照习惯说法来决定国家组织的规则。这就是说，凡是主权运行的真实规则，就是宪法（公法）规则。这显然是一种社会学取向的宪法观。

具有社会连带风格的宪法社会学虽然在狄骥的著作中得到了个性化的表达，但是，这种强调"社会连带""相互依赖""彼此关联"的法学思维方式却并非滥觞于狄骥，事实上，早在影响更大的孟德斯鸠的著作中，这些思想方式就已经得到了有效的运用。在《论法的精神》这部法社会学巨著中，孟德斯鸠写道："各种法律应该同业已建立或想要建立的政体性质和原则相吻合，其中包括借以组成这个政体的政治法，以及用以维持这个政体的公民法。法律还应该顾及国家的物质条件，顾及气候的寒冷、酷热或温和，土地的质量，地理位置，疆域大小，以及农夫、猎人或牧人等民众的生活方式等等。法律还应顾及基本政治体制所能承受的自由度，居民的宗教信仰、偏好、财富、人口多寡，以及他们的贸易、风俗习惯等等。最后，法律还应彼此相关，考虑自身的起源、立法者的目标，以及这些法律赖以建立的各种事物的秩序。必须从所有这些方面去审视法律。……我一一考察这些关系，所有这些关系组成了我所说的法的精神。"②

这段中国学人很熟悉的著名论述，与社会连带主义法学理论虽然指向不同，却有异曲同工之妙。按照狄骥的社会连带主义，社会成员是相互依赖的；按照孟德斯鸠的论述，"法的精神"亦是各种关系综合、连带、牵连的结果，应当从各种关系中来理解法律。按照这样的思路，宪法就不能从纸面上的宪法条文来理解，而应当在各种关系中来理解。正是从法与多种事物的联系中，孟德斯鸠论述了政制的规则。譬如，在政体问题上，他说："在共和国中，当全体人民掌握最高权力时便是民主政体，部分人民

---

① [法] 狄骥：《宪法论》，第 1 卷·法律规则和国家问题，钱克新译，北京，商务印书馆，1959，第 499~501 页。
② [法] 孟德斯鸠：《论法的精神》（上卷），许明龙译，北京，商务印书馆，2009，第 12 页。

掌握最高权力时便是贵族政体。在民主政体中，人民在某些方面是君主，在另一些方面是臣民。全体人民只有通过表达其意志的选票才能成为君主。最高权力掌握者的意志就是最高权力者本身。在这种政体中，确立选举权的法当然就是基本法。规定如何投票、投给谁、就什么事情投票，这些事情都很重要，其重要性不亚于君主政体下需要知道谁是君王、他将如何治理国家。"①

与孟德斯鸠同享贵族身份的法国作家托克维尔，同样运用了社会学的分析进路，展示了宪法社会学的理论魅力。在《论美国的民主》一书中，托克维尔用了一个小节的篇幅专论"联邦宪法概要"，他说："美国人面临的第一个难题，就是将主权划分得既能使组成联邦的各州继续在一切与本州的繁荣有关的事务上管理自己，又能使联邦所代表的全国政府仍然是一个整体和满足全国性的需要。这是一个复杂而又难以解决的问题。要想事先用一个准确而全面的方法把分享主权的两个政府的权限划分开来，那是不可能的。谁能预见一个国家的一切生活细节呢？"② 这种从国家的生活细节着眼来分析美国的宪法和民主制度，几乎见于《论美国的民主》的每一个章节。因而，《论美国的民主》如同《论法的精神》，亦是法语世界中宪法社会学的代表性著作。

从孟德斯鸠、托克维尔再到狄骥，法国的宪法社会学虽然各有自己的主题，但都呈现出某种旁观者的色彩：托克维尔的宪法社会学立足于对美国政制的研究，对于"美国的民主"来说，托克维尔是一个十足的旁观者，因为托克维尔的身份是一个法国贵族；孟德斯鸠论述"法的精神"，其实也是从比较法的角度展开的，旁观者、社会学调查者的立场几乎是一以贯之——在相当程度上，孟德斯鸠关于"法的精神"的论述，正是他长时间从事社会调查、对世界各国（主要是欧洲各国）政制进行比较分析的产物。他们的宪法社会学虽然表达了各自不同的价值追求，但客观化、旁观者的叙述风格却是比较明显的。与德国的宪法社会学习惯于从政治和历史的角度切入，偏重于思想性、思辨性、批判性相比，法国的宪法社会学呈现出社会实证的、中立的、旁观者的旨趣。

四、英国的宪法社会学

英国是经验主义哲学的大本营，英国的判例法就体现了法律实践对经

---

① ［法］孟德斯鸠：《论法的精神》（上卷），许明龙译，北京，商务印书馆，2009，第15页。
② ［法］托克维尔：《论美国的民主》（上卷），董果良译，北京，商务印书馆，2009，第127页。

验主义哲学的呼应。在经验主义哲学涂抹的理论底色上，英国的宪法学天生就带有宪法社会学的风格，因为他们偏好研究"活生生的宪法"。正如19世纪的英国著作家白芝浩所言："一个著者要想试图素描一部活生生的宪法——一部处于实际运行和效力中的宪法——殊非易事。难处在于，所要描画的对象一直变动不居。"① 这里的"难处"，其实正是宪法社会学的魅力所在——"素描一部活生生的宪法"。

正是在社会学的视野中，白芝浩以一部《英国宪法》，向我们展示了1865—1866年间英国宪法的运行情况。那个时期，英国已经完成了工业革命，已经变成了"世界工场"。英国工人阶级的队伍虽然比较庞大，但他们在政治上没有选举权。为此，他们发起了高潮迭起的宪章运动，要求获得选举权。后来，这场政治运动被列宁称为"世界上第一次广泛的、真正群众性的、政治性的无产阶级革命运动"②。这场政治运动还直接促成了1867年的第二次议会改革法的出台，它标志着英国的议会民主制发展到一个新时期、新阶段。针对第二次议会改革法出台前夕的现实状况，白芝浩全面地描述了活生生的英国宪法的几个侧面。

关于内阁制。我国学者认为，"此制肇始于英国，然英国责任内阁制的完全成熟，亦只是19世纪上半期之事"③。那么，到了19世纪60年代，英国的内阁制是如何运行的呢？白芝浩以亲历者的身份告诉我们："无疑，存在于所有书本上的传统理论认为，我们的宪法好处在于立法权和行政权的彻底分离。但事实上，它的优点恰在于二者之间的奇妙结合。其连接点就是'内阁'。这是一个新词汇，意即一个被立法机构选以充任行政机构的委员会。立法机构设有许多委员会，而这个委员会是最强大的。它为这个主要的委员会挑选了它最信任的人。"那个时期的英国内阁会议"不仅在理论上而且在实际上都是秘密进行的。当今的实践表明，所有通常举行的会议都没有官方记录。甚至私下的记录也不被提倡和认可。下议院即便在其最喜欢追问和最动荡的时刻，通常也很少允许人们当庭阅读这种笔录。任何尊重政治实践中基本惯例的大臣都不会试图阅读这种笔录。这个连接立法权与执法权的委员会——由于此种连接，只要它持续运作且连成一体，它就是国家最强力的机构——竟是完全秘密的委员会。从来没有人对它进行过既生动又真实的记录。有时人们说它像一个

---

① [英]白芝浩：《英国宪法》，夏彦才译，北京，商务印书馆，2012，第5页。
② 《列宁全集》，2版增订版，第4卷，北京，人民出版社，2012，第394页。
③ 王世杰、钱端升：《比较宪法》，北京，中国政法大学出版社，1998，第252页。

颇有些嘈杂的董事会，里面说者多而听者少——尽管没有人知道究竟说了些什么"①。这段话，几乎是以"亲历者"的口吻，为我们描述了内阁的真实面貌以及其与下议院之间的相互关系。

关于君主的作用与功能。我国学者龚祥瑞认为，"英国女王在实际政治生活中的作用大小，视人而异。作为制度，名义上权力很大，实际上王权都由首相及其内阁行使，包括未经议会限制的行政权"②。如果君主不享有实际权力，那么他（她）的制度角色又是什么呢？身临其境的白芝浩告诉我们："英国君主制的特征是，它保留着英雄时期的国王们赖以统治他们的草昧时代的那种情感，又在这种情感中加入了某种东西"，"简而言之，皇室是这样一种管理机构，在这种机构中，国人的注意力集中在一个人身上，而这个人所做的事是有趣的"。不仅如此，"英国君主用一种宗教的力量强固着我们的政府"，因为"君主制用它的宗教神圣性为我们全部的政治秩序作了证明；而在乔治三世的时代，除了君主制本身，这种神圣性没有证明别的什么。如今，这种神圣性通过吸引广大民众对君主制不容置疑的服膺而赋予了全部宪法以巨大的能量"，所以，"君主制如此完美地使我们整个国家充满了神圣性"③。这样的神圣性，为国家增添了不可替代的伦理资源。

关于贵族院的实际地位。我国当代学者认为，"贵族院纯属司法机关，早已失去了对财政法案的控制权，对一般法案则自1848年通过修正议会法所规定的拖延性的控制权也已由两年缩短为一年"④。这就是说，贵族院的实际地位在下降。但是，在19世纪60年代，贵族院虽然"不会引起人们像对女王那样多的尊敬，但它还是会引起人们相当的敬意。贵族阶层的功能是向普通民众施加某种影响"，"贵族阶层不仅就它所营造的东西而言是大有用处的，就它所能预防的东西而言也是一样。它防止了财富的统治——对金钱的信仰"。"当我们不再从贵族富于尊严的一面来看它，而从其严格的有益的一面来看它，我们就会发现英国宪法的相关书本理论照例是完全错误的。这种理论认为，贵族院是王国内的一个与平民院相协调的机构，一个与平民院平起平坐的机构；它是一个贵族性的分支，就像平民院是一个大众性的分支一样；而依据我们的宪法原则，这个贵族性分支与

---

① [英] 白芝浩：《英国宪法》，夏彦才译，北京，商务印书馆，2012，第62~65页。
② 龚祥瑞：《比较宪法与行政法》，北京，法律出版社，2003，第186~187页。
③ [英] 白芝浩：《英国宪法》，夏彦才译，北京，商务印书馆，2012，第84~90页。
④ 龚祥瑞：《比较宪法与行政法》，北京，法律出版社，2003，第213页。

那个大众性分支是具有同等权威性的。这种理论是完全站不住脚的。英国宪法的一个显著特征和一个首要的精妙之处是，它设置了一种上院，这个上院不具有与下院同等的权威，尽管它还拥有某种权威。"①

关于平民院（下院）的功能。从应然的层面上说，"作为国民代表机关的议会首先是为制定租税的课征方法（租税法）及其支出的方法（预算法）而设置的"②。但是，这仅仅是下院的"应然"功能，实际上，"许多评论家抱怨：下院已经蜕化为党派政治的舞台，把关于公共政策的实质性辩论排除在外"③。那么，平民院（下院）实际上到底履行着什么样的功能呢？白芝浩告诉我们，"平民院是一个选举院，它选举出我们的首脑"。可以说，"选举功能是平民院最重要的功能"。"平民院的第二个职能是我可以称之为表达的职能。其职责是表达英国人民有关他们所遇到的所有事情的看法。"平民院的"第三个职能我可以称之为——为了即便在一些熟悉的事情上做出明辨而保留某种技术性——教育的功能"。"平民院的第四个功能是一种可以称之为告知的功能——一种从它现在的形式上讲尽管是相当现代的功能但实际上是一种特别类似于中世纪的功能。"④ 除此之外，平民院还有立法功能、财政功能，等等。正是承担了这些政治功能，才足以让学者得出这样的结论："尽管君主制和上院在英国政治体系中是不容忽视的实体，而需要引起主要关注的却是下院。"⑤

正如《英国宪法》一书的"美国版序言"所言，"国家宪法对他们（指英国人——引者注）来说意味着其实际的社会政治秩序——一整套从前代继承下来的且规范当下政府操作行为的法律、习惯和先例。因此，一部关于英国宪法的著作自然使我们联想到它事关英国政治机构和社会生活的结构及其实际运行"。因此，对英国宪法的研究"使我们更直接地面对事实和现象，或者说直面政治活动的规则、社会的变迁和国家的成长"⑥。立足于这样的理论目标的《英国宪法》，可谓宪法社会学的典范性著作。

不过，在很多中国学人的眼里，戴雪出版于1885年的《英宪精义》

---

① ［英］白芝浩：《英国宪法》，夏彦才译，北京，商务印书馆，2012，第128～135页。
② ［日］杉原泰雄：《宪法的历史：比较宪法学新论》，吕昶、渠涛译，北京，社会科学文献出版社，2000，第35页。
③ ［美］戈登：《控制国家：西方宪政的历史》，应奇等译，南京，江苏人民出版社，2001，第335页。
④ ［英］白芝浩：《英国宪法》，夏彦才译，北京，商务印书馆，2012，第162～164页。
⑤ ［美］戈登：《控制国家：西方宪政的历史》，应奇等译，南京，江苏人民出版社，2001，第331页。
⑥ ［英］白芝浩：《英国宪法》，夏彦才译，北京，商务印书馆，2012，第1～2页。

是理解英国宪法的更具代表性的文献。在这本著作中，戴雪直截了当地指出："英宪的学问之一半既属于历史，即应由历史教授担任研究；其他一半又为用以解证英宪的生成之实例，属于习惯法部分。"按照这样的学术观，戴雪认为，"'宪法'一名，自其沿用于英格兰者着想，实包含所有直接地或间接地关连国家的主权权力的运用及支配之一切规则。因此之故，大凡诸类规则，或被用以界限主权权力的各个分子所有职务，或被用以规定各个分子间之相互关系，或被用以实测主权者或他的各个分子所以运用此项威权之方式，俱包举于宪法之内"。"换言之，'宪法'一名，当用于英格兰时，无论在公众方面，或在法律名家方面，均包含两种成分。其一成分可称为'英宪的法律'，自是一部严谨的法律。其他成分可称为'英宪的典则'，带有许多格言或通例，虽则可以约束元首、阁臣，或其他人员的日常行为，然而严格观察，并不能成为法律。"① 这些并不能成为法律的东西，其实就是政治惯例。对这种政治惯例或"非成文宪法"的研究，正好反映了宪法社会学的进路。

通过戴雪尤其是白芝浩的论著，我们可以体会到英国宪法社会学的精神与风格：对活生生的宪法进行经验化的、写实性的描述，其叙述风格就像人类学家的田野调查报告：看到什么，就写什么；经历了什么，就记录什么；政治生活是什么，宪法就是什么。以白芝浩为代表，可以发现，英国宪法社会学知识的生产者，就是英国宪法的行动者、实践者。他们的行动与实践，本身就是英国宪法的组成部分。从知识生产的角度来看，实际的政治过程、政治生活为英国宪法社会学的研究者提供了丰富的资源，成为了宪法社会学研究者的阅读对象。研究者们通过自己的亲身经历，发现了英国政治生活中的真实规则、真实秩序，完成了自己的研究报告，同时也成就了英国式的宪法社会学论著。从知识考古的角度来看，英国宪法社会学的这种精神与风格根源于一个根本的背景——不成文宪法，因而可以将其视为不成文宪法的产物，同时也反映了经验主义哲学的基本旨趣。

五、美国的宪法社会学

美国虽然也是判例法国家，但跟英国的"不成文宪法"相比，美国一直都有成文宪法。从《五月花号公约》到《邦联条例》，从1787年宪法再到后来的27条宪法修正案，美国的成文宪法是持续不断的。然而，正是美国成文宪法的产生、演进过程，为美国的宪法社会学研究提供了丰富的

---

① [英]戴雪：《英宪精义》，雷宾南译，北京，中国法制出版社，2001，第101～103页。

资源。无论是《联邦党人文集》还是《反联邦党人文集》，都可以被视为宪法社会学的经典文献。因此，汉密尔顿等人亦可以被视为早期的美国宪法社会学的经典作家。不过，从学术的立场来看，比尔德、弗莱切等人的著作，也许可以更好地体现美国宪法社会学的风格。

1913年，比尔德推出了《美国宪法的经济观》。这本著作从经济的角度，对美国宪法进行了社会学意义的分析："在《邦联条款》下面的政治制度不利于巨大的主要的经济利益集团，如公债持有人、航业家和制造家、生息资本家；总之，与土地对立的资本。这些主要的利益的代表们曾企图通过正常合法的道路修改《邦联条款》，以保护他们将来的权益，特别是公债持有人的权益。在不能经由正常的道路实现他们的目的时，改革运动中的领导者乃努力经由迂曲的道路，争取召开会议来'修改'《邦联条例》，希望从现存的立法机构之外通过一项革命的政纲。"[①] 1787年的美国宪法，正是在这样的语境下产生的。着眼于此，比尔德指出："把宪法视为一种抽象的法律，没有反映派别的利害，没有承认经济的矛盾，则是一种完全错误的观念。它是一群财产利益直接遭受威胁的人们，以十分高明的手段写下的经济文献，而且直接地、正确地诉诸全国的一般利害与共的集团。"[②]

在这本书的最后，比尔德得出了自己的结论："合众国的宪法运动主要是由四个在《邦联条款》下受到损害的动产集团发起和推动的。这四个集团是：货币、公债、制造业、贸易和航运。制宪的第一个稳健的步骤是由一个小而积极的集团完成的，他们通过自己的私人财产从自己的努力结果中获得了直接的利益。关于召开制宪会议的提议，并未经过直接或间接的人民表决。由于对选举资格的限制普遍存在，大量没有财产的人民始终未曾参与制宪的工作。起草宪法的费城会议的成员，除少数外，都从新制度的建立上获得了直接的私人利益。宪法在基本上是一项经济文件，它的基本观念是：基本的私人财产权先于政府而存在，在道德上不受人民多数的干涉。……在各州批准会议上拥护宪法的领袖们，所代表的经济利益与费城会议成员所代表的经济利益完全相同；其中的多数人也都从他们的努力结果上获得了直接的私人利益。在批准问题上，事实表明赞成和反对宪法两派之间有一条鸿沟，一边是殷实的动产利益集团，另一边是小农和债务人集团。宪法并不像法官们所说的那样，是'全民'的创造；也不像南

---

① [美]比尔德：《美国宪法的经济观》，何希齐译，北京，商务印书馆，2010，第56页。
② 同上书，第141页。

方废宪派长期主张的那样，是'各州'的创造。它只是一个巩固的集团的作品，他们的利益不知道有什么州界，他们的范围的确包罗全国。"① 通过比尔德的这番分析，我们对美国宪法背后的经济关系、利益格局，获得了比较清晰的认知。

在比尔德之后，2000年出版的《隐藏的宪法》是美国比较晚近的宪法社会学方面的代表作。此书作者弗莱切为我们描述了一部隐藏的美国宪法：这就是源于林肯总统的美国宪法。他说，美国的"内战导致一个新的宪政秩序。在内战后，重建法律秩序的核心是宪法重建修正案——第十三、十四、十五条修正案，这些修正案分别于1865年到1870年间获得批准通过。这个新法律体制的诸原则，跟1787年起草的第一部宪法截然不同，可称之为第二部美国宪法。这个新宪法实际上建立了美利坚第二共和国。第一部宪法依据自愿联合、个人自由和共和主义精英政治的人民主义基础。而相对应的，第二部宪法的指导基础则是所有人的平等、大众民主和民族国家。"②

弗莱切认为，这个新的宪政框架的出现"经历了三个不同的阶段。头一个阶段，林肯在葛底斯堡演说所形成的高级法原则，在1865年和1870年间的战后重建宪法修正案中以白纸黑字的条款得以体现。第二个阶段，是法院在19世纪70年代和80年代，对这一新的宪政秩序的拒斥。司法上对这些原则的拒绝，使得新的高级法原则隐藏起来。司法对它的拒绝，导致一个从地下统治我们的隐藏的宪法的产生。第三个阶段则是对隐藏的宪法的重申，首先是通过宪法修正案，其次是在学术讨论中，最后是在最高法院的措辞和判决之中。简言之，隐藏的宪法先是隐藏起来，接着又慢慢重新冒头出现，影响了律师、学者和法官的思考。第四个阶段需要简单地提及一下。在我们宪法历史的某些领域中，特别是在言论自由领域中，对平等原则的主张，引起了在现代表达自由原则中的抵制。我们致力于言论自由和出版自由，据信是源自1791年所通过的宪法第一条修正案。但这种历史根基很大程度上只是口惠。正如我们会看到的，言论和出版领域的'自由的新生'只是近来的事情，而且，它们是作为对新的平等政治的对立物而出现的。"弗莱切还主动"承认，声称存在两部宪法而不是一部宪法的说法，有点花言巧语的味道。这样讲，是为了让大家认识到，我们

---

① ［美］比尔德：《美国宪法的经济观》，何希齐译，北京，商务印书馆，2010，第242~244页。
② ［美］弗莱切：《隐藏的宪法：林肯如何重新铸定美国民主》，陈绪纲译，北京，北京大学出版社，2009，第2页。

的历史跟欧洲国家的历史相似的地方，比我们意识到的要多。法国经历过无数的共和国和宪法，但他们总是坚持《民法典》和1789年《人权宣言》。跟他们一样，我们也经历过宪政历史上的中断，但我们试图以一部演变的宪法来掩饰这一点。思考我们实际上有两部宪法（一部来自美国革命，另一部来自内战，有时候也被称为第二次美国革命）是更能说明问题的。"[1]

为什么"更能说明问题"？原因绝不是弗莱切所说的"花言巧语"，而是一种理解宪法的有效进路：社会学的进路。尤其是在《隐藏的宪法》第二章，弗莱切关于林肯总统的"葛底斯堡演说"的阐释，把这篇著名的演说视为一篇"新宪法序言"的观点，精当地展示了宪法社会学的理论洞察力。

较之于日、德、法、英诸国的宪法社会学，以比尔德、弗莱切为代表的美国宪法社会学有什么特别之处呢？回答是：美国的宪法社会学善于把纸面上的宪法文字与宪法文字背后的经济背景、利益格局、社会环境区分开来。纸面上的美国宪法文字仿佛漂浮在海面上的冰山，望之俨然，呈现出晶莹的、圣洁的气质。宪法文字背后的经济背景、利益格局、社会环境仿佛大海深处，在那里，各种激流交错在一起，呈现出涌动的甚至汹涌澎湃的格局。美国的宪法社会学就给我们描绘了大海深处这种汹涌澎湃的格局。走进美国的宪法社会学，就像走进大海深处。

六、中国的宪法社会学

至于当代中国的宪法社会学，则可以从两个方面来看。一方面，从社会的、历史的、经济的、政治的角度来研究宪法，可以视为宽泛意义的宪法社会学。这个意义上的宪法社会学论著，可以说是相当丰富的。这个意义上的宪法社会学，甚至可以囊括大部分已有的宪法学文献。因为大部分宪法学文献，多多少少都会涉及宪法的社会、政治、历史背景。另一方面，则是直接提出了"宪法社会学"这个概念，并对"宪法社会学"进行了专门的叙述。这方面的文献，可以归属于狭义的宪法社会学。这种狭义的宪法社会学，受到了一些学者的重视，从时间顺序来看，代表性的论著及观点主要体现在以下几个方面。

首先，关于宪法社会学的二元观。在《宪法的社会学观》一文中，郑

---

[1] ［美］弗莱切：《隐藏的宪法：林肯如何重新铸定美国民主》，陈绪纲译，北京，北京大学出版社，2009，第9～10页。

贤君认为,"宪法社会学是以社会学方法研究、识别宪法学学科特性的宪法学的一门学科分支",相对于研究价值问题的宪法哲学,研究制宪权、制宪机关、制宪程序及宪法效力的宪法科学而言,宪法社会学"通过分析宪法生成的社会基础及存在的外在环境,帮助人们认识、理解宪法现象及其调整的社会关系,并注重分析宪法功能与规范现实的能力"。基于这样的认识,宪法社会学承认国家与社会、政治与经济的分离,以及在此基础上形成的公共领域与私人领域的两立。在此,"国家即政治,其活动范围为公共领域,行为主体通常为国家机关,行使公共权力,并以保障私人领域的私法主体自由为己任。社会即市民社会,活动范围为私人领域,主要指经济"。由此得出的结论是,"国家与社会的分离是宪法关系的存在前提","公域与私域的界分是限权政府的存在基础","公权与私权的对峙是古典基本权利的宪法表现",至于宪法社会权利,则"是国家与社会相互渗透的产物"[①]。这样的学术观点,可以概括为宪法社会学的二元观。

其次,关于宪法社会学的目标、功能与框架。在《试论宪法社会学的基本框架与方法》一文中,韩大元对宪法社会学作为一个分支学科进行了全面的描述。(1) 就宪法社会学的目标而言,它"是为了解释和解决宪法规范与社会生活之间的冲突而产生和发展的,反映了宪法学研究中的价值与事实关系的原理",因此,"宪法社会学的目标是科学地认识宪法现象,体现科学主义的精神。宪法社会学的科学性既表现为接近宪法现象的基本态度,又表现为认识方法的合理选择。在宪法规范与社会现实之间的冲突中,宪法社会学所提供的知识与方法有助于人们客观地分析多样化的宪法现象。在分析规范、现实、价值、事实等各种关系中,宪法社会学提供了可供参考的指标与规则,丰富了宪法世界"。在此基础上,宪法社会学的特点可以归纳为四点:"一是宪法社会学概念强调宪法现象与社会其他现象之间的联系,突出宪法存在的社会基础;二是在宪法社会学框架下,作为社会科学的宪法学与作为规范科学的宪法学能够建立一定的对应关系;三是宪法社会学是一种动态的体系,具有历史性;四是宪法社会学概念的核心是宪法的实践功能,通过对社会生活的评价体系发挥其学术影响力。"(2) 宪法社会学的功能,主要在于"知识整合和知识创新"。具体地说,第一,"宪法社会学为客观地理解宪法学研究对象提供了知识与方法";第二,"宪法社会学是建立与发展宪法社会学与宪法政策学的学理基础";"第三,宪法社会学有助于协调宪法理论与宪法实践之间的关系,使人们

[①] 郑贤君:《宪法的社会学观》,载《法律科学》,2002 (3)。

对宪法问题的解释与认识达到客观与理性";"第四,宪法社会学在各种知识之间的对话与交流中起着纽带与平台的作用"。(3)关于宪法社会学的基本框架,主要包括"一般理论、宪法动态过程与宪法评价等部分",具体包括宪法产生与社会条件的关系,对不同国家宪法制定和修改过程进行实证分析,对宪法实施过程的社会学分析,对违宪问题的系统研究,对宪法意识的研究,宪法功能综合研究,宪法功能评价指标与体系问题,国际化时代宪法价值观的演变与功能问题的综合研究,宪法统计与定量分析方法的研究,以及宪法学教育方法与形式问题的研究,等等。概而言之,"宪法社会学是以宪法与社会关系的分析为基本出发点,以宪法运行过程的动态分析为基本内容,以宪法的社会效果为评价体系的动态知识体系,反映了宪法学理论与方法的基本发展趋势"①。

再次,关于宪法社会学的思维方式和研究内容。在《论宪法社会学的学科价值、思维方式与研究内容》一文中,潘红祥认为,"社会学理论和方法的运用,使宪法学与社会学获得整合,形成了一门新兴的、最富有朝气的边缘交叉学科——宪法社会学",其思维方式主要有外部视角、整体思维和动态思维。所谓外部视角,"是从社会结构整体的视域观察和研究宪法,将宪法置于社会整体环境之中,视宪法为社会结构要素之一,从宪法之外观察、思考和分析宪法问题,观察宪法与社会系统各要素之间的复杂关系"。所谓整体思维,是指"宪法学要研究和解释宪法现象包括五个方面的要素,一国民众的政治心理、宪法意识、宪法规范、宪法组织以及宪法秩序等,这五个要素并不是孤立和零散的,而是一个有机联系的综合的整体,体现着知识发生和历史发展的逻辑因果关系"。所谓动态思维,"意味着既要从宏观层面考察宪法的生成和演进的过程,又要从微观层面细致了解社会成员的主观需要的形成、需要转化为宪法规范以及宪法规范实施的过程"。借助于这三种思维方式,"宪法社会学研究意味着将宪法置放到社会这个更大的系统中,借助于其所处的外部环境来考察宪法与社会之间的输入与输出、活动与过程、行为与结果、功能及实现等方面的复杂关系,因此,我们在考察宪法与社会之间关系的时候,需要从宪法与社会两者相互促进、相互制约的关系来确定宪法社会学的研究内容"②。

最后,关于宪法的知识社会学分析。知识社会学立足于反思自身的认

---

① 韩大元:《试论宪法社会学的基本框架与方法》,载《浙江学刊》,2005(2)。
② 潘红祥:《论宪法社会学的学科价值、思维方式与研究内容》,载《法律科学》,2009(1)。

识立场和知识结构，立足于知识主体及认识过程，强调"对概念的非本质处理，强调知识存在的语境理解，关注主体的先前理解在知识体系建构中的作用，利用话语分析解读支配知识体系构成与传播的权力要素"。在此基础上，主张"宪法也是一套具有逻辑性、自在性的知识体系。与其他知识体系一样，作为人类大脑的构造物，宪法知识体系也源于人们在一定的物质生活环境中的生活实践及观念想象"。知识社会学既可以通过语义分析来解读宪法，也可以在前见和语境中来解读宪法，还可以针对宪法知识进行话语分析，这样的话语分析直指宪法文本背后的"谁在说话"以及"如何说话"等权力运作策略问题，譬如，"西方宪法发展史的三大理论思潮（自由主义、保守主义和社群主义）实质上是中产阶级、贵族地主、农民阶级以及都市无产阶级在利益博弈格局中的话语表达，这些利益集团的话语在历史情境下的复杂实践，诞生出宪政主义这一产儿，并使之成为支配现代西方政治的主要传统"[1]。

除了以上几个方面的论述，李海平研究了宪法社会学的理论逻辑，他认为，"宪法社会学作为一种研究范式具有独特的问题意识、研究对象与研究方法。问题意识的求真主义、研究对象的实践主义、研究方法的价值中立主义是宪法社会学的基本特征。宪法社会学强调关注宪法实践，秉持价值中立的立场，运用社会科学研究方法阐释中国真实的宪法和中国宪法的真实含义"[2]。韩秀义从宪法实施的角度，归纳了中国宪法学的三种研究模式或研究取向：政治宪法学、宪法社会学与规范宪法学。按照韩秀义的概括，宪法社会学的特点包括：就研究目标来说，主要在于"发现中国政治生活中的真实宪法规则"；就研究假定来说，"任何国家的宪政运作实际上都依赖不成文宪法；宪法是社会规范的表现形式"；就研究资源来说，主要是"英美宪法理论对宪法概念的发展，中国政治，中国宪法实践，中国宪法文本"；就研究方法来说，主要是"社会学实证方法"；就研究框架来说，主要是"不成文宪法的内涵，成文宪法与不成文宪法的关系"；就解决对策来说，主要是"中国的成文宪法和不成文宪法形成有效的良性互动"，等等。[3] 这番概括，其实已在一个独特的层面上，刻画了当代中国宪法社会学的基本景观。

---

[1] 柳正权、张烁：《中国宪法的知识社会学解读》，载《江汉论坛》，2012（10）。
[2] 李海平：《从宪法的实践到实践的宪法：宪法社会学的理论逻辑》，载《社会科学战线》，2014（9）。
[3] 参见韩秀义：《中国宪法实施的三个面相——在政治宪法学、宪法社会学与规范宪法学之间》，载《开放时代》，2012（4）。

与其他国家的宪法社会学相比，当代中国的宪法社会学有两个方面的特征：一方面，已有一些学者展开了宪法社会学的研究，正如韩秀义概括的，他们通过"发现中国政治生活中的真实宪法规则"，已经拓展了中国宪法社会学的实质内容。另一方面，还有一些学者对宪法社会学作为一个分支学科进行了界定，体现了宪法社会学在学术理论上的自觉。不过，从总体上说，当代中国的宪法社会学还处于起步阶段。

七、小结

以上我们以代表性学者、代表性论著为线索，勾画了日本、德国、法国、英国、美国以及中国的宪法社会学的基本旨趣、问题意识与叙述风格。这些各具特色的宪法社会学，展示了宪法社会学多元化的学术传统，以及宪法社会学的多种可能性。

宪法社会学作为宪法学与社会学交叉、融和的产物，有助于理解、发现人类政治生活中的真实规则。从这个意义上说，宪法社会学是求真之学。当今世界，各个国家都制定了自己的宪法，各国宪法的文字表达都比较接近，几乎都承认民主、平等、公正等宪法原则，几乎都有议会制度、选举制度、表决制度等宪法制度。虽然从文本上看，很多国家的宪法都采用了相近、相似的表达，但是，各个国家政治生活的实际情况并不是单一的，而是多元化、多样性的。因此，如果要理解丰富的、多元化、多样性的人类政治生活及其规则化的表达，那么，宪法社会学就是一个相当有效的学术进路。也许正是宪法社会学的这种求真的品格，使它成为了一种可以普遍适用的研究方法，同时也成为一种生命力强盛的研究领域、分支学科。

第二节 意义、难点与思路

一、价值与意义

宪法社会学作为一个专门的学术领域，到底有什么价值呢？到底有什么意义呢？为什么要在当代中国的语境下，推进关于宪法社会学的研究呢？对此，我们可以从理论意义与实践意义两个不同的方面来回答。

从理论意义来看，宪法社会学可以在多个方面拓展我们的宪法理论。

第一，从理论视野来看，宪法社会学可以丰富我们这个时代的宪法观。立足于宪法社会学的学术立场，宪法当然包括纸面上的宪法条文，但是，宪法并不仅仅是写在纸面上的宪法条文。相反，宪法更多地体现为政治生活中的真实规则。政治生活中的真实规则是什么，宪法的内容就是什么——这种意义上的宪法，是有生命力的、活生生的、流淌着的宪法。这种关于宪法的新的理解，有助于促使宪法学的研究者更多地把研究的重心从宪法文本转移到政治规则本身，因为，宪法实为政治活动的规则化表达。宪法文本总是有限的、凝固的，但政治生活中的真实规则是无穷的、流淌的。政治生活中真实规则的丰富性体现了宪法研究对象的丰富性；政治生活中真实规则的变化，就是宪法本身的变化。这种关于宪法的社会学观念，有助于促成宪法学的研究者把更多的目光聚集于活生生的宪法，而不仅仅是那些以文字表达的法条。这样的宪法观，将会为我们这个时代的宪法学研究拓展出更加广阔的学术理论空间。

第二，从理论工具来看，宪法社会学把社会学方法用于宪法研究，可以丰富宪法学的方法论。所谓社会学方法，并不是什么高深莫测的理论秘诀，而是社会科学研究领域中的一种常用手法，是社会科学研究中的"常规武器"。但是，倘若能够自觉地运用这种看似寻常的研究方法，则可以为我们的理论研究提供无限的可能性。在宪法学的理论传统中，那些经典性的著作，几乎都是自觉地运用社会学方法"结"出来的理论硕果。即使是聚焦于法律文本的所谓分析法学，也不可能完全拒绝社会学的方法。倘若将社会学的方法完全驱逐出去，那么，专门针对宪法文本的宪法学研究就相当于语言学研究了。不过，既然说社会学方法是一种常见的研究工具，那么为什么又要特别强调这种理论研究的工具呢？原因在于，在当代中国的法学研究领域，特别是在宪法学研究领域，法条主义的偏好过于强烈，一些研究者总是习惯于把自己的视野禁锢在宪法条文上，难以挣脱宪法条文的束缚而把目光投向更加广泛的空间。这种凝滞于宪法条文的思维定式，受制于传统中国的律学传统，同时也是规范实证主义法学的伴生物。在这样的学术背景下，强调社会学方法的运用，对于宪法学研究来说，就不是一件可有可无之事了。

第三，从理论脉络来看，宪法社会学是法律社会学这个家族中的一个分支，亦可以被视为法律社会学这个母体的一个爱子，可以丰富法律社会学的理论丛林。正如上一节关于日本宪法社会学的梳理所表明的，宪法社会学是法律社会学强力示范、强劲牵引的理论产物。有意识的、自觉的宪法社会学，譬如日本的宪法社会学，更是打上了这样的理论品性。当然，在宪法社会学的视界中，并非所有的宪法社会学著作家，特别是那些经典作家，都会在他们的脑海上空悬挂一盏法律社会学的引路灯。原因在于，那些开创性的经典作家，在他们撰写他们的传世作品之际，连法律社会学这个概念都还没有诞生，宪法社会学这个概念当然更是无从说起。但是，到了21世纪的当下，随着学术分工的越来越细密，特别是随着法律社会学的理论自觉越来越清晰，宪法社会学作为法律社会学的子系统的趋势就越来越明显。这就意味着，在当代及以后，法律社会学对宪法社会学的塑造作用会日益增长，宪法社会学对法律社会学的支撑作用也会随之增长。

第四，从理论生态来看，宪法社会学有助于促成不同进路的宪法学说，从而形成多元化、多样性的宪法理论。多元、多样的宪法理论形态是宪法学不断深入、不断演进的必要条件。如果只有一种理论、一种进路、一种模式，宪法理论就很难得到健康的发展。反之，相互竞争、相互辩难、相互砥砺的理论生态环境才可能为宪法理论提供绵延而持久的发展动力。在当代中国的宪法学理论界，按照学者的归纳，已经形成了一些比较明显的学术进路，甚至已经出现了学派化的萌芽，譬如政治宪法学、宪法社会学、规范宪法学，等等。在这样的理论分化已经露出端倪的整体背景下，进一步推进宪法社会学的研究，有助于促成中国宪法学的多元格局。正是在这个意义上，宪法社会学才有可能成为一根进一步激活中国宪法思想、中国宪法学说的马刺，成为推动中国宪法理论自主生长的一个契机。

在看到宪法社会学的理论意义的同时，还应当看到宪法社会学的实践意义。

一方面，宪法社会学作为求真之学，立足于对政治规则的真实反映、精准概括。这是它触动政治现实的前提条件。在各个国家的宪法学理论中，为什么那些具有强烈社会学倾向的宪法学著作能够对现实政治产生更大的影响？原因就在于，这些宪法社会学著作体现了对政治现实、政治实践的真实而有效的回应。《联邦党人文集》《论美国的民主》，诸如此类的文献，正是因为真实、因为彻底，所有才有力量，才能够牵引政治现实。我们不能想象，那些远离政治现实的"注经式"的宪法学著作，能够引起全面而广泛的共鸣。在中国学术史上，清代的朴学就是因为这种强烈的"注经偏好""文本迷信"，而失去了影响政治现实的功能的。但是，当代中国的宪法学不是朴学，因为宪法学具有强烈的经世济用的品性，必然要对真实的政治现实、政治秩序、政治规则、政治关系作出有效的回应和回答，这是优化、改良政治现实的前提条件。履行这样的政治功能，正是宪法社会学的实践意义之所在。

另一方面，宪法社会学还有助于增强中华民族的政治自信。如果把宪法社会学比作一面透明的镜片，那么，它既能反映出中国的政治现实，也能反映出西方各国的政治现实。就中西各国的政治实践及其交往规则来看，其实是各有其特征。但在一些人的意识或潜意识里，单线进化的思维方式却根深蒂固。在他们看来，西方的政治似乎远远高于或优于中国的政治，以至于西方政治的今天或过去就是中国政治的未来。在一些学者的宪法学著述中，这样的政治神话常常就体现为对西方主流国家宪法文本的崇拜。然而，透过宪法社会学的"现实主义镜片"，西方宪法文本背后的庸常样态暴露得纤毫毕现。譬如，借助于比尔德的《美国宪法的经济观》，笼罩在美国宪法身上的神秘面纱被揭开了，人们可以发现，美国宪法并不像人们臆想的那样"高、大、上"。至于中国政治生活的真实规则，也自有其可以理解的逻辑。这就提醒我们，中西之间的宪法确实有差异，但要作出价值上的优劣评判，也许还为时过早。这样的认识，有助于纠正一些人对西方政治的盲目迷信，有助于增强中华民族在政治上的自信心。

二、难点与魅力

宪法社会学的价值与意义毋庸置疑，但是，要把宪法社会学作为一个相对独立的学术领域来研究，会面临着诸多困难。

首先，很难为宪法社会学确立一个清晰的理论边界。宪法社会学作为宪法学与社会学的交叉学科，是运用社会学方法来研究宪法现象而形成的学术理论。因而，在相当程度上，宪法社会学既体现为一种研究方法，同时也体现为运用这种方法而形成的宪法学理论。不过，无论是社会学方法的运用，还是经由社会学方法而形成的学术理论，都具有无限的可能性。在政治实践、政治生活中寻找真实的规则，既包括成文规则，也包括不成文规则，这几乎是一个没有穷尽的领域。虽然"无止境"的学术空间本身就充满了魅力，虽然学术理论的空间本身就意味着无穷无尽的可能性，但是，运用社会学的方法研究哪些问题才可以成就严格意义上的宪法社会学理论，却是颇具挑战性的，也是不容回避的一个难点。打个比方来说，宪法社会学提供了一种交通工具（社会学方法），但交通工具要驶向的目的地却是一个边界模糊的区域（政治生活中的真实规则）。在这样的情况下，作为一个研究者，你如何驾驶这种交通工具，你到底驶向何处，才能采摘到宪法社会学的理论硕果？

其次，是所谓"法律隐退"或"宪法隐退"的问题。从字面上看，"宪法社会学"是"宪法"对"社会学"的修饰，似乎重心在"社会学"；但究其实，宪法社会学的根子还是宪法学，其主要还是法学领域内的一个分支。如果一定要把宪法社会学归属于某个"学科家族"或"学科谱系"的话，那么，宪法社会学总体上属于法学家族，而不是社会学家族。但是，宪法社会学毕竟是社会学塑造宪法学的产物。在社会学的强力牵引之下，宪法社会学不可避免地呈现出社会学的特征。譬如，宪法社会学特别关注政治实践过程中的规则，甚至那些未曾得到明确表达的规则，甚至那些隐而不显的规则。由此形成的学术理论，就会在自觉或不自觉之间，忽略了写在纸面上的宪法规则。从法条主义的立场来看，这样的宪法社会学可谓是"没有宪法的宪法理论"，因为宪法条文本身都隐退了。然而，如果正式宪法条文都隐退了，那你的研究到底是"法学"研究还是"社会学"研究？宪法社会学能够豁免这样的诘问与责难吗？这确实是一个难题。你聚焦于政治实践过程中的真实规则，就可能相对忽略文本上的宪法规则，从而使宪法社会学的理论研究与权威的宪法文本之间发生某种程度的偏离。

再次，是社会学方法的运用问题。把社会学的方法运用于宪法学研究，看似清楚明白，其实并不容易。因为，社会学本身就是一个庞大的理论体系，社会学的方法也是多样化的。在多种多样的社会学进路中，选择哪一种具体的社会学方法呢？是孔德的方法，还是斯宾塞的方法？是迪尔凯姆的方法，还是韦伯的方法？是米德的方法还是帕森斯所代表的较新的方向？是否考虑兹纳涅茨基的知识社会学进路？除了这些经典作家的社会学理论与方法，社会学研究中的若干具体方法要运用于政治过程、政治实践，也会面临着较大的"适应性改造"。譬如，对一个普通村民进行深度访谈，他可能会说出他的真实想法；但是，这种深度访谈的方法能否适用于政治实践中的另一些当事人呢，譬如一个政府内阁成员或政府总理？这就是一个问题。可见，社会学方法本身的多样化，再加上社会学方法在政治研究领域的"适应性改造"，进一步加剧了社会学方法的选择、适用难度。由于运用不同的社会学方法会通向不同的宪法社会学，因而，每一种社会学的进路都可能像"盲人摸象"一样，仅仅能够摸到宪法这头"大象"的某一个局部。这就意味着，运用某种特定的社会学方法虽然可以摸到宪法这头"大象"的某一个部位，但却可能忽略其他的甚至更多、更重要的部位。然而，一个宪法社会学的研究者却不可能"全息"地运用所有的社会学进路。这就是运用社会学方法的悖论：你运用某种社会学方法洞察了某些真实的政治运行规则，但却可能不由自主地遮蔽了更多的规则，或者说，你只能无可奈何地让更多的规则隐藏起来。

最后，宪法社会学还可能考验研究者的"政治资源"。在法律社会学的其他研究领域，这个难题也许相对容易解决。譬如，要调查一个普通村庄的习惯法，研究者只要有人引荐，甚至只要善于与人沟通，总是有机会进入村庄的，毕竟进入村庄的门槛并不高。但在宪法社会学领域，一个普通的研究者要深入政治实践的核心地带进行"社会学调查"，其难度可想而知。也许正是因为这个原因，很多宪法社会学的经典著作，都不是出于普通研究者，而是出于政治过程的当事人。譬如，写作《英国宪法》的白芝浩，自己就是英国高层政治的当事者；孟德斯鸠是享有贵族身份的波尔多市的议长；托克维尔也是贵族，是法国政治实践的参与者。这些人的日常工作就给他们提供了"社会学调查"的机会。这就是说，研究者对实际政治过程的介入，研究者掌握的政治资源——社会学调查过程中的权力资源，构成了他们研究宪法社会学的必要条件。当然，最近几十年来，随着通信技术和传播技术的革命，尤其是随着政治公开化、政治透明度的全面提升，政治过程已经较多地展现在社会公众的面前，普通的研究者即使没有白芝浩所拥有的"政治资源"，也能够观察到政治运行的过程，能够从中寻找政治运行的规则。但是，即便如此，总有一些政治过程的侧面、环节，是在"后台"运行的。这就意味着，宪法社会学的研究者能够看到一些政治过程，但总有一些政治过程是在研究者的视野之外的。研究者拥有的"政治资源"越多，政治过程中的真正规则就会越多地呈现在他的面前。但是，要争取更多的用于宪法社会学研究的"政治资源"，对于研究者来说，是一个很难克服的困难。

以上诸端，都是宪法社会学研究所面临的难题。事实上，在研究展开的过程中还会滋生出更多的困难。这就意味着，宪法社会学的研究并不是一条平坦的大道。但是，宪法社会学研究的难点也正是它的魅力所在。

三、思路与结构

基于以上几个方面的难点，本书的基本思路是：有所为，有所不为。本书虽然题名为宪法社会学，但本书并不试图解决所有的宪法社会学问题——任何一本书都不可能解决所有的宪法社会学问题，甚至也不能保证本书论述的问题就是最重要的宪法社会学问题。再说，何为"最重要的宪法社会学问题"，也是见仁见智的。本书作者只能凭着自己对宪法社会学的理解，试图在宪法社会学的几个方面作出自己的、个性化的探索。

就内容和结构来看，本书共分5章。其中，第一章是本书的导论部分。这个部分的重心是对宪法社会学进行扫描式的回顾。如上一节所述，对日本、德国、法国、英国、美国以及当代中国的宪法社会学，都给予了相应的梳理与评论。不同国家的宪法社会学，包含着不同的问题意识、不同的学术旨趣，以及与生俱来的思想特质。研读宪法社会学的学术传统，有助于形成关于宪法社会学的理论自觉。在此基础上，再简述宪法社会学的意义与难点，并交代本书的结构。

第二章论政治过程。既然是宪法社会学的论述，论述的焦点当然不是政治过程本身，而是政治过程中的宪法问题。本章主要关注了四个方面的问题。首先，是政治过程中的政治惯例。如果只看宪法文本，是看不见政治惯例的；只有着眼于政治过程，政治惯例才能显现出来。政治惯例就是政治习惯法，具有不成文宪法的属性。它与政治成文法（成文宪法），构成了宪法规则的两大板块。其次，讨论了宪法与政党的关系。在中国宪法的正文部分，并没有关于政党的规定，是看不见政党的。但是，在当代中国的政治过程中，政党又是不能回避的。宪法学研究倘若回避了政党，绕开了政党，既无法解释当代中国的政治格局，更无法描绘出一个完整的宪法规则体系。因而，论述政党与宪法的相互关系，就构成了宪法社会学的组成部分。接下来，又从实际的政治过程中，归纳了中国宪法蕴含的七种理论模式，以及中国宪法发展进程中的八种关系。这些"模式""关系"并不见于宪法文本，而是对政治实践、政治过程的归纳。

第三章谈制度角色。中国宪法设定的制度平台是人民代表大会制度，因此，本章主要内容的安排，主要尊重、回应了宪法设定的人民代表大会制度。按照人民代表大会制度的规定，我国的政权组织形式是人民代表大会之下的"一府两院"制。"一府"是指政府,"两院"分别是检察院与法院。按照这个政治框架,本章以四节的篇幅,分别论述了人民代表大会的制度角色、政府的制度角色、法院的制度角色,以及检察院的制度角色。当然,在论述这四种制度角色的过程中,并未按照千篇一律的叙述手法,而是各有侧重,切入点也各有不同。譬如,关于检察院的制度角色主要是从宪法文本上的相关规定切入的;关于法院的制度角色主要是以最高人民法院作为分析对象的。但是,归根到底,本章各节都立足于社会学的立场,分析人民代表大会制度框架下各个组成部分分别承担的制度角色。

第四章说历史变迁。宪法的历史变迁或演进过程涉及很多层面,可以从多个角度展开论述。按照通行的宪法理论,宪法的核心问题是国家与公民的关系问题。因此,在"历史变迁"这个部分,首先叙述了宪法文本中公民(人)的形象的变迁,以及宪法塑造的国家形象的变迁。这两种宪法要素的变迁,都尊重了宪法文本,但却不是传统的关于宪法的条文主义研究,而是关于宪法的社会学研究,因为,这里的研究虽然引用了宪法文本,但仅仅是把历史上的宪法文本作为引用的学术资料,而不是作为神圣的、需要顶礼膜拜的权威法典。通过这样的分析,我们可以对历史上出现的宪法,获得某种具有社会学意义的理解。此外,历史变迁还涉及宪法文本的不断演进。本章从百年中国宪法的演进以及现行宪法的修改这两个不同的角度,分别针对"宪法变迁100年"与"宪法变迁30年"两个主题,叙述了宪法变迁的中国风格、中国精神、中国逻辑。

第五章讲研究方法问题,主要讲述了两个方面的具体问题。一方面,是经典作家的宪法社会学研究。我以恩格斯对英国宪法的社会学研究作为剖析的对象,展示了宪法社会学作为一种研究方法所具有的穿透力与洞察力,同时也展示了经典作家的宪法社会学研究所具有的示范性。另一方面,我还对宪法学研究的两种不同的方法——解释学与社会学——进行了比较。我希望在传统的宪法解释学之外,宪法社会学有更大的学术空间,能够作出更多的学术贡献。写作本书的一个重要目的,也是为了拓展宪法社会学的学术空间。

全书5章,除了第一章所具有的导论性质之外,主体部分的4章内容都可以分别对应于社会学的不同领域。其中,第二章立足于"政治过程"的研究,侧重于政治社会学,可以被视为关于宪法的政治社会学研究。第三章立足于"制度角色"的研究,侧重于功能主义,可以被视为关于宪法的功能主义研究。第四章立足于"历史变迁"的研究,侧重于历史层面,可以被视为关于宪法的历史社会学研究。第五章立足于"研究方法",偏重于方法论、知识论，或许可以被视为关于宪法的知识社会学研究。当然，政治社会学、历史社会学、知识社会学以及功能主义都是一些"大词"，甚至是"大词"的叠加；都是典型的"宏大叙事"；都是众说纷纭的理论丛林。用这样的"大词"来为本书的几个部分贴标签，未必十分准确，只是借以标出本书各章的不同指向罢了。

第二章　政治过程

第一节　作为不成文宪法的政治惯例

　　成文宪法，可以在文本中查找；不成文宪法，可以在实践中阅读。在政治过程、政治行为、政治生活中，不成文宪法主要体现为政治惯例。为了阐明政治惯例的意义，请允许我从一次学术会议说起。

　　2008年5月5日，第四届全国民间法·民族习惯法学术研讨会在武汉的中南民族大学召开。与会学者在民间法、习惯法的框架内，讨论了不同民族、不同地区的草根习惯、民间规则，展示了丰富多彩的乡土秩序，让参会者在国家颁布的正式法律体系之外，看到了另外一个生机盎然的规则丛林。而且，学者们针对民间法、习惯法的研究报告，大多源于社会调查，带有鲜活的泥土气息，体现了从真实生活出发的学术追求，在一定程度上反映了法律人类学、法律社会学的中国风格、中国趣味。

　　学者们的研究报告既让我获益良多，但同时也让我体会到某些不足，因为，几乎所有的发言者，都只讨论习惯法的一个方面——民间习惯法，而对习惯法的另一个方面——政治习惯法，则缺乏足够的兴趣与关照。其实，与制定法相对应的习惯法，既生长于"江湖之远"，也流行于"庙堂之高"。国家的政治生活既在遵循正式颁行的成文宪法与法律，事实上也在遵循着各种各样的政治习惯。譬如，人代会与政协会"两会"同时召开的习惯，中共中央就中央政府领导人的建议人选征求各民主党派意见的习惯，各级领导干部退休年龄的习惯，省级政府领导人由中共中央提名再由省级人大表决通过的习惯，甚至包括像"第一代领导人、第二代领导人、第三代领导人"这种以"代"来修饰、概括政治领导人的习惯……诸如此类的政治习惯，虽然并不见于任何正式的宪法与法律，但它们对于当代中国的政治生活，发挥着潜在而深远的影响。当代中国的法学研究，如果要立足于中国政治生活的现实状况，如果要结合中国法律生活的真实情况，如果要适应中国改革和发展的当前需要与长远需要，就必须直面这样的政治习惯。如果要强调法学研究的"结合实际、有的放矢"，还有什么"实际"，还有什么"的"，比这些政治习惯更重要呢？

宪法学研究注重国家的政治秩序与政治交往规则，习惯法研究注重不成文的秩序与规则，把这两个看似不相关的研究领域结合起来，就可以孕育出一个新的研究对象：政治习惯法。政治习惯法既可以理解为官方习惯法，也可以理解为宪法惯例或政治惯例[①]；它既属于习惯法的范畴，因而可以借此拓展习惯法的研究空间，也属于宪法学的范畴，因而可以借此拓展宪法学的研究空间，尤其是宪法社会学的研究空间。正是在这个意义上，宪法社会学有必要认真对待成文宪法之外的政治惯例。

一、关于政治惯例的归类分析

从政治的类型着眼，值得认真对待的政治惯例主要有以下几个方面：

首先，是政党政治视野下的政治惯例。由于现代政治都是政党政治，由于政党对政治生活已经或正在产生着越来越深入、越来越广泛的影响，因此，流行于政党之间或政党内部的惯例就构成了政治惯例的重要组成部分。一方面，在政党之间，无论是国外的一党制、两党制或多党制，还是当代中国由来已久的共产党领导的多党合作制，都体现了政党之间的交往关系。就当代中国的多党合作制而言，虽然在统战理论的框架下已经产生了丰富的研究文献[②]，但是，法学思维方式、法学研究方法的引入，必将在多党合作制度的理论研究中推陈出新，必将有助于完善多党合作制度的运行规则、运行程序。另一方面，在中国共产党内部，尽管机构众多、活动频繁，但各个机构之间的相互关系，都没有被纳入到国家法律的调整范围。其中，有些关系在"党规党法"或"党内法规"中已经作了规定，但还有很多重要的、实质性的交往关系，譬如，党委与党代会之间的相互关

---

① 参见赵子尧：《当代中国政治惯例研究》，载《思想战线》，2014（3）；陈道英：《宪法惯例：法律与政治的结合——兼谈对中国宪法学研究方法的反思》，载《法学评论》，2011（1）；林彦：《从自我创设，到政治惯例，到法定权力：全国人大常委会执法检查权的确立过程》，载《清华法学》，2009（3）；何永红：《中国宪法惯例问题辨析》，载《现代法学》，2013（1）；郭春镇：《试论宪法惯例的效力》，载《法律科学》，2000（3）；梁忠前：《论宪法惯例》，载《法律科学》，1994（2）；胡锦光：《中国宪法惯例研究》（英文），载 China Legal Science，2015（1）。

② 譬如，林尚立、肖存良等：《统一战线与中国发展》，上海，复旦大学出版社，2011。

系、党委会与党的常委会之间的相互关系、党委与纪委之间的相互关系、党委内部的议事与决策过程等，在很大程度上，还属于政治惯例调整的领域，有待于宪法学理论的回应。

其次，是议会政治视野下的政治惯例。在当代中国，议会政治惯例主要体现在人民代表大会制度的实际运行过程中。在这个重要领域，虽然已经颁布了代表法、选举法、组织法等宪法性成文法，但是，与之相并列的政治惯例依然引人注目。譬如，很多地方推行的人大常委会主任由同级党委书记兼任的惯例，就值得进一步追问：这种惯例在多大程度上影响了当代中国的政治生活？它对于"党的领导"与"人民当家做主"的关系，将会产生什么样的影响？专职人大常委会主任与兼职人大常委会主任各自的权利、义务或权力、责任有无区分的必要？再譬如，兼职人大代表、兼职人大常委的问题，在正式法律文本中也没有直接的规定，它作为一个政治惯例，应当如何评价？应当在多大程度上限制兼职人大代表、兼职人大常委会常委的比例，从而实现由"议行合一"到"议行分开"的转变？此外，议会议题的筛选方式、主任会议与常委会议各自的决策权限、选区的划分过程与代表名额的分配机制等，几乎都属于当代中国的议会政治惯例。

再次，是政府政治视野下的政治惯例。当代中国政府承担着多方面的政治使命。在当前，政府发展的方向是法治政府，但与此同时，"服务型政府"也是政府建设的目标。所谓服务型政府，就是要适度弱化政府的管制功能，努力强化政府的服务功能。为了实现这个政治目标，政府有义务提供更多、更好的公共产品与公共服务。正是在这个过程中，逐渐形成了一些政治惯例：政府出面招商引资，在某些地方、某些时期，甚至每个政府部门都承担着招商引资的任务，政府对那些在招商引资活动中作出重大贡献的个人按引入资金的某个百分比给予奖励；等等。这些习惯性的政府行为，已经具备了政治惯例的性质。除此之外，各级政府组成人员（"阁员"）的酝酿过程，政府领导人的届中调整，针对政府领导人的考核评价，政府内部的决策过程等，都受制于不同的政治惯例。然而，针对这些政治惯例的法学研究文献，还相当匮乏。

最后，是民族政治以及国际政治视野下的政治惯例。在民族政治领域，国家已经颁布了民族区域自治法，一些民族自治地方还制定了自己的自治条例和单行条例。在这些正式法律之外，还形成了若干处理民族关系的政治惯例，其中一个比较典型的惯例是，国家定期派出援藏干部，支援西藏的经济建设和社会发展。在国际政治领域，由于缺乏超国家的"世界立法机构"，政治惯例调整的范围就更加宽泛了。实际上，按照现有的国际法理论，惯例本来就跟条约一样，构成了国际法的主要渊源。因此，在国际政治领域，惯例的重要意义已经得到了理论界、实践者的普遍承认。

以上分析表明，在政治的各个领域，都流行着相应的政治惯例。不仅如此，在政党、议会、政府、民族等政治领域之间，还存在着更加复杂、更加烦琐、更加多样化的政治惯例，它们分别调整着政党与议会之间、政党与政府之间、政党与民族之间、议会与政府之间、议会与民族之间、政府与民族之间、国家与国家之间的相互关系。这些跨领域的政治惯例，也期待着法学理论的梳理与阐释。

为了全面地理解当代中国的政治惯例，不仅需要宏观层面的归类分析，还需要从中观、微观的层面上给予更细致的考察。因此，下文以执政党的政治报告与国家机关的工作报告作为基本的素材，进一步分析当代中国成文宪法之外的政治惯例。

二、从执政党的政治报告看当代中国的政治惯例

在当代中国的政治实践中，在每隔5年举行一次的中国共产党的全国代表大会上，总会发表一个纲领性的政治报告。在通常情况下，这个政治报告会成为未来5年国家政治生活的指南（这种现象本身，已经形成了一个值得注意的政治惯例）。这就意味着，这种周期性发表的政治报告，构成了国家最重要的政治文献之一。通过这样的政治文献，我们可以从一个特殊的角度，解读当代中国的某些政治惯例。

以2012年11月发表的党的十八大报告为例，这个报告的第五节题为"坚持走中国特色社会主义政治发展道路和推进政治体制改革"，是关于当前中国政治的权威性阐述。在这部分内容中，展示了以下几条具有规范意义的政治惯例。

首先，中国政治发展的总体目标是人民民主，而不是自由。

从源头上看，民主、自由都是西方政治的产物，都是从西方移植过来的政治概念与政治要素。但是，在这几个选项中，以及其他选项中，民主受到了特别的青睐。何谓民主？尽管这是一个复杂的概念，但它的基本要义，还是"多数人说了算"。正是这个"多数人"，反映了一个根深蒂固的政治惯例：以群体作为本位。与之相比，自由概念具有强烈的个体本位，虽然它也很重要，是一个值得追求的价值目标，但很难占据优先于民主的地位。因而，中国选择的政治总方向是民主政治，而不是自由政治。

其次，中国选择了人民民主，进一步说，是社会主义民主政治。

"社会主义"既构成了对"民主"的修饰，也构成了对民主的限定。

在民主的观念史上，对于民主的修饰与限制是一个普遍的现象，譬如议会民主、协商民主、宪政民主、自由民主、直接民主、间接民主，等等。与此相类似，社会主义民主，也构成了民主的一种类型。按照"十八大报告"的规定，这种类型的民主可以从两个不同的层面来理解：一方面，从基本原则来看，社会主义民主"必须坚持党的领导、人民当家做主、依法治国有机统一"。这就是说，社会主义民主要同时兼顾三个要素：党的领导、人民当家做主、依法治国。更抽象地说，是包括政党、人民、国家三个要素。换言之，社会主义民主政治以政党为灵魂、以人民为核心、以国家为载体，三者不可偏废。这样的表达，是对中国政治惯例的准确而精到的揭示；当代中国的政治实践，就是以这三个要素为核心而展开的。

另一方面，从表现形式来看，社会主义民主政治主要着眼于四个领域：人民代表大会制度、中国共产党领导的多党合作和政治协商制度、民族区域自治制度以及基层群众自治制度。这四种制度，构成了社会主义民主政治在运行层面上的基本形式。其中，人民代表大会制度体现"议会民主"，它的功能是沟通国家与人民；中国共产党领导的多党合作和政治协商制度体现"协商民主"，它的功能是联系执政党与参政党（及无党派人士）；民族区域自治制度体现"民族民主"，它的功能是协调汉族与少数民族的关系以及中央与地方的关系；基层群众自治制度代表"基层民主"或"草根民主"，它的功能是实现基层群众在局部、在小范围内的自我管理、自我服务。这四项民主制度，虽然没有在宪法和法律文本中被体系化地逐一列举，却构成了当代中国的政治惯例。这四项民主制度，既保证了社会主义民主的实现，也支撑了"党的领导、人民当家做主、依法治国有机统一"。

最后，发展社会主义民主政治的基本思路。

按照"十八大报告"的规定，发展社会主义民主政治，应当从七个方面着眼：第一，"支持和保证人民通过人民代表大会行使国家权力"。第二，"健全社会主义协商民主制度"。第三，"完善基层民主制度"。第四，"全面推进依法治国"。第五，"深化行政体制改革"。第六，"健全权力运行制约和监督体系。"第七，"巩固和发展最广泛的爱国统一战线。"这七个方面，从动态的层面上，展示了中国民主政治的行动方案。按照这个方案，"健全协商民主""完善基层民主"固然是走向民主之路，"推进依法治国""巩固统一战线"的实质也是在走向民主政治。因为，依法治国是社会主义民主政治的基本要求。"巩固和发展最广泛的爱国统一战线"是协商民主的体现，既可以"加强同民主党派和无党派人士团结合作"，也可以"保障少数民族合法权益",还可以"发挥宗教界人士和信教群众在促进经济社会发展中的积极作用"。诸如此类的具体目标,都是在服务于社会主义民主政治。这七个方面的内容,构成了当代中国对于民主政治的具体想象:在各个不同的领域中发展社会主义民主。这七个方面的内容在宪法和法律文本中都没有明文的规定,但却真实地展示了当代中国的政治惯例。

三、从国家机关的工作报告看当代中国的政治惯例

在 2015 年 3 月举行的第十二届全国人民代表大会第三次会议上,全国人大常委会委员长向大会作了全国人大常委会工作报告(以下简称"人大报告"),最高人民法院院长作了最高人民法院工作报告(以下简称"法院报告"),最高人民检察院检察长作了最高人民检察院工作报告(以下简称"检察院报告")。通过阅读这三个例行的工作报告,我们可以从国家机关的角度,发现和理解当代中国的政治惯例。

首先,在思想政治上,无论是人大工作还是法院工作、检察工作,都要坚持党的领导。

三个报告在开篇部分,都强调要坚持党的领导。其中,人大报告称,"过去一年,在以习近平同志为总书记的党中央坚强领导下,全国人大常委会全面贯彻党的十八大和十八届三中、四中全会精神,以邓小平理论、'三个代表'重要思想、科学发展观为指导,深入学习贯彻习近平总书记系列重要讲话精神,紧紧围绕党和国家工作大局依法行使职权"。人大报告还特别强调,"中国共产党的领导是中国特色社会主义最本质的特征。坚持和完善人民代表大会制度,必须毫不动摇坚持中国共产党领导"。这句话表明,评判人大工作在政治方向上是否正确的第一标准在于是否坚持了党的领导。

与之相类似,法院报告表示:"2014 年,最高人民法院在以习近平同志为总书记的党中央坚强领导下,在全国人民代表大会及其常委会有力监督下,深入学习贯彻党的十八大和十八届三中、四中全会、中央政法工作会议精神,深入学习贯彻习近平总书记系列重要讲话精神……"检察院报告称:"2014 年,在以习近平同志为总书记的党中央坚强领导下,在全国人大及其常委会有力监督下,全国检察机关全面贯彻党的十八大和十八届三中、四中全会精神,深入贯彻习近平总书记系列重要讲话精神……"

可见,无论是全国人大常委会还是最高人民法院、最高人民检察院,都是党领导下的国家机关。这就是一条根本的政治惯例。虽然,《宪法》

第 57 条规定了全国人大是最高国家权力机关，第 127 条第 1 款、第 132 条第 1 款又分别规定了最高人民法院与最高人民检察院作为最高审判机关与最高检察机关的地位，但是，这三个国家机关的最高性质，只能在国家机关的层面上来理解，只能在宪法文本的层面上来理解。在政治体系中，在政治生活、政治实践中，它们都要服从于党的领导。

其次，在工作业务上，人大工作、法院工作、检察工作都要服务于党和国家的中心工作。

人大报告称，人大工作"紧紧围绕党和国家工作大局依法行使职权"。人大工作具体又是如何紧紧围绕党和国家工作大局的？在关于 2014 年的工作总结部分中，人大报告列举的主要工作包括：（1）坚持党的领导，坚定人民代表大会制度自信；（2）抓住提高立法质量这个关键，充分发挥立法的引领和推动作用；（3）依法对有关法律问题作出决定，维护宪法法律权威；（4）坚持问题导向，增强监督工作针对性和实效性；（5）尊重代表主体地位，提高代表服务保障工作水平；（6）加强与地方人大联系，共同推进人大工作完善发展；（7）围绕中心、服务大局，统筹做好对外交往、新闻宣传、自身建设等工作。至于 2015 年的主要任务，则包括：（1）完善以宪法为核心的中国特色社会主义法律体系；（2）加强对法律实施情况和"一府两院"工作的监督；（3）深化和拓展代表工作。

法院报告表示，最高人民法院"围绕'努力让人民群众在每一个司法案件中感受到公平正义'的目标，坚持司法为民、公正司法工作主线，忠实履行宪法法律赋予的职责，各项工作取得新进展"。在关于 2014 年的工作总结部分，最高人民法院认为自己的主要工作包括：（1）依法惩治犯罪，推进平安中国建设。（2）坚持公正司法，加强人权司法保障。（3）依法审理经济领域各类案件，维护良好市场秩序。（4）坚持问题导向，践行司法为民，以司法手段保障民生。（5）深入推进司法公开，着力构建开放、动态、透明、便民的阳光司法机制。（6）深化司法改革，推动完善中国特色社会主义司法制度。（7）坚持从严管理队伍，进一步提高队伍素质。（8）自觉接受监督，促进公正司法。至于 2015 年的工作任务，则包括 7 个方面：一是打击犯罪、保护人民，维护国家安全和社会稳定。二是依法严惩腐败犯罪，促进反腐败斗争深入开展。三是主动适应经济发展新常态。四是深化司法改革，扎实推进重大改革任务的落实。五是坚持司法为民、公正司法、严格司法，不断提升司法公信力。六是继续推进司法公开，进一步增强司法透明度。七是坚持从严管理队伍，不断提高队伍素质。

此外，检察院报告对2015年工作的安排包括六个方面：第一，切实维护国家安全和社会安定。第二，加大查办和预防职务犯罪力度。第三，增强对司法活动监督的针对性和有效性。第四，深入推进司法规范化建设。第五，扎实推进司法改革。第六，坚持不懈推进从严治检。

透过这几组信息，可以发现，人大、法院、检察院的工作有一个共同的焦点，那就是推进法治，主要是法治。人大各项工作都与法治有关，而且都是以法治为中心展开的。法院与检察院由于职责所系，当然更是以法治为中心。然而，建设法治中国、全面推进依法治国，正是最近几年来党和国家的中心工作，2014年党的十八届四中全会还正式作出了《中共中央关于全面推进依法治国若干重大问题的决定》。这三个国家机关都把法治建设作为自己的中心工作，体现了这三个国家机关正在遵循的一种政治惯例：为党和国家的中心工作服务。这就是说，人大、法院、检察院虽然分工不同、职能不同、业务不同，但它们在价值目标上是相同的：服务于党的中心工作，服务于国家的中心工作，但归根结底，还是要服务于党的中心工作——宪法文本中尽管没有作出这样的正式表达，没有提出这样的正式要求，但却是这三个国家机关必须遵循的政治惯例。

最后，作为审判机关的法院与作为法律监督机关的检察院，既具有法律性，更具有政治性。

按照宪法文本中的规定，法院是专门的审判机关，检察院是专门的法律监督机关。但是，它们的工作报告却透露出一些新的信息。譬如，在法院报告中，特别强调了"从严管理队伍"。法院的队伍如何从严管理？报告提出了三项措施，其中的第一项是："坚持从严治院，一手抓教育，一手抓惩处。各级法院共立案查处各类违纪违法干警2 108人，结案处理1 937人，同比分别上升154.3%和172.8%。扎实做好党的群众路线教育实践活动整改工作。制定整改措施，深入整治'四风'和群众反映强烈的'六难三案'问题。总结推广陕西省富县人民法院'群众说事、法官说法'便民工作经验，参与县域治理。改进司法作风，对中央八项规定精神贯彻落实情况进行专项检查，查处违反中央八项规定精神的干警196人。"按照这段话，法院要做好党的群众路线教育实践活动整改工作，法官的行为要符合中央的八项规定，要远离"四风"，等等。这样的要求，主要突出了法院、法官的政治性。

检察院报告的表达方式也值得注意。它在关于2014年的工作总结中，列举了自己的主要工作："充分发挥检察职能，服务改革保障民生"，"积极投入平安中国建设，维护社会和谐稳定"；等等。这样的表达与修辞意味着，发挥检察职能的目的在于，服务改革、保障民生、建设平安中国、维护社会稳定。换言之，改革、民生、平安、稳定才是最终的政治目的，检察职能、法律监督仅仅是手段，法律手段要服务于、服从于政治目的。

四、小结

上文选取的党的十八大报告与2015年的人大报告、法院报告、检察院报告，虽然没有也不可能穷尽所有的政治惯例，而且，上文的初步罗列、分析也没有穷尽这些资料中的政治惯例，但是，上文的分析已经表明，众多具有规范意义的政治惯例确实蕴藏在真实的政治生活中。这些政治惯例并不是人们常说的"桌面下的规则"，因为它们并不是隐藏起来的，而是公开的政治惯例。

把众多纵横交错的政治惯例与庄重、严谨的宪法文本进行比较，可以发现，两者既有一定的共性——都是调整政治生活与政治关系的，但也存在显著的区别：宪法文本主要规定了国家政治生活的应然状态，政治惯例主要描述了国家政治生活的实然状态。如果说，宪法文本是主权运行的应然规则，那么，政治惯例在一定程度上就是主权运行的实然规则。从这个层面上说，对政治惯例的阅读与研究，有助于揭示主权运行的真实规则，有助于把握"活的宪法"，有助于体现法学研究对于"真"的追求。除此之外，认真对待政治惯例，还蕴含着以下两个方面的积极意义。

一方面，对政治实践而言，认真对待政治惯例有助于提升中国政治生活的可预期性。法治的价值不仅仅在于保障民权、限制公权，实现政治生活的可预期性也是一个值得追求的价值目标。要实现这个目标，就需要深入地理解、准确地把握政治生活的真实规则。举例来说，我们都知道美国的政治生活中包含了一个违宪审查制度，但是，这个制度并不见于美国的宪法文本，它实际上是始于马歇尔法官的一个政治惯例。如果我们只看美国的宪法文本，而忽视了这样的政治惯例，就不可能有效地理解或预测美国的政治生活。同理，要理解当代中国真实的政治生活，要解释中国政治活动的内在逻辑，也不能仅仅依赖于中国宪法文本，而是在中国宪法文本的背后，还要看到形形色色的政治惯例。只有阅读这些政治惯例，并进而找出这些政治惯例背后的内在逻辑，我们才能提炼出这些政治惯例共同遵循的规律与规则，才可能为中国的政治探索未来。

另一方面，对学术研究而言，认真对待政治惯例有助于实现多学科的交叉与融合，有助于在不同学科的交叉地带培育出新的知识。前文已经提到，政治惯例涉及宪法学、法理学、政治学、社会学、民族学等相关学科，但是，其中任何一个学科都没有把政治惯例作为研究的重心。政治惯例既处在这些学科的边缘地带，也处在这些学科之间的交叉地带，同时还处于这些学科的前沿地带。位置的边缘性与交叉性，恰好为政治惯例的研究带来了一种特殊的价值：通过政治惯例这个切入点，有助于整合相关学科的理论资源，实现多学科的相互融合。反过来，在多学科的支持下，也有助于实现对于政治惯例的理解、归纳与提炼。这既是解释中国政治现实的知识前提，也是改良中国政治现实的理论基础。

因此，我的结论就是：通过政治惯例，有助于读懂中国政治，有助于发现主权运行的真实规则，有助于从宪法社会学的角度拓展中国宪法研究的视野。

第二节　在宪法与政党之间

从宪法学的角度来思考中国的政党问题，或者说，把政党问题纳入到宪法学的理论框架内进行研究，虽然有初步的探讨[1]，一直没有引起当代中国宪法学界的足够重视。一些影响较大、流行较广的宪法学教科书，比如许崇德主编的《中国宪法》，虽然也专门辟出一章来讨论"政党制度"，但是，它叙述的三个具体问题，却仅仅止于"中国各政党简况""中国共产党领导下的多党合作""中国人民政治协商会议"[2]。至于这些问题与中国宪法的内在关系是什么，以及中国政党制度对于中国宪法的影响何在，诸如此类，却付之阙如，不再述及。

在20世纪上半叶，由王世杰、钱端升合著的《比较宪法》曾经一版再版，长期享有盛誉。但它也没有展开有关政党问题的研究，仅仅用很小的篇幅概述了几个相互独立的问题：一是"国会中的政党"，二是"中国国民党的宪法观念"，三是"党治"——其中讨论了国民党的组织制度和领导机构。[3]相比较而言，问世于20世纪80年代初期的龚祥瑞著的《比较宪法与行政法》一书，却对宪法与政党的关系给予了一定的关注。龚著在"政治团体"的标题下，以1节的篇幅分析了政党的定义、产生、分类，讨论了政党的宪法地位以及政党与政治制度的关系。它提出的几个命题，比如"政党是公民和国家机关之间的桥梁""政党是政治共同体的火车头""政党是国家权力的轴心"等[4]，富有启发意义，有助于我们进一步思考宪法与政党之间的内在联系。除此之外，近年出版的陈新民的《德国公法学基础理论》一书，以德国理论及制度为中心，专章讨论了"政党的内部民主制度"，分析了德国政党制度蕴含的宪法学意义。[5]

---

[1] 譬如许光任：《试论政党宪法化》，载《当代法学》，1987（4）；程迈：《欧美国家宪法中政党地位的变迁：以英美法德四国为例》，载《环球法律评论》，2012（3）；强世功：《党章与宪法：多元一体法治共和国的建构》，载《文化纵横》，2015（4）；等等。
[2] 许崇德主编：《中国宪法》，北京，中国人民大学出版社，1989，第363~388页。
[3] 参见王世杰、钱端升：《比较宪法》，北京，中国政法大学出版社，1997，第359、392、425页。
[4] 参见龚祥瑞：《比较宪法与行政法》，北京，法律出版社，2003，第274~291页。
[5] 参见陈新民：《德国公法学基础理论》，济南，山东人民出版社，2001，第253页。

通过上述简要的文献回顾,可以表明,尽管晚近的宪法学论著已经注意到了宪法与政党的关系,但是,从总体上看,在现当代中国的宪法学理论界,有关政党问题特别是政党与宪法之间的内在关联问题的研究,还处于一种相对薄弱的状态。从知识生产的角度来说,造成这种状况的原因可能是多方面的。比如,在一些学者的潜意识里,认为政党不属于国家机构的组成部分,中国现行宪法也没有调整政党与国家机构之间相互关系的具体条款,因此,政党问题不在宪法学研究的"专业槽"之内,它应当归属于政治学或党建理论的研究领域。再比如,在一些学者中还不乏这样一种观念:宪法学作为一门严格的社会科学,应当探索普遍性的科学理论,应当着重研究国家权力与公民权利之间的关系问题,至于政党问题,仅仅属于政策性问题,甚至属于意识形态层面上的问题,因而不需要在宪法学理论中深入细致地展开……也许就是在这样一些观念的支配下,宪法学理论视野中的政党问题,很少受到中国宪法学者持久而深切的研究,反而有外国学者对于中国宪法视野中的政党问题,给予了独到的解读。[1]

虽然在中国现行宪法的正文部分中,确实没有对政党进行规范和调整,但是,政党问题应当构成中国宪法学理论的核心问题之一。因为,从宪法社会学的角度来看,在当代中国,单就影响国家与社会的深度和广度而言,任何组织或机构都无法与中国共产党相提并论。

有鉴于此,我拟从一个相对宏观的理论层面上,从政治生活的实际情况出发,立足于宪法社会学,单就宪法与政党之间的内在关联问题,做初步的梳理。因此,下文的基本思路是从两个方面展开:一方面,宪法离不开政党,宪法源于政党,宪法是政党活动的产物,不同文化背景下的政党制度塑造了不同类型的宪法制度;另一方面,政党离不开宪法,政党依赖于宪法,执政党的执政地位尤其依赖于宪法提供的正当性依据,也就是说,宪法构成了一个政党的执政地位的合法性基础。以宪法与政党之间的这种内在关系为起点,可以发现,中国现行宪法是中国共产党领导人民制定的,是党的主张的法律化——这样的判断,已经得到了承认。但是,中国共产党享有的执政地位对于宪法的依赖性,还值得予以更多的注意。因此,在中国语境下讨论宪法与政党的关系,应当认真对待"中国共产党依宪执政"这一重大的命题。

---

[1] 参见强世功:《中国宪政模式?巴克尔对"单一政党宪政国"体制的研究》,载《中外法学》,2012(5)。

一、宪法是政党活动的产物：宪法与政党关系的一种分析

首先需要说明的是，此处所讲的宪法，均指近现代意义上的宪法。按照通行的观点，近代宪法的起点可以追溯至英国 1215 年制定的《自由大宪章》。这部宪法性文件的实质，就是英国的大小贵族对于国王的权力特别是征税权进行限制的结果。虽然，在 13 世纪前后，近现代意义上的政党尚未在英国正式产生，但是，作为近现代宪法的雏形，把《自由大宪章》视为英国国王与英国贵族两大集团之间相互斗争的结果，却是没有疑问的。如果我们仅仅在比拟的意义上，把这两大集团理解为"君主党"与"贵族党"，那么，正是这"两党"所代表的两大政治集团之间的斗争，才形成了我们现在所看到的《自由大宪章》。因此，即使是这样一份在近现代政党产生之前的宪法性文件，也可以理解为比拟意义上的"两党"之间相互作用的产物。

17 世纪中叶，克伦威尔的军人统治造成了严重的财政危机与农民抗争运动，使得当时的资产阶级和新贵族开始向往斯图亚特王朝的统治，由此出现了 1660 年的复辟。复辟后的查理二世恢复了旧的选举制度，保证了大土地所有者在议会中的主导地位，从而形成了大土地所有者与工业资产阶级之间的利益冲突。在议会中，主张君主专制的托利党代表土地所有者的利益，要求限制君权的辉格党代表的是新兴资产阶级和新贵族的利益。两党之间，虽然存在着利益上的斗争，但也不乏在维护共同的统治地位和保护既得利益方面的合作。在这种既斗争又合作的两党关系中，英国议会于 1679 年制定了《人身保护法》——该法由辉格党起草，开始曾遭到否决，但是，辉格党为了自己的利益，进行了一系列的斗争，终于使其得以通过。1688 年，辉格党和托利党一起发动了所谓的"光荣革命"。随后，两党又促成了 1689 年《权利法案》和 1701 年《王位继承法》的诞生。

通过对这段英国宪法史的简要勾画，可以看到一条清晰的线索：在议会中，通过两大政党所展开的政治活动，既制定了诸多的宪法性文件，同时也催生了英国资本主义制度得以建立的标志性事件——光荣革命。换言之，英国宪法，实为英国政党活动的产物，是议会中两大政党之间利益冲突与利益妥协的结果。1832 年以后，虽然托利党和辉格党分别演变成了后来的保守党和自由党，但是，两党共同促成宪法性文件的传统，并未发生根本性的改变。

再看美国宪法。早在 1774 年第一届大陆会议期间，在反对英国 5 项

高压法令的问题上，大陆会议中就已经出现了激进派与保守派之分。随着莱克星顿的第一声枪响，第二届大陆会议于 1775 年 5 月召开，在它的 66 名代表中，激进派的势力较第一届大陆会议有所增强。1776 年，经过大陆会议上的激烈争论，通过了一份《独立宣言》。这份宪法性文件，就是大陆会议中激进派与保守派之间斗争的结果。之后，美国宪法的历史，基本上可以概括为联邦党人与反联邦党人之间反复斗争的历史：当反联邦党人的势力占上风的时候，美国制定了《邦联条例》；当以汉密尔顿为代表的联邦党人处于优势的时候，美国制定了著名的《1787 年宪法》。如今已经成为法学经典著作的《联邦党人文集》，就是联邦党人为了使《1787 年宪法》能够获得通过，在与反联邦党人的论争中留下来的一部文献。通过这本著作，我们可以真实地体会到，《1787 年宪法》就是联邦党与反联邦党之间斗争的产物。没有联邦党人，就没有今天的美国联邦宪法。

　　法国宪法的发展历程，也与法国的政党具有极其密切的关系。自 1789 年《人权宣言》诞生之后，法国先后制定过 15 部宪法。法国宪法变更频繁，原因之一就在于法国的政党比较复杂。资本主义革命时期，在反封建这个大前提之下，革命的资产阶级实际上可以分为三个阶层：金融资产阶级、工商业资产阶级和中小资产阶级。由于拥有不同的阶级利益，三个阶层的政治态度和政治立场也有很大的区别，由此形成了三个主要的政党：代表金融资产阶级的斐扬党、代表工商业资产阶级的吉伦特党以及代表中小资产阶级的雅各宾党。1791 年制定的法国宪法，堪称欧洲大陆上第一部成文宪法。这时候，由于在法国国民议会中处于支配地位的是斐扬党，因此，这部宪法反映了金融资产阶级的利益和愿望。到了 1793 年，雅各宾党开始掌握政权，1793 年的法国宪法就带上了雅各宾党的激进主张。其后产生的十多部法国宪法，其实也可以在一个相对独特的角度上，反映不同政党之间此消彼长力量对比关系。

　　此外，纳粹德国制定的宪法性文件，比如 1933 年的《授权法》、1934 年的《联邦新组织法》，等等，都反映了"国家社会主义劳动党"的意志，都是这个政党展开的政治活动的产物。

　　不仅西方宪法是政党政治活动的产物，中国宪法也有这样的特点。比如，1912 年制定的《中华民国临时约法》，就是资产阶级革命党人政治活动的产物。民国初年，实行多党议会制，宪法源于政党的现象更加普遍。1928 年以后，中华民国政府制定的多部宪法性文件，毫无例外，都体现了国民党的意志。1949 年以后的中国宪法，则是中国共产党领导人民制定的，中国共产党的主张成为中国宪法的灵魂。

如果说现代政治是政党政治、现代政府是政党政府的话，那么，上述历史回顾足以说明，现代宪法就是政党宪法，因为，在实证的意义上，宪法本身就是政党活动的产物。当然，由于各国政党制度的不同，源于政党的宪法也表现出不同的类型。比如，在一党制下，宪法基本上就是执政党意志的忠实体现；在两党制下，宪法基本上是两个主要政党之间相互妥协的结果；在多党制下，无论是中华民国初年的多党议会制还是法国资产阶级革命时期的多党政治，由它产生的宪法都呈现出动荡不安的特征。

二、政党对宪法的依赖关系：宪法与政党关系的另一种分析

虽然宪法是政党活动的产物，但是，政党也离不开宪法，政党也需要宪法。因为，任何政党，只有通过宪法这个平台，只有在宪法这个框架内，才可能取得或确立自己的执政地位。在近现代国家，多数政党一经产生，都拥有一个共同的目标，那就是掌握国家政权，使自己成为执政党。在英国，"女王陛下的反对党"就是潜在的执政党。在美国，自杰斐逊时代以来，一直都是民主党与共和党在轮流执政。然而，一个政党要上升成为执政党，却不可能脱离宪法这个重要的框架。

在西方各国，宪法为政党上升为执政党提供的主要路径有两个：一是选举制度，二是议会制度。无论是选举过程还是议会活动，都是宪法为政党提供的活动空间。依靠这两种宪法制度，一个政党可能拥有议会中的多数议席，政党的党魁则可能成为国家的总统或政府的首相——只要这两个目标实现了，就意味着一个政党已经取得了自己的执政地位。对于这样的政治过程，人们也许已经习以为常，然而，这个过程的有序展开，必须依赖于宪法提供的规则平台和制度基础。试想，假如没有现代宪法设定的选举制度和议会制度，一个政党要取得执政地位，恐怕就只剩下暴力革命这座"独木桥"了。然而，即使是通过暴力革命取得的执政地位，也需要通过宪法性文件来确认这种地位。

不仅西方政党的执政地位依赖于宪法，中国政党的执政地位同样离不开宪法。1912年，民国初建，当时的临时约法以宪法的形式承认了人民结社建党、参与政治活动的合法性，这就为多党议会制提供了宪法上的依据和保障。因此，在袁世凯取代孙中山成为中华民国的大总统之后，宋教仁等国民党领袖就热衷于组织政党内阁，希望通过政党之间的竞选以及由此产生的议会来掌握国家政权。1928年以后，国民党的执政地位依赖于《中华民国训政时期约法》以及1947年公布的《中华民国宪法》。通过这样一些宪法性文件，国民党的执政地位获得了某种形式上的确认。

中华人民共和国成立前夕，中国共产党通过艰苦卓绝的武装斗争，基本上夺取了全国政权。然而，武装夺取了政权并不意味着取得了完整的执政地位。"枪杆子里面"虽然可以"出政权"，但是，中国共产党的执政地位并不能完全建立在"枪杆子"这个基础之上，而是必须在"枪杆子"之外寻找某种更坚实的正当性基础。我们知道，在传统中国，掌权者统治地位的正当性主要依赖于"天道"或"天意"，甚至阴阳五行之间的生克更替都成了统治地位的正当性依据。但在现代中国，民主政治或人民主权成了正当性的主要依据，这就意味着，任何执政者必须获得民众的同意或承认，其执政地位才具有正当性。正是因为这个缘故，在1949年，即在新的政权正式建立之前，中国共产党召集了具有广泛民意基础的中国人民政治协商会议。在这个会议上制定的《共同纲领》，实际上是以临时宪法的形式，向即将执掌全国政权的中国共产党赋予了执政的正当性和合法性。由此看来，中国共产党执政地位的确立，既依赖于武装斗争的胜利，同时也必须以宪法性文件作为基础。反之，如果没有宪法性文件提供的合法性基础、正当性依据，那就意味着，执政党的执政地位还没有获得公众的承认或同意。政党对宪法的这种依赖关系其实也可以表明，现代政治的本质要求就是民主政治或"承认的政治"[1]，宪法就是公众表达同意与承认的一种基本方式和文字载体。

虽然中西政党的执政地位都必须依赖于宪法提供的合法性依据和正当性基础，但是，中西执政党对于宪法的依赖方式又有各自的特点。其中，中国共产党享有的执政地位源于中国宪法的明文规定。比如，在中国宪法序言中，就已经直接确认了中国共产党的领导地位与执政地位。至于西方执政党的执政地位，则主要依赖于西方宪法提供的竞选机制——宪法仅仅确认在竞选中获得多数票的政党所拥有的执政地位。换言之，中国宪法为政党的执政地位提供的是实体性的依据，西方宪法提供的则是一套程序性的依据，即只要是按照竞选规则产生的执政党都具有合法性与正当性。之所以出现这样的差异，其根源在于，中国宪法主要是一种确认过去的宪法，它主要是确认某种已经存在的事实、记载某些已经发生的事实。正如中国宪法序言所说，"本宪法以法律的形式确认了中国各族人民奋斗的成果"——在这些"成果"中，就包括了中国共产党领导人民在武装斗争过程中已经取得的胜利"成果"；与之相反，西方宪法（比如，美国宪法）主要是一种规范未来的宪法，它更多地面向将要发生的政治活动。

---

[1] 参见汪丁丁：《个人主义与承认的政治》，载《读书》，1999（8）。

值得注意的是，在当代中国的语境下，中国共产党执政地位的正当性，对于宪法的依赖程度不是减弱了而是增强了。回想中华人民共和国成立初期，中国共产党在二十多年时间里取得的赫赫战功（诸如抗日战争、解放战争、朝鲜战争），为中国共产党的执政地位提供了强有力的正当性基础（20世纪50年代大量拍摄的战争题材的影片，在一定意义上，就是关于这种正当性基础的形象化表达）。稍后，马克斯·韦伯统治类型中的所谓"个人魅力"也承担了类似的功能。① 然而，随着战争硝烟的散去、领袖个人魅力的消退，自改革开放以来，中国共产党的执政地位开始更多地依赖于"政绩"，特别是依赖于各种各样的经济增长指标所提供的正当性依据。

然而，"风物长宜放眼量"，如果从更长远的角度来看，在为中国共产党的执政地位提供正当性依据的多种资源中，宪法将起到更基本、更持久的意义和作用。因为，宪法就是全民意志的集中表达方式，共产党的执政地位只要在宪法上得到了确认，那就意味着这种执政地位得到了全体民众的同意与承认。全体民众的同意与承认具有政治契约的性质，它是任何政党执政地位的终极依据。因此，在经历了各种各样的正当性诉求之后，锁定宪法，将成为中国共产党执政地位正当性依据的最终选择。

三、依宪执政：宪法与政党关系的中国语境

中国现行宪法是中国共产党路线、方针和政策的规则化、法律化表达。半个世纪以来，中国共产党的意志一直都是制定宪法、修改宪法的灵魂。这段历史，说明了中国宪法在相当程度上，就是中国共产党领导的产物[②]；这种状况，体现了上文的一个判断：宪法源于政党。然而，长期以来，关于宪法与政党关系的另一面，即政党对宪法的依赖关系，无论在宪法学理论上还是宪法实践中，都没有受到足够的重视。长期以来，在宪法学者的著述中，较少看到有关中国共产党执政地位的宪法学分析[③]，中国共产党作为一个巨大的存在，基本上游离于宪法之外；在党建学者或政治

---

① 马克斯·韦伯的"个人魅力型统治"，亦即 Charismatic Authority，它"产生于献身于漠视、对英雄的崇拜和对领袖的信赖"（[德] 马克斯·韦伯：《经济与社会》，上卷，林荣远译，北京，商务印书馆，1997，第269页）。

② 当然，我们也可以说中国宪法是中国人民奋斗的产物。从不同的角度看，这两个命题都是成立的。虽然，各方面都更容易接受的折中性的说法也许是：中国宪法是中国共产党领导人民制定的。

③ 最近几年，情况已经有所改变，新近出现的论著包括：韩大元：《中国共产党依宪执政论析》，载《中共中央党校学报》，2014（6）；江必新：《开启依宪执政新阶段》，载《红旗文稿》，2013（1）；莫纪宏：《依宪执政关键何在》，载《前线》，2015（1）；等等。

学学者的视野中，宪法的地位也没有得到突显。再看政治实践或宪法实践领域，如果说"踢开党委闹革命"已经被视为荒唐的过激之举，那么，"踢开宪法来执政"所造成的弊害，至今也没有得到深刻的审视与反思。宪法制定出来了，宪法也确认了中国共产党的执政地位，但在执政的过程中，宪法却曾被有意无意地"踢开"，这种执政的方式与理念，损害了中国共产党执政的合法性依据，构成了20世纪六七十年代"无法无天""冤假错案"等政治病症的重要根源。因此，要妥当地处理宪法与政党的相互关系，更值得我们注意的是"政党依赖于宪法"这个层面。更明白地说，就是要认真对待"中国共产党依宪执政"对这个命题。站在宪法学的立场上，对这个重大命题可以从以下几个方面来分析。

首先，应当根据中国现实，进一步拓展宪法学的理论视野。在主流的宪法学理论中，宪法学研究的基本范畴主要是研究宪法与宪政、主权与人权、国体与政体、基本权利与基本义务、国家权力与国家机构，等等。[1] 至于政党，显然不在其中。李龙的《宪法基础理论》是教育部审定的"九五"规划研究生重点教材[2]，但在该著作中也找不到政党的身影，更没有涉及政党与宪法之间的关系问题。在这种理论视野下发展出来的宪法学理论，显然忽略了政党这种巨大的现实存在。因此，为了更有效地解释当代中国的政治关系与宪法关系，就有必要更充分地考虑政党的宪法意义。换言之，应当把政党尤其是执政党作为一个基本范畴放到宪法学的范畴体系中，作为建构中国宪法学理论的一个逻辑起点和理论基点。在这样的视野下，宪法学的基本问题就不仅仅是国家权力与公民权利之间的关系问题了，因为在国家与公民之间，还有政党；人民主权也并非人民直接决定国家事务，甚至不完全是人民通过他们选出的代表来决定国家事务，因为，人民事实上也在通过代表他们根本利益的政党来行使权力。其实，在人民与国家之间，还有政党或执政党的存在——这样的宪法事实，不仅存在于当代中国，它同时也存在于西方国家。比如美国大选，看起来好像是人民在直接选举总统，但是，公众面对的总统候选人基本上都是两大政党推选出来的。对于绝大多数美国公众来说，他们在投票的时候，并没有成千上万的选择机会，而是只能在比如克里与布什之间作出选择，否则，他们手中的选票就将失去实际意义。可见，无论是中国还是西方，在人民与国家这两大宪法主体之间，都存在着一个身影巨大、举足轻重的政党。因而，

---

[1] 参见李龙、周叶中：《宪法学基本范畴简论》，载《中国法学》，1996（6）。
[2] 参见李龙：《宪法基础理论》，武汉，武汉大学出版社，1999，第1页。

宪法学要想真实地描述实践中的宪法关系，就不能只盯着人民与国家，还要注意到政党。从这个角度上看，宪法学要解决的核心问题，就应当是人民、政党与国家这三大主体之间的关系问题了。

其次，中国共产党依宪执政，还意味着中国共产党是宪法领域内的重要参与者，是宪法法律关系中的重要主体。中国共产党在宪法中的这种地位，蕴含着这样的要求：不仅国家机关的国家行为要遵守宪法，社会主体的社会行为要遵守宪法，执政党的执政行为也要遵守宪法，这是"中国共产党依宪执政"的最基本的要求。为了实现这个目标，有必要通过宪法或宪法性文件，对执政党的执政行为作出更具体的规定。无论从理论上还是从实践中看，这样的发展方向都是可行的。其他国家也提供了类似的经验。比如，在德国思想界，早就认识到政党对于国家制度是如此重要，以至于必须用明确的法律对政党的作用、权利、义务和内部组织等事项加以规定。1974年出台的《德意志联邦共和国政党法》就是这种思想观念的产物。作为政党活动的成文法，它规定了政党的宪法地位和作用、政党的内部组织、选举中候选人的提名、选举经费补偿的原则和范围、账目公开、实行对违宪政党的取缔，等等。制定这些条款，有助于保证政党政治和决策过程的公开化。龚祥瑞还认为，"由于该法对政党的地位、作用和内部组织做了这样一些法律规定，实际上政党就相当于国家机关了"①。跟德国相比，中国执政党对于国家制度的影响更大，因而更有必要在宪法性文件中得到具体的规定。这样一些宪法性文件不仅应当规范执政党的内部事务，还应当更具体地规定政党、国家、人民之间的法律关系。至于这样的结果是否使政党具有了国家机关的性质，可以暂且存而不论。

最后，中国共产党依宪执政这个命题，还可以有效地解释党的十八大报告中提出的一个政治论断："必须坚持党的领导、人民当家作主、依法治国有机统一，以保证人民当家作主为根本，以增强党和国家活力、调动人民积极性为目标，扩大社会主义民主，加快建设社会主义法治国家，发展社会主义政治文明。"在这个论断中，当代中国的民主政治实际上包括了三个要素：党的执政、人民当家做主、依法治国。然而，如果按照毛泽东的经典说法："宪政……就是民主的政治"②，而宪政就是动态的宪法，那么，宪法的核心要素也可以理解为三个：党的执政、人民主权、法治

---

① 龚祥瑞：《比较宪法与行政法》，北京，法律出版社，2003，第284页。
② 《毛泽东选集》，2版，第2卷，北京，人民出版社，1991，第690页。

国家，或者更宽泛地说，就是政党、人民、国家。这恰好表明，当代中国的宪法问题与民主政治建设，都应当从党的执政、人民主权、法治国家的相互关系出发。对于当代中国的宪法学理论来说，只有把这三个要素有机地结合在一起，才可能使当代中国的宪法学理论成为彻底的理论、能够说服人的理论，并进而使这个理论不仅能够解释这个世界，而且能改造这个世界——就像马克思在"关于费尔巴哈的提纲"中所表达的那样。①

---

① 马克思的原话是："哲学家们只是用不同的方式解释世界，问题在于改变世界。"（《马克思恩格斯选集》，3版，第1卷，北京，人民出版社，2012，第140页。）

第三节　中国宪法蕴含的七个理论模式

作为宪法学研究对象的中国宪法，正在期待着新的理解；只有新的视角与新的阐释，才可能使我们的宪法学研究别开生面，并进入到未知的领域。

以前学术界所理解的宪法，尤其是宪法学教科书所理解的宪法，主要就是写在纸上的宪法条文。① 对于宪法条文、字句的理解和阐释，可以称之为"宪法评注"。但是，宪法学研究仅仅止步于"宪法评注"，是很不够的——按照德国学者施米特的看法，还应当进一步发展到"宪法学说"的层次。② 然而，倘若要实现从"宪法评注"到"宪法学说"的转向或深化，就必须看到，作为宪法学研究对象的宪法，绝不只是纸面上的条文，相反，宪法是有生命力的。宪法的生命力既支撑着宪法学的生命力，同时也依托于、根源于政治共同体的生命力。只要政治共同体生机勃勃，充满生机与活力，那么，与之"同呼吸、共命运"的宪法就将充满生机与活力。反之，如果政治共同体的生命力枯萎了，甚至死亡了，它的宪法也将随之成为一种历史遗迹，成为一段风干了的历史记忆；研究者固然可以在档案馆的故纸堆里查阅，但在现实世界里，它已不复存在，或者早已脱胎换骨，发生了根本性的转化，成为另外一个全新的事物了。

基于这样的宪法学观念，我们不妨断言，所谓"宪法"，就是政治运行的真实规则。③ 一个国家的政治实践是如何运作的，从根本上塑造了这个国家的宪法状况。当代中国的宪法学研究，如果要真正体现从实践出发的认识论与方法论，如果要真正搔到中国宪法与中国政治的痒处，就应当

---

① 当然，也有例外的论证，譬如，已有论者提出，宪法是关于主权的真实规则。参见翟小波：《宪法是关于主权的真实规则》，载《法学研究》，2004（6）。
② 施米特虽然与纳粹帝国有一定的渊源关系，但是，我们不宜因人废言；他在《宪法学说》一书中表现出来的睿智，还是值得中国宪法学界予以重视的。施米特关于"宪法评注"与"宪法学说"的关系的论述，请见［德］施米特：《宪法学说》，刘锋译，上海，上海人民出版社，2005，"序言"，第2页。同时，亦可见本书最后一章的分析。
③ 有学者认为，法学研究的中心是规则，但是，"法学应把真正有效的规则作为研究对象，同时把'伪规则'摒除在外"［俞江：《历史深处看规则——论规则作为法学研究的中心》，载《法制与社会发展》，2008（1）］。我们讨论的宪法理论模式，属于宪法中"真正有效的规则"。

着眼于当代中国真实的政治过程、政治实践、政治状况。① 就像研究美国宪法不能只盯着 1787 年颁布的宪法文本，而是要认真对待联邦最高法院的众多判决一样，研究中国宪法既要尊重现行的宪法文本，但同时，更要超越现行的宪法文本，要透过纸背，透过宪法文本的字面表达，把研究的目光投向立体的、丰富活泼的政治生活。

从当代中国的政治实践着眼，从宪法社会学的角度来看，真正有生命、有活力的中国宪法，或者说，规范中国政治运行的真实规则体系，实际上蕴含着以下七个方面的理论模式②：一是中国共产党对国家事务、公共事务的绝对领导模式；二是"弱议会—强政府"的议行关系模式；三是咨议性质的政治协商模式；四是兼顾社会效果与法律效果的司法模式；五是自上而下的权力监督模式；六是多元化的央地关系模式；七是公民的权利与义务并重模式。这七种理论模式，既是中国政治的基本准则，也构成了真实的中国宪法的基本框架。在我们看来，如果宪法学研究要面向真正的规则，要坚持以真实规则为中心，那么，这七种理论模式就是当代中国宪法的最根本的规则。只有深刻地理解、把握了这几种理论模式，才能真正地理解并进而改良、优化当代中国的宪法实践与政治状况。以下对中国宪法蕴含的这七种理论模式，逐一加以概述。

一、中国共产党对于国家事务的绝对领导模式

在中国现行宪法的正文部分，并未出现"中国共产党"的字样，更

---

① 英国宪法学家戴雪认为，一个宪法学教授并非宪法的批评者、非难者或辩护者，而仅仅是一个发现者；其任务并非攻击或防卫宪法，而只是阐述宪法。戴雪在此将自己定位于对宪法仅仅是发现者（an expounder）及阐述（explain）宪法。(See Dicey, *Introduction to the Study of the Law of the Constitution*, Macmillian and Co., 1959. 转引自陈新民：《德国公法学基础理论》，济南，山东人民出版社，2001，第 100 页。) 顺便说明，这也是我所持的立场与追求：发现与阐述。

② 我们所谓的"理论模式"，是指宪法所秉持的基本信条。它大致类似于学者所谓的"宪法基本原则"，但又不等于"宪法基本原则"。我们所谓的"宪法理论模式"，侧重于描述宪法的不同方面、不同领域分别恪守的一个原则或一个根本准则，它只对宪法的某个领域有效。而学者们所讲的"宪法基本原则"，是指贯穿于整个"宪法原则或准则"。值得在此指出的是，若干宪法学教科书和宪法学专著对于宪法基本原则的概括尽管广泛流行，但却存在商榷的余地。譬如，许崇德主编的《中国宪法》（中国人民大学出版社 1989 年版）第 49 页、朱福惠主编的《宪法学新编》（法律出版社 1999 年版）第 85 页，以及龚祥瑞的《比较宪法与行政法》（法律出版社 2003 年版）第 60 页，都提到了"三权分立"原则，并把它作为一个普遍性的宪法基本原则。然而，就当代中国的宪法状况来看，无论是宪法文本还是政治实践，都找不到这样的原则，都没有接受"三权分立"的原则。这就意味着，"三权分立"原则至少不能用来概括我国宪法的基本原则。可见，对于现在通行的宪法基本原则理论，确有重新审视的必要。

没有关于中国共产党权力、地位的具体规定。但是，这并不表明，中国共产党与中国宪法没有直接的联系。相反，要深入地理解当代中国的宪法，必须从中国共产党与中国宪法的关系着眼。事实上，就世界范围来看，各主要国家的宪法与本国的政党都存在着各种各样的联系。相比之下，中国宪法与中国共产党的关联还蕴藏着自己的特殊性：中国共产党建党在先（1921），建军次之（1928年），建政（全国统一政权）更次之（1949年），至于制宪（全国性的通过普选的代议机关制定宪法）则更晚一步（1954年）。这样的历史过程表明：是中国共产党（领导人民）创建了现行的政治共同体及其运行体制，并主持制定了现行宪法。换言之，中国宪法本身就是党的主张、党的意志的法律化表达、宪法化表达。

对此，在现行宪法制定通过的1982年，彭真在全国人大会议上所作的《关于中华人民共和国宪法修改草案的报告》中，就已经明确地指出："中国共产党对这次宪法修改工作十分重视，中共中央政治局和书记处都专门讨论过。中共中央政治局和书记处的成员大都是宪法修改委员会的委员，中共中央的意见已经充分地反映在宪法修改草案中。中国共产党领导中国人民制定了新宪法，中国共产党也将同全国各族人民一道，同各民主党派和各人民团体一道，共同维护宪法尊严和保证宪法实施。……体现了人民意志和中国共产党的正确主张的新宪法，又由全体人民和中国共产党的努力来保证它的实施，就一定能够在促进我国社会主义现代化事业的胜利发展中发挥伟大的作用。"[①] 彭真代表当时的宪法起草机构讲的这段话，揭示了这样一个客观的历史事实：中国宪法是党的意志的体现。

中国共产党的地位和职责虽然不见于中国宪法的正文部分，但在宪法的序言中对此已经作了原则性的规定："中国新民主主义革命的胜利和社会主义事业的成就，就是中国共产党领导中国各族人民……取得的。……中国各族人民将继续在中国共产党领导下，在马克思列宁主义、毛泽东思想、邓小平理论和'三个代表'重要思想指引下……"宪法序言中的这些文字，以根本大法的形式，确认了中国共产党对于中国各族人民的领导地位。在宪法文本之外，还有邓小平提出的"坚持四项基本原则"，他说："……我们要在中国实现四个现代化，必须在思想政治上坚持四项基本原

[①] 彭真：《关于中华人民共和国宪法修改草案的报告——一九八二年十一月二十六日在第五届全国人民代表大会第五次会议上》，载《人民日报》，1982-12-06。

则。这是实现四个现代化的根本前提。这四项是：第一，必须坚持社会主义道路；第二，必须坚持无产阶级专政；第三，必须坚持共产党的领导；第四，必须坚持马列主义、毛泽东思想。"① 邓小平总结的这四项基本原则，既可以说是中国政治的原则，同时，由于它是邓小平理论体系中的一个重要的组成部分，按照宪法序言关于"指导思想"的规定，这四项基本原则也可以说是中国宪法的原则。而且，四项基本原则的核心和落脚点，就是要坚持中国共产党的领导。

除了宪法序言和《邓小平文选》中这样一些文字性的表达，中国共产党对中国人民及国家事务的绝对领导地位，还生动地体现在当代中国政治的各个实践领域：党中央的决议是一切国家活动的指南；国家机构的领导人出自党组织的推荐；所有的国家机构、国有企事业单位都设立了党委或党组，它们在这些机构、单位中居于核心的决策地位；等等。这样的政治实践表明，当代中国宪法的第一个理论模式，就是中国共产党对于国家事务、公共事务的绝对领导——如果要以重要程度来排序，那么，这就是中国真实宪法体系中的第一条准则。脱离了这条准则、这个理论模式，我们的宪法学理论就无法解释当代中国的宪法实践和政治实践。然而，值得我们深思的是，如此明显、如此重要的一条政治规则、宪法准则，居然就没有进入当代宪法学理论的视野。

如果稍作延伸，我们还会发现，中国宪法学对于这个理论模式的普遍忽视，已经造成了一种消极的后果：宪法学理论不能解释鲜活的宪法实践、政治实践，遑论"改造""指导"实践。

二、"弱议会—强政府"的议行关系模式

在传统的宪法学理论中，习惯于把"议行合一"作为中国宪法的一项原则②，人民代表大会制度，就是这项原则的一个载体。然而，这项原则的批评者则认为，"议行合一不宜继续沿用"，因为，它"可能误导人民代表大会制度的发展方向"③。

在我们看来，无论是"议行合一"还是"议行分开"，都不能有效地

---

① 《邓小平文选》，2版，第2卷，北京，人民出版社，1994，第164~165页。
② 参见《中国大百科全书》（法学卷），北京，中国大百科全书出版社，1994，第702页；曹弘毅："议行合一"的社会主义性质考辨，载《山东行政学院学报》，2012（2）。
③ 童之伟："议行合一"说不宜继续沿用，载《法学研究》，2000（6）；周永坤：《议行合一原则应当彻底抛弃》，载《法律科学》，2006（1）。相关的评论可以参见张阳：《当代中国"议行合一"学术争论及其硬伤》，载《中共浙江省委党校学报》，2012（5）。

揭示中国宪法的真实状况。理由是："议行合一"的说法，主要是对马克思主义经典作家关于"巴黎公社"这个特定历史事件的一个论断的简单套用。在《法兰西内战》一文中，马克思确实表达了对于"议行合一"体制的赞赏，他说："公社是由巴黎各区普选选出的城市代表组成的。这些代表对选民负责，随时可以撤换。其中大多数自然都是工人，或者是公认的工人阶级的代表。公社不应当是议会式的，而应当是同时兼管行政和立法的工作机关。"① 马克思的这段论述，大概就是当代中国"议行合一"原则的思想来源。然而，这段话是有特定的语境的，它既不是对于一个普遍性的宪法原则的论述，更不可能是针对中国宪法实际遵循之准则的概括。至于"议行分开"的说法，则是一种理想化的前景展望，也不是对中国政治和中国宪法的一种准确的揭示。退一步说，什么叫"议行分开"？如果说"议"的功能由人大来行使，"行"的功能由政府来行使，就叫作"议行分开"，岂不是人大与司法分别由两种机构来代表，也可以叫作"议司分开"？甚至还有"行司分开"（行政与司法分开）？可见，"议行分开"也不是关于当代中国之议行关系的一种既有理论揭示意义又有实践指导意义的表达。

　　按照我们的考察，议会与政府的关系作为当代中国宪法（也是其他各国宪法）的一个重要维度，其真实状况可以概括为"弱议会—强政府"的议行关系模式。

　　只看宪法文本上的规定，中国的全国人民代表大会（以下简称全国人大）及其常委会拥有至高无上的权力，这些权力包括：几乎不受限制的立法权②、重大事项的决定权、人事任免权、对"一府两院"的监督权，等等。按照宪法第三章关于国家机构的规定，国务院、最高人民法院、最高人民检察院都要向全国人民代表大会及其常委会负责。这样的规定意味着，全国人大及其常委会高居于国务院之上，是一个极其强势的最高国家权力机构；甚至说它是全世界权力最大的代议机构，也不过分。

　　但是，全国人大及其常委会的这种最高地位、最高权力并不能在实践中"坐实"。相比之下，在实际的政治生活中，国务院处于更加强势

---

① 《马克思恩格斯全集》，第17卷，北京，人民出版社，1963，第358页。
② 以至于有学者认为，全国人大在制定法律（比如《物权法》）的时候，不必在这些法律的第1条中注明"根据宪法，制定本法"。其主要理由就是：全国人大的立法权是至高无上的，是不受限制的。参见梁慧星：《不宜规定"根据宪法，制定本法"》，载《社会科学报》，2006-11-16。

的地位。① 按照当代中国的政治理念、宪法原则，在全国人大与国务院之间，并不是相互制衡的对等关系，而是上与下、监督与被监督的关系。但是，实践中的全国人大既然不能真正享有优越于国务院的强势地位，就只能处于相对弱势的地位。

中国的全国人大相对于国务院的弱势地位，是由多个方面的因素造成的。其中一个重要的原因是，全国人大的组成人员（人大代表）多数是兼职的，而且大多数还不是通过竞选的方式产生的，在相当程度上，是各级组织所给予的一种荣誉性的头衔。因此，在实践中，代表们只需要对各级组织负责。还有一个重要的原因是，政府及"两院"的领导人是由党组织推荐的，人大的"党组"作为当地或上级党组织的下属党组织，有义务贯彻上级党组织的意图，把上级党组织推荐的候选人通过法定的表决程序，转化成为国家机构的正式领导人。与此相对应，这些领导人的去职，首先也是由党组织作出决定并提出建议，再通过人大的确认并形成正式的免职或撤职决定。这样的政治过程意味着，政府需要向人大负责并报告工作，但这种报告工作主要是一个政治程序。这种政治程序有助于为真实的政治实践提供一种合法性基础和正当性依据。

因此，实践中的人大，无论是全国人大还是地方人大，它们享有的实际权力与宪法文本中规定的法定权力相比，都有一个较大的落差。由此形成了中国宪法中的一个根本性的理论模式："弱议会—强政府"的议行关系模式。主流观点也看到了这样的现象，但在解释这种现象的时候，一般都归结为：人民代表大会制度还有待于进一步的完善与加强。其言下之意是：只要完善和加强了人民代表大会制度，就可以形成"强议会—强行政"的议行关系模式。我的看法是，现行的人民代表大会制度及其议行关系模式，是整个政治体系的一个组成部分；它是历史的产物，具有历史的合理性。

---

① 作出这种判断的依据，主要是观察与经验。倘若要通过数据或其他方式加以论证，也是可能的，但不是本节的任务。这里且列举几个事实，作为这个判断的佐证：其一，在1988年的一篇讲话中，邓小平提出，中央要有权威。他说："党中央、国务院没有权威，局势就控制不住。"他还说："各顾各，相互打架，相互拆台，统一不起来。谁能统一？中央！中央就是党中央、国务院。"（《邓小平文选》，第3卷，北京，人民出版社，1993，第277、278页）这几句话非常微妙地表明，要有权威的"中央"，是指"党中央和国务院"，没有包括"全国人大"；"全国人大"需不需要有权威，被置而不论。其二，在"文化大革命"期间，全国人大和地方人大已经陷于瘫痪，但国务院一直都存在。其三，尽管全国人大和地方人大每年都要审查政府的预算与决算，但是，公共财政的收入与支出，即钱怎么收进来又怎么花出去，基本上是基于政府的安排，至少到现在为止，还没有出现过政府预算案不能通过的情况。

三、咨议性质的政治协商模式

法学界关于中国宪法的研究文献,较少涉及政治协同制度①,因为,在一些学者的潜意识里,政协不是法定的国家机构,不属于宪法学的研究对象。

确实,按照宪法文本的规定,国家机构不包括政协。在宪法的正文部分,也没有对政协的权力、地位、责任作出任何规定。但是,现行宪法的序言部分,还是规定了政协的性质:它"是有广泛代表性的统一战线组织,过去发挥了重要的历史作用,今后在国家政治生活、社会生活和对外友好交往活动中,在进行社会主义现代化建设、维护国家的统一和团结的斗争中,将进一步发挥它的重要作用"。除此之外,《中国人民政治协商会议章程》(以下简称《政协章程》)还规定:"中国共产党领导的多党合作和政治协商制度是我国的一项基本政治制度。"这样一些原则性的规定告诉我们,政协虽然不是正式的国家机构,但它在国家的政治生活、宪法实践中,占据着不容忽视的重要地位,具有重要的职能。

政协的职能是什么?《政协章程》第 2 条第 1 款规定:"中国人民政治协商会议全国委员会和地方委员会的主要职能是政治协商、民主监督、参政议政。"在我们看来,这几项职能的实质,就是政治咨议。② 什么叫政治咨议?简而言之,就是主政者按照自己的意愿,提出一些政治议题,听取咨议者的意见。对于主政者提出的这些政治议题,咨议者可以(或应当)表达自己的观点,提出自己的看法;当然,咨议者也可以在主政者确定的议题范围之外,主动提供其他方面的政策建议和意见。咨议者提出的众多言论(提案),主要价值就在于为主政者提供参考性的意见。当然,对于主政者而言,这些意见既可以采纳,也可以不采纳;既可以部分采纳,也可以全部采纳。对于咨议者而言,自己表达的观点、提出的看法(所谓"建言立论")无论是否被采纳,都可以实现一个根本的愿望:那就是"立言"——按照传统中国的话语,"立言"乃是一种不朽的事业。③

---

① 当然也有例外的情形,譬如江国华:《协商民主及其宪政价值——以支持政治协商制度作为视角》,载《湖南科技大学学报》,2007 (5);等等。
② 2008 年 10 月 25 日,在成都召开的中国宪法学年会上,熊文钊教授曾对这种表达给予评论。熊先生认为,"咨议"宜改为"协商民主"。笔者感谢熊先生的批评,但在反复斟酌之后,还是坚持认为,"咨议"比"协商"更能反映当代中国政治的实质。因为,"咨议"类似于"参谋、建议","协商"则暗含了"对等"的意蕴。
③ 《左传·襄公二十四年》记载了鲁国大夫叔孙豹的一段话:"豹闻之,太上有立德,其次有立功,其次有立言,虽久不废,此之谓不朽。"叔孙豹在此所说的,就是著名的包括立言在内的"三不朽"论。

一方面，对于咨议机构及其人员来说，通过政治协商、参政议政、民主监督，实现了自己的政治参与，实现了"立言"的个人追求。因而，这样的制度安排受到了咨议机构及其人员的广泛欢迎。另一方面，对于主政者而言，建立咨议性质的政治协商制度，有助于吸纳各方面的智慧，有助于实现"民主与团结"的政治目标；按照传统中国的话语来说，就是实现了"野无遗贤"；主政者通过这个制度，就可以表明，各个领域的精英人士，都可以通过咨议性质的政治协商制度，参与到政治事务中，发挥他们的作用。因而，这个制度也受到了主政者的重视，甚至被称为"三大法宝"之一。① 也许正是由于这两个方面的原因，在当代中国的政治生活中，这种咨议性质的政治协商制度被置于较高的地位。

为了表明这种制度的重要性，每年的政协会议与人大会议总是同时召开；"两会"成为一个常用的政治概念；按照主流的解释框架，人代会议象征着代议民主，政协会议则体现了协商民主②，两者都是民主政治的重要载体。诸如此类的政治安排都表明，咨议性质的政治协商制度，也是理解中国宪法的一个重要的理论模式。

值得补充说明的是，这种有关政治咨议的制度安排，在传统中国已有悠久的历史。传统士林中的优秀代表，几乎都在期待着这样的政治参与机会，即使像朱熹这样的思想巨人，也不能置之度外。有一个历史细节颇能说明问题，可以在此一提：1163 年，朱熹第一次获得了宋孝宗的召见，这相当于为他提供了一个面见君主、陈述政见的机会。"他以十分严肃的心情对待他平生这一件大事"，不仅事先请教了前辈学者李侗，而且准备了三个奏劄，"今考之奏劄，第一劄总论《大学》，以格物、致知为重点；第二劄论战、守、和三策，始痛陈'三纲不立'之害；第三劄即所谓'泛论时事'。至于'义利'一说则始终未提。由此可见朱熹对此次召见是多

---

① 毛泽东在 1939 年 10 月 4 日为中共中央主办的党内刊物《共产党人》创刊而写的发刊词中讲道："……十八年的经验，已使我们懂得：统一战线、武装斗争、党的建设，是中国共产党在中国革命中战胜敌人的三个法宝，三个主要的法宝。"《毛泽东选集》，2 版，第 2 卷，北京，人民出版社，1991，第 606 页。)

② 《中共中央关于加强人民政协工作的意见》（2008 年 2 月）指出："……人民通过选举、投票行使权利和人民内部各方面在重大决策之前进行充分协商，尽可能就共同性问题取得一致意见，是我国社会主义民主的两种重要形式。"《中共中央关于加强社会主义协商民主建设的意见》（2015 年 2 月）又指出："协商民主是在中国共产党领导下，人民内部各方面围绕改革发展稳定重大问题和涉及群众切身利益的实际问题，在决策之前和决策实施之中开展广泛协商，努力形成共识的重要民主形式。"至于协商渠道，"继续重点加强党委协商、政府协商、政协协商，积极开展人大协商、人民团体协商、基层协商，逐步探索社会组织协商"。

么慎重,他自己还没有想清楚的问题,虽事先有李侗的指点,也不肯轻易下笔"。而且,"从他事前和师友商讨及事后以奏劄抄示相知的行为来看,朱熹将第一次'登对'看成生平一件大事,这是毫无可疑的"①。为什么朱熹及其他士大夫如此看重这样的参政议政,原因就在于:这是"得君行道"、实现"内圣外王"的主要渠道。儒家知识分子只有通过"引君入道",才可能实现治平天下的宿愿。这样的政治文化传统历经数千年,已经深深地融入中国精英阶层的血脉里,在一定程度上,它以民族精神的形式,支撑着当代中国这种同样具有咨议性质的政协制度。当代中国宪法的研究者,对此不可不察。

四、兼顾社会效果与法律效果的司法模式

法学界在谈到中国司法改革(这里主要是指法院改革)的方向的时候,代表性的观点是:迈向独立的、自治的甚至是无须监督的司法。在这种观点看来,当代中国的司法状况是不独立、不自主,因而需要把这两个"不"字去掉。

我个人认为,这个判断是有道理的。因为,现行《宪法》第126条规定:"人民法院依照法律规定独立行使审判权,不受行政机关、社会团体和个人的干涉。"这样的规定似乎表明:法院具有独立性、自主性。但是,这条宪法规范的象征意义、符号意义大于实践意义。因为,一方面,法院的审判权不受行政机关、社会团体和个人的干涉,并不意味着不受同级党委的领导、同级人大和上级法院的监督。另一方面,来自党委、人大、上级法院的领导和监督具有充分的政治依据与法律依据,其中,人大监督的依据是宪法的明文规定,党的领导是政治原则(如前文所述,也是宪法准则),上级法院的监督是审级制度的规定。在这些制度的交互作用之下,法院的"独立性"并不明显。

不仅如此,同级政府(行政机关)的"干涉"虽然为宪法条文所禁止,但在实践中却处于"禁而不止"的状态。譬如,一个县政府在为县级各部门制定目标考核任务的时候,县法院同样是考核对象,县政府同样要为县法院制定考核指标。②这就意味着,在某些层面、某些领域,县政府

---

① [美]余英时:《朱熹的历史世界:宋代士大夫政治文化的研究》,北京,三联书店,2004,第428~430页。
② 一个典型的事例,是2003年发生的一起法庭造假案。相关情况及其评论,可参见喻中:《乡土中国的司法图景》,北京,法律出版社,2013,第137页。

实际上是把县法院当作了一个下属部门。此外，政府还控制了同级法院的人事、财政；政府的行政首长虽然不宜对法院发号施令，但他作为同级党委的副书记，仍然是同级法院党组的"上级领导"，可以通过党内的渠道名正言顺地"干涉"法院的事务。

可见，仅仅凭借《宪法》第126条的规定，并不能指认法院具有"独立性"；在权力体系中，这条宪法规范甚至没有为法院的性质和地位赋予更多的特殊性。因为，几乎所有的行政机关都可以套用这样的表达，譬如公安机关，就可以说："公安机关依照法律规定独立行使警察权，不受其他行政机关、社会团体和个人的干涉"——如果法律作了这样的规定，在法理上几乎没有任何障碍。其他机关、团体、个人可以"干涉"公安机关的警察权吗？显然不能。据何兵教授介绍，瑞典的警察首长就称：政治家和行政首脑可以对警察部门进行政策性的和宏观的监督，但任何人不得干涉警察部门独立办案。[①] 这不就是依法独立行使警察权吗？以此类推，什么样的权力不是在独立行使呢？行政机关、社会团体和个人，不仅不能"干涉"法院，也不能"干涉"其他任何行政机关，因为，各司其职、不得越权行使职权是现代法治的一个普遍要求。可见，《宪法》第126条虽然强调了法院的特殊地位，但在相关制度的交互作用之下，这条宪法规范的价值主要局限在文化—符号的层面上：由于现代国家的司法都是独立于政府的，我们国家是现代国家，所以，我们也要在宪法上规定法院的独立性。

正是由于以上多个方面的原因，法学界普遍的声音是：进一步提升司法的独立性与自主性，告别现有的不独立、不自治的司法状况。

但是且慢！法学界关于当代中国司法的这种普遍性认知，存在两个方面的问题：第一，它主要体现为一个应然性的价值判断：中国的司法不独立、不自治，因而是一种"不好"的司法；只有独立、自治的司法才是"好"的司法。这样的价值判断表达了一种理想化的批判精神，因而是有价值的，在终极意义上也是没有问题的。但是，这种看问题的方式并不能实现对于当代中国司法的"同情式的理解"，因为，价值上的判断并不能代替事实上的分析。第二，从事实分析的角度来看，尽管"不独立、不自治"确实在一定程度上描述了当代中国司法的特征，但是，它并不是当代中国司法的最核心的特征。打个比方，就像拿破仑，既是一个伟人，但也是一个小个子。如果一个历史学家在研究拿破仑的时候，主要论证他只有

[①] 参见何兵：《司法职业化与民主化》，载《法学研究》，2005（4）。

一米六高，当然也不算错，但却以这样的信息遮掩了其他更重要的信息：军事家、征服者、法国皇帝，等等。以"不独立、不自治"来概括当代中国的司法状况，也存在着这样的偏颇。

那么，当代中国司法遵循的宪法准则是什么呢？我们的看法是：对社会效果与法律效果的兼顾。当代中国的法院与法官，在履行职责的时候，既要满足法律的需要，更要满足社会的需要。用司法界的行话来说，就是要实现法律效果与社会效果的统一。所谓"法律效果"，就是指按照法律条文来办案，符合法律的要求；所谓"社会效果"，就是要考虑到司法过程、司法结果对于社会、政治的实际影响。中国司法对于社会效果、政治效果的追求，最典型的情形是，国家刑法在一些少数民族地区的变通执行。[①] 全国人大制定的国家统一刑法，为什么要在一些少数民族地区变通执行？原因就在于：只有变通执行，才"行得通"，否则，根本就无法执行。因而，变通执行、追求社会效果，实际上是实践理性对于司法提出的一个基本要求。

正是因为中国司法在法律效果之外还要强调追求社会效果，以及因社会效果带来的政治效果，我们才能理解，为什么司法的过程要受到多方面的约束、限制。所谓司法的"不独立、不自治"，在因果关系上看，就是由于追求社会效果、政治效果而带来的约束与限制。

五、自上而下的权力监督模式

在权力监督的问题上，现行宪法主要有两个方面的规定：一是人大对于"一府两院"的监督；二是人民检察院作为国家的法律监督机关，可以依法独立行使法律监督权（检察权）。但是，这两个方面的规定仅仅止于具体的制度，并未揭示当代中国权力监督的基本模式。一方面，人大监督虽然有专门的监督法作为依据，但是，毋庸讳言，这样的监督并不"实"，它对于权力腐败、权力滥用、权力流失之类的政治病症，并未起到实质性的遏制作用。另一方面，检察机关虽然具有法律监督机关的性质，但它的实际职能主要是刑事司法。

不过，检察机关的管理体制有一个值得注意的特点，那就是所谓的"双重领导"。它的意思是：检察院既受同级人大、同级党委的监督与领导，同时也受上级检察机关的领导。下级检察机关接受上级检察机关的领导，表明了国家在权力监督模式上的一个基本思路：权力监督应当自上而

[①] 参见梁华仁、石玉春：《论刑法在少数民族地区的变通》，载《政法论坛》，2001（2）。

下。这一点，才揭示了我国宪法蕴含的一个基本的理论模式：自上而下的权力监督。

强调官僚（科层）体制中的上级监督下级，既是一个普遍性的权力监督模式，更是中国传统政治文化的产物。在传统中国，君主是一切权力的渊源，御史受君主委托、代表君主监督百官的传统，构成了当代检察制度的历史原型、历史记忆。① 当代检察制度乃至于监察制度、纪检制度，都可以视为传统的御史制度在当代的延伸。然而，无论是检察制度、监察制度还是纪检制度，都有一个共同的特征：监督者是官僚（科层）体系中的上级或上级的代表。这种理论模式的制度内核，是党内确立的"下级服从上级，全党服从中央"之原则。②

这种自上而下的监督模式和有些国家的权力分立与权力制衡模式形成了鲜明的对照。在权力分立与制衡的体制下，权力监督具有相互性：你可以监督我，我也可以钳制你。这是一种相互的、双向的、横向的权力制约模式。美国的斯塔尔作为一名普通的独立检察官，也可以把克林顿弄得下不了台，甚至还差点丢了总统宝座。这就是横向的权力制约模式的结果。但在当代中国，没有采用这种横向的权力制约模式；即使设立了这样的权力监督模式，实际效果也是相当微弱的。譬如，政府内部设立的监察局（厅）、机关内部设立的监察室（处），它对于同级的机构，就很难产生有效的监督。原因就在于：监督者与被监督者的地位大致相当，且利益相互交叉；它们之间更多的是相互合作、相互支持的关系。

自上而下的权力监督模式对于当代中国的宪法实践具有潜在而深远的影响。譬如，在治理腐败的问题上，一般来说，只有上级才能有效地查处下级的腐败行为。面对一个县长的腐败，本县的权力监督机构几乎难有作为。所以，很多地方上的重大腐败案件，都是通过中纪委才突破的。再譬如，在需要"申冤"的时候，信访者一般倾向于直接"上北京"，因为他们认为，只有来自"上面"甚至"最高层"的权力，才可能解决自己的冤屈问题。

在自上而下的权力监督模式的背后，是权力的来源问题。假如被监督

---

① 当然，原苏联的检察制度也影响了当代中国的检察制度，可以被视为当代中国检察制度的现实样板。
② 《中国共产党章程》第10条规定："党是根据自己的纲领和章程，按照民主集中制组织起来的统一整体。党的民主集中制的基本原则是：（一）党员个人服从党的组织，少数服从多数，下级组织服从上级组织，全党各个组织和全体党员服从党的全国代表大会和中央委员会……"

者的权力是民众授予的，换言之，他的权力是经民众的选举而产生，他的去留也取决于民众的选票，那么，对他的最有效的监督就将来自民众；反之，如果一个人的权力是由另一个人或另一个机构的授予而获得的，那么，对于前者的有效监督，就只能来自后者。这是一个很简单的道理，用不着引证很多经典著作，就可以说清楚。在当前，由于权力的授受关系是自上而下，所以，宪法所确认的权力监督的基本模式，也只能是自上而下。

六、多元化的央地关系模式

中央与地方的关系（简称"央地关系"）也是宪法领域中的一个至关重要的基本问题。任何国家的宪法都无法回避这个问题。譬如，在美国建国之初，令人困扰、争议最大的难题，就是中央与地方之间的关系问题。联邦党人主张强化联邦中央的权力，反联邦党人主张小共和国。他们之间的争论汇聚成为了两部令人瞩目的经典著作：《联邦党人文集》与《反联邦党人文集》。[1] 当然，历史的发展已经证明，在这场政争中，联邦党人获得了最终的胜利，反联邦党人成了失败者。[2] 虽然尘埃早已落定，但是，反联邦党人的政治思想依然是值得重视的，因为它涉及一个根本性、普遍性的宪法问题：如何安排中央政权与地方政权的关系？

这个问题同样期待着中国宪法的回答。按照中国现行宪法的规定，中国是一个单一制国家。几乎所有的宪法学教科书，都在"国家结构形式"的标题下，阐述了中国作为单一制国家的历史根源与现实需要。但是，我们对于中国国家结构（央地关系）的认识，不能仅仅局限于教科书和宪法条文，而是要有更加宽广的视野：既要看到其他重要的政治文献关于央地关系的阐述，更要看到历史过程中不断变化、不断丰富的央地关系模式。

---

[1] 《联邦党人文集》在中国早已是流传已久的经典著作。《反联邦党人文集》（7卷本）由芝加哥大学政治学教授施托林（H. J. Storing）和他的学生德雷（M. Dry）编辑而成，由芝加哥大学出版社于1981年出版，在中国尚未见到中译本。不过，施托林为《反联邦党人文集》撰写的长篇导论《反联邦党人赞成什么：宪法反对者的政治思想》，已由北京大学出版社于2006年出版。

[2] 反联邦党人的代表人物之一布莱恩认为：联邦党人"这个名号最终被那些赞成新联邦政府的人占用了，他们称自己是联邦党人，而宪法的反对者则被称作反联邦党人"。实际上，在反联邦党人看来，他们才是真正的联邦党人，那些号称"联邦党人"的人，譬如汉密尔顿，实际上是"国家主义者"。参见［美］施托林：《反联邦党人赞成什么：宪法反对者的政治思想》，汪庆华译，北京，北京大学出版社，2006，第14页。

一方面，早在1956年，毛泽东在《论十大关系》一文中，就专门谈到了中央与地方的关系。他说："中央与地方的关系也是一个矛盾。解决这个矛盾，目前要注意的是，应当在巩固中央统一领导的前提下，扩大一点地方的权力，给地方更多的独立性，让地方办更多的事情。这对我们建设强大的社会主义国家比较有利。我们的国家这样大，人口这样多，情况这样复杂，有中央和地方两个积极性，比只有一个积极性好得多。"① 30年后的1986年，邓小平在谈到政治体制改革的内容时，又指出："……首先是党政要分开……第二个内容是权力要下放，解决中央和地方的关系，同时地方各级也都有一个权力下放问题。第三个内容是精简机构，这和权力下放有关。"② 按照两个政治领导人前后呼应的思路，可以发现，我国处理央地关系的一个根本准则是：在巩固中央统一领导的前提下，扩大地方的权力。半个世纪以来，尽管也有反反复复的收权，但是，中央对地方的总体趋势是放权，尤其是经济管理方面的权力。时至今日，甚至有学者把当代中国的央地关系称为财政联邦主义。③

另一方面，即使是在20世纪50年代，中国的央地关系也不是纯粹的单一制：先后建立了5个民族区域自治区。"自治"的本质，就是地方的自我管理，就是对地方自主性的强调，譬如，民族自治法规对法律的变通，就是地方自主性在法律上的一种体现。④ 世纪之交，随着1997年香港的回归、1999年澳门的回归，"一国两制"从政治构想变成了政治现实。

可见，当代中国的央地关系模式至少呈现出三种形态：一是中央与各省市之间的比较纯粹的单一制关系，这种央地关系的特征是"直接管辖"；二是中央与自治区之间的以民族区域自治为核心的央地关系，这种央地关系的特征是"民族自治"；三是中央与港澳之间的以特别行政区高度自治为核心的"一国两制"模式，这种央地关系的特征是"高度自治"。此外，可以预料也值得期待的是，随着台湾地区问题的最终解决，还将进一步丰富央地关系的多元化成分。

值得注意的是，当代中国已经出现并将继续丰富的多元化的央地关系模式，既是政治现实的产物，同时也是历史传统的产物：在一些教科

---

① 《毛泽东文集》，第7卷，北京，人民出版社，1999，第31页。
② 《邓小平文选》，第3卷，北京，人民出版社，1993，第177页。
③ 参见刘银喜：《财政联邦主义视角下的政府间关系》，载《中国行政管理》，2008（1）。
④ 参见覃晚萍：《论民族自治法规对法律、行政法规的变通》，载《广西民族学院学报》，2001（6）。

书上，传统中国虽然被描述为一个大一统的中央集权制国家，但是，中央政府与地方政府的关系并不是整齐划一的，而是呈现出多种形态：有的直辖（譬如中原地区），有的仅仅是名义上的管辖或臣服（譬如"四夷"甚至"化外"之地），由近及远，由紧及松，中间的过渡地带有很多层次。

七、公民的权利与义务并重模式

西方各国的宪法既要安排国家权力的基本构架，同时也要列举公民的基本权利。譬如，英国的《自由大宪章》与《人身保护法》、美国的《权利法案》（宪法修正案前十条）、法国的《人权宣言》，诸如此类的宪法性文件，都旨在确认、保障公民的基本权利。与之相类似，在中国现行宪法的第二章，也规定了公民的基本权利。从这个角度上看，中国宪法与西方宪法具有一定的共同性。但是，中国宪法在规定公民基本权利的时候，有一个至关重要的特点，那就是强调权利与义务的统一性、一致性、不可分。对于中国宪法上的这种安排，不妨称之为权利与义务并重模式。这种强调权利与义务并重的宪法模式，显然迥异于西方宪法的权利保障模式，因而构成了一种值得注意、值得反思的宪法现象。

从中国法学演进的历史来看，强调权利与义务并重的观点最早见于20世纪30年代。当时就有学者指出："权利义务，如影之随形，响之随声，在法律上具有相互之关系，故权利之所在，即义务之所在，义务之所在，亦为权利之所在。"[1] 尽管这种强调权利与义务不可分的观点由来已久，然而，对于当代中国的宪法来说，确认这种理论模式的思想渊源，主要还是应当追溯到马克思那里。1864年，当马克思在组建国际工人协会的时候，就在这个协会的临时章程中写道，"没有无义务的权利，也没有无权利的义务"[2]。1871年，在他亲手修订的《国际工人协会共同章程》中，又继续坚持了这个基本的观点，甚至连表达方式都一如既往。[3]

从那以后，马克思关于权利、义务不可分的论断，深刻地影响了社会主义国家的宪法实践与宪法思想。1936年，在斯大林主持制定的《苏联宪法》中，就曾辟出专章规定公民的基本权利和义务。与这样的宪法文本相呼应，苏联的法学理论家认为，"在社会主义制度下，个人与社会、公

---

[1] 欧阳谿：《法学通论》，上海，上海会文堂编译社，1933，第290～291页。
[2] 《马克思恩格斯选集》，第2卷，北京，人民出版社，1972，第137页。
[3] 参见《马克思恩格斯选集》，3版，第3卷，北京，人民出版社，2012，第172页。

民和国家的相互关系，不仅是以权利为基础，而且是以义务为基础。"[1] 1949年中华人民共和国成立以后，苏联的这种强调权利与义务并重的宪法学理论模式也为中国制宪者所吸收。据学者考证，"我们在新中国建立后不久就比较快地制定公布了选举法和宪法，而这和斯大林的建议密切相关"，而且，"1954年宪法在政权组织形式、国家机构、公民基本权利和义务等方面，也大量移植了苏联的经验，而在新中国初期的宪政理论研究方面，中国移植苏联的成果更加普遍"[2]。由此可知，强调权利与义务并重的理论模式，虽然在20世纪30年代的中国法学界就已经颇为流行了，但是，这种理论模式在1949年以后所占据的支配地位，主要源于马克思的论断以及苏联的实践和理论。

20世纪50年代以来，我国宪法虽然经历了多次重大的修改，但1954年宪法确认的强调权利与义务并重的理论模式沿袭下来了，并日渐成为中国现代宪法的一个新传统。正是在这种理论模式的支配下，中国现行宪法第二章的题目，并不是"公民的基本权利"，而是"公民的基本权利和义务"。就其主要内容而言，也是权利与义务并重。其中，有的条款专讲权利（譬如第35条规定的政治权利），有的条款专讲义务（譬如第56条规定的纳税义务），有的条款既讲权利又讲义务（譬如第42条规定的劳动权利与劳动义务）。透过宪法上的这些表达，我们可以发现，中国现行宪法的第二章并不是一个"权利法案"，而是一个"权利、义务法案"，是"权利法案"与"义务法案"的混合体。

中国宪法蕴含的这种强调权利与义务并重的理论模式，不仅构成了中国宪法的一个基本准则，而且普遍盛行于当代中国的法理学界。譬如，在主流的法学理论中，权利与义务被视为法学的基石范畴，法律关系被解释为权利、义务关系，甚至法学本身都被视为权利、义务之学。[3] 这种对权利与义务关联性的强调，与中国宪法关于权利、义务的规定，显然具有精神上的共通性。

八、小结

以上七种理论模式，是从政治实践的立场，对于中国宪法的考察与梳

---

[1] ［苏］马图佐夫等：《关于苏联公民法律义务问题的研究》，载《法学译丛》，1981（3）。
[2] 何勤华、李秀清：《外国法与中国法：20世纪中国移植外国法反思》，北京，中国政法大学出版社，2003，第22页。
[3] 参见张文显：《论法学的范畴意识、范畴体系与基石范畴》，载《法学研究》，1991（3）。

理。由于我们自设的学术追求是真,因而我们旨在回答的问题集中在:真实的中国宪法到底受到了哪些理论模式的支配?我们暂不涉及价值评判,没有回答中国宪法应当是什么、应当往哪里走、有什么问题、应当如何完善等应然性问题。换言之,我们选择的是一条经验性的、实证型的研究路径。

通过这七种理论模式,我们可以发现:在执政党与国家机构的关系上,党对国家事务的领导至关重要,堪称宪法条文之上的高级法;在国家与公民的关系上,中国宪法注重对国家机构的授权,强调公民权利与公民义务的并重;在中央与地方的关系上,确认了多元化、多样化的央地关系模式;在横向的国家机构之间,则呈现出强政府—弱议会的结构关系;在权力监督问题上,采取了自上而下的监督模式;在民主制度的安排上,兼顾代议民主与协商民主;在司法制度的安排上,选择了一种兼顾社会效果、政治效果、法律效果的司法模式。把这七种理论模式拼接起来,大致可以形成一幅真实的中国宪法框架图。

第四节 中国宪法发展进程中的八大关系

数十年来,中国宪法在改革中不断生长、不断发展。在中国宪法学研究重新出发的今天,如何根据已有的理论成就和实践经验,更好地探索中国宪法、中国政治的发展之道,就构成了一个值得认真对待的一个重大理论问题。笔者认为,要实现中国宪法全面、协调、可持续的发展,有必要把握好以下八个方面的关系。下面分述的"八大关系",也可以作为我们理解中国宪法的理论模式与理论构架。

一、形式宪法与实质宪法的关系

所谓形式宪法,主要是指条文中的宪法,或以宪法文本的形式体现出来的宪法。所谓实质宪法,主要是指实践中的宪法,或政治运行的真实规则。大致说来,三十多年来的中国宪法学研究,比较偏重于形式宪法。譬如,宪法学的教科书,基本上都是根据宪法条文的内容来编写的;宪法学的专题研究论著,大多数也是对宪法条文的注释。这样的宪法学,本质上是宪法解释学,或法条主义的宪法学——套用马克斯·韦伯的话来说,也可以称之为宪法教义学。[1] 从学术渊源上看,这种面向条文、面向文本的学术取向,明显受到了传统中国的"注经学"的潜移默化的影响。在一些学者的潜意识里,今日中国的宪法,不就相当于传统中国的"四书五经"嘛!

当然,在宪法解释学之外,学者们还展开了关于宪法基本原理的研究。譬如,关于分权制衡、关于违宪审查、关于宪法司法化、关于基本权利和人权问题的研究,等等,都是三十多年来宪法研究的热点话题。然而,这些相关的研究成果在相当程度上,都是对西方宪法学实践与宪法学理论的简单化的移植,主要体现为西方理论甚至是西方教条在当代中国的投射。这种以西方式的自由、民主、人权为价值取向的研究,较之于宪法解释学,虽然路数不同,还带有"普适真理"的色彩,但两者之间包含着一个最大公约数:较少关注当代中国政治运行的真实规则。从这个意义上

---

[1] 参见〔德〕马克斯·韦伯:《经济、诸社会领域及权力》,李强译,北京,三联书店,1998,第2页。

说，这两种流行的研究路径，都可以归属于针对形式宪法的研究。

形式宪法也需要完善与发展。对于形式宪法（包括西方学说与实践）的研究，体现了分析法学或纯粹法学的学术追求，当然是必要的，但却是不充分的，甚至是极不充分的。因为，中国宪法学的成熟与发展，根本上还是取决于它对于当代中国政治现实的回应、影响之程度。如果总是隔靴搔痒，宪法学的话语体系与当代中国的政治实践总是"两张皮"，总是"相互不懂"，那么——说得难听一点——我们的宪法学就将成为一门"跛足"的"残疾学科"。为了避免这种不太美妙的前景，重新出发的宪法学有必要侧重于对实质宪法的研究，尤其是要推进关于政治实践中的真正规则的研究。在当前，党的领导、人民当家做主、依法治国的辩证统一关系，就是一个极具现实性的、具有实质意义的宪法学命题；三者之间辩证统一关系的建构，就是当代中国实质宪法的一项核心内容。

进一步看，形式宪法与实质宪法的关系近似于卡尔·施米特所说的绝对宪法与相对宪法的关系。他说，"绝对意义上的宪法首先可以指具体的、与每个现存政治统一体一道被自动给定的具体生存方式"；它可以指"一个特定国家的政治统一性和社会秩序的具体的整体状态"，也可以指"一种特殊类型的政治和社会秩序"，还可以指"政治统一体的动态生成原则"。至于相对的宪法概念，则是指"个别的宪法律"[①]，亦即以条文化、文本化的方式表现出来的宪法。大致说来，施米特所说的绝对宪法，近似于本书所说的实质宪法，相对宪法可以对应于本书所说的形式宪法。

二、宪法修改与宪法稳定的关系

从清朝末年以来一个世纪里，宪法修改几乎成为中国宪法存在的一种常态：总是在不断地立宪，总是在不断地修宪。与之相对应的，是宪法学界对于宪法修改的论证。20世纪80年代以来，尽管也不乏主张宪法稳定的声音，但学术争论的焦点主要还是在于：哪些东西应当写进宪法？我们的宪法还缺少什么？应当如何增补？在一些学者的潜意识里，宪法的发展必然要通过宪法的修改体现出来。通过修改宪法来发展宪法，几乎成为了一种集体意识。

注重宪法修改的思想根源，可以归结为延续了百年之久的激进主义思

[①] ［德］卡尔·施米特：《宪法学说》，刘锋译，上海，上海人民出版社，2005，第4~15页。

潮。对于这种思潮，余英时已有深入而全面的论述。① 在这种激进主义思潮的支配下，我们总是在不断地革命、不断地改革、不断地创新。似乎旧的都是错误的，只有新的才是正确的。然而，人们很少注意到：全新的方向既可能是一条坦途，也有可能是一条歧途。一往无前、破釜沉舟式地"弃旧迎新"所隐藏的危险，应当引起人们的反省。

具体地说，在宪法修改与宪法稳定的关系上，有必要对由来已久的激进主义思潮进行反思。不是要排斥改革，更不是要拒绝创新，而是要警惕对于"新东西"的过度迷信与过度崇拜。事实上，宪法与其他法律一样，都是一种追求秩序的制度安排，而秩序的形成又离不开历史与时间的沉淀。在宪法领域，过度地强调宪法修改，不仅会损害宪法的稳定性、权威性，还将产生一个致命的后果：妨害人们对于政治预期的形成，影响政治秩序的有效凝聚。

实际上，衡量一个国家宪法发展的水平，不仅要看它是否具有"创新性"，还要看它是否具有"稳定性"，即是否形成了稳定的、可靠的、可期待的政治秩序。因为，在一定意义上，急剧的变迁表征着秩序尚未形成，不稳定的宪法也可以说就是不成熟的宪法。从这个角度上说，宪法的稳定也是宪法发展的一个重要指标。宪法的稳定性对于宪法学研究的要求，主要体现在对于政治实践的尊重。这里所谓的政治实践，虽然不能排除古代中国的政治实践，但主要是指20世纪以来的政治实践，尤其是1949年以来逐渐形成的政治新传统。② 宪法学理论应当侧重于挖掘、提炼这个政治新传统中逐渐沉淀下来的政治秩序原理与政治规范体系，以之作为宪法稳定的一个基石。

三、宪法发展与经济状况的关系

宪法的发展并不仅仅是一个法律问题，甚至也不仅仅是一个政治问题；在很大程度上，宪法的发展还是一个经济问题。且不说，仅仅在字面上修改宪法，对于实质宪法的发展所起的作用是有限的；即使是主权者在国家政治的层面上作出了新的安排，它对于实质宪法的发展所起的作用也不能予以过高估计。笔者作出这种大胆判断的主要依据在于：一方面，从

---

① 参见［美］余英时：《钱穆与现代中国学术》，南宁，广西师范大学出版社，2006，第161页。
② 关于1949年以来逐渐形成的现代新传统，可以参见黄宗智：《悖论社会与现代传统》，载《读书》，2005（2）。

经验上看，在中国几千年的历史上，失败了的政治改革可谓数不胜数，主权者的政治决断未必能够取得预期的政治效果；另一方面，从理论上看，宪法与政治一样，都是上层建筑，按照马克思主义的基本原理，宪法发展状况必然受制于一定的经济基础——有什么样的经济基础，就会生长出什么样的宪法与法律——从这个角度来说，中国宪法的发展状况，就必须与当代中国的经济状况相适应。宪法学者在研究中国宪法的过程中，就必须把经济状况这个因素考虑进去，因为它是一个基础性的变量，是宪法生长的坚实土壤。

为了避免泛泛而谈，这里以人权保障为例，略加说明。在 2004 年的宪法修正案中增补的"国家尊重和保障人权"，乃是一个引人注目的重要内容。然而，宪法文本中作出了这样的明文规定，并不能保证人权保障的实际程度在刹那间就会发生质的飞跃。从宪法实施的层面来看，人权"入宪"的实质，是全国人民代表大会以全国人民的名义，要求全国和地方的各级人大常委会、人民政府、人民法院、人民检察院等国家机关要承担人权保障的义务；同时，它也意味着全国人民代表大会以主权者的名义，愿意履行人权保障的义务。但是，主权者要真正履行好这个义务，并不是一件容易的事情，它既要靠国家主权者的决心与意志，更离不开相应的经济实力作为基础。譬如，国家要保障公民的受教育权，要履行"提供义务教育"的宪法义务，就需要大量的教育经费投入：修建足够的、合格的校舍，聘请足够的、合格的师资，等等。这些都离不开一定的经济基础。再譬如，政府要承担社会保障的义务，要救济弱势群体（老年人、残疾人、失业者等等），也需要一个强大的公共财政作为支持。可见，政府的财政汲取能力、财政调控能力对于人权的保障，具有基础性的作用。正是由于这个原因，我们必须注意美国学者霍尔姆斯与桑坦斯所谓的"权利的成本"，注意宪法发展所需要的经济条件，注意宪法的发展要与国家的经济状况相适应。

人权保障离不开一定的经济条件，宪法的其他方面的发展，同样离不开这个基础。对于经济状况与法律制度的关系，在孟德斯鸠的经典著作《论法的精神》一书中，已经作出了深入的阐述。

四、传统政治文化与西方主流观念的关系

自 20 世纪 80 年代以来，在中国宪法学主流理论的背后，几乎都可以看到来自西方 17、18 世纪以降的主流观念，譬如自由、民主、平等、人权、违宪审查、权力制衡，等等。这些观念的源头是西方，但是，在经历

了一个世纪的融会化合以后，它们已经或多或少地成为当代中国宪法与政治领域中的新传统了。但是，倘若仔细分辨又可以发现，当代中国的宪法与政治新传统有两种：一是话语传统，二是实践传统。话语传统主要是政治上的表达与修辞，实践传统主要是政治上的做法与行动，两者是有差异的。20世纪以来，尤其是三十多年来，我们在话语上接受了西方的部分观念，但并不等于我们在政治实践中真正保持了同样的逻辑。然而，在宪法学者们的理论劳作中，宪法话语与宪法实践常常被不加区分地混同在一起。由此，我们就会发现一种令人尴尬的现象：学者们根据"话语的逻辑"编织出来的宪法学理论，每每不能解释"实践的逻辑"，因为，两者的逻辑起点、思维模式都存在着巨大的差异。这种差异，可以概括为"词"与"物"的差异。

如果说当代中国的宪法话语部分地借用了西方的主流观念，那么，当代中国政治实践的逻辑，则更多地遵循了传统中国的政治智慧。譬如，在政治惯例中，政治领袖分为第一代、第二代、第三代，就跟传统中国的政治实践具有更多的关联性，等等。从这些方面来看，无论我们怎么评价传统中国的政治文化，都必须看到它在当代中国政治生活中的巨大影响。因此，中国宪法的发展，既要尊重西方的主流观念，但也躲不开传统中国的政治文化。因而，宪法学理论的展开，也要注意两者之间的协调：既要注意借鉴西方的某些资源，使中国的宪法学理论能够跟世界对话，能够积极参与人类主流政治文明的发展进程，但也有必要注意中国历史的延续性，认真辨析传统政治智慧在当代中国宪法实践中的历史遗留物，以及这些历史遗留物的价值与意义——在这个方面，三十多年来的宪法学理论尚未作出足够的探索，宪法学者的理论兴趣也相对欠缺。

五、宪法的正名功能与宪法的调整功能的关系

从功能的角度着眼，任何国家的宪法都承载着两个方面的功能：宪法的正名功能与宪法的调整功能。所谓宪法的正名功能，主要是指宪法的符号功能与象征功能。它的意义，在于为政治实践提供终极性的正当依据。宪法的这种功能，可以比作"政治的晚礼服"之功能。政治之所以能够上升成为一种"政治文明"，而不是赤裸血腥的丛林，要归功于宪法的正名功能。相比较而言，宪法的调整功能，则主要是指宪法对于政治关系、政治过程的改造、规范、约束功能。它的意义，在于为政治运行提供具体的规则。如果以西方的"自然法与实在法"的二元划分作为依据，那么，宪法的正名功能大致可以对应于"自然法"的功能，宪法的调整功能可以对应于"实

在法"的功能；如果以中国传统的"政道与治道"的二元划分作为依据，那么，宪法的正名功能可以对应于"政道"，宪法的调整功能可以对应于"治道"；如果以中国传统的"道统与法统"的二元划分作为依据，那么，宪法的正名功能对应于"道统"，宪法的调整功能对应于"法统"。

当前，中国的宪法学理论如果要进一步推进中国宪法的完善，就有必要注意这两大功能之间的协调发展。事实上，在这两个方面，中国宪法都还存在着较大的发展空间与发展余地。具体地说，宪法的正名功能主要体现在宪法的序言和总纲部分（尤其是序言部分）。通过序言与总纲中的叙述，目的在于为当代中国整体性的政治法律框架提供一个逻辑上的起点与依据。这个起点和依据，应当根据国家的指导思想、政治传统、政治现实、核心价值观、基本政治哲学等相关资源提炼出来，并进行宪法化的表达。美国的考文教授曾经分析过"美国宪法的'高级法'背景"[①]，他所说的"'高级法'背景"实际上就是美国宪法的"道统"。相比之下，"中国宪法的'高级法'背景"是什么？在哪里？对这个问题的回答，就是在寻找中国宪法的道义基础，将有助于发挥中国宪法的正名功能。至于宪法的调整功能，主要体现为宪法对于政党权力、国家权力与公民权利的安排。公民权利的范围与保护问题，国家权力的纵向划分、横向划分及其相互关系问题，以及政党权力与国家权力的关系问题，都是宪法调整的主要对象。用流行的表达方式来说，宪法的调整功能主要集中在"党的领导、人民当家作主、依法治国"三者之间的关系问题上。由于宪法是政治运行的规则，因此，促使实践中的、具体的政治实践更加有序化，就是宪法发挥调整功能的基本方式。

中国宪法的发展，既要重视宪法的正名功能，也要重视宪法的调整功能，两者不可偏废。换言之，既要善于提炼宪法的道统——发展形而上的政治终极依据，也要完善宪法的法统——发展形而下的政治运行规则。只有两个方面齐头并进，中国的宪法学才可能以成熟的姿态，促进中国宪法的不断完善。

六、国政、省政、县政与乡政的关系

走进当代中国的宪法学理论，可以发现，学者们聚焦的主要对象是整体性的国家权力；更具体地说，学者们更关注的是全国性的中央政权机构，这些机构的价值取向、相互关系、运行规则等等，总是中国宪政理论

---

① 参见［美］考文：《美国宪法的"高级法"背景》，强世功译，北京，三联书店，1996。

的核心论题。时下流行的关于宪政的论著，如果要引证一些西方国家的事例，常常也是某国联邦中央的"三权分立"制度、司法审查制度、国会两院制度，等等。按照这样的思维方式，似乎当代中国的宪政建设，主要就是一个中央政权机构的安排问题。然而，这样的认识既不全面也不准确，因为，当代中国的宪法发展、宪政建设，并不能仅仅通过中央政权机构的改革而独立完成；中国宪政体制的完善，还有赖于国政、省政、县政、乡政（甚至包括村政）的协调发展。分而述之，协调发展的中国宪政体制，主要涉及以下两个方面的问题。

一方面，从纵向上看，应当处理好整体与部分的关系。按照宪法学的基本理论，也可以说就是国家结构形式，这实际上是宪政体制的一个关节点。美国的宪政历程告诉我们，在建国前后，美国各界讨论的焦点问题，其实并不是"三权分立"，而是联邦权与州权之间的此消彼长：《联邦党人文集》与《反联邦党人文集》，恰好可以被分别视为这两类权力的两份长篇"辩护词"。这一历史事实意味着，一个大国的宪政建设，不仅应当关注中央政权机构内部的权力结构，更应当认真地对待整体与部分的关系。值得注意的是，这里所谓的整体与部分的关系，还不能仅仅限于中央与各省之间的关系，它还应当包括省与县、县与乡之间的关系。实际上，早在1956 年，毛泽东在《论十大关系》一文中，就专门谈到了"中央与地方的关系"，其基本思路是：从中央到各级地方政权机构的积极性，都要发挥出来。但是，半个世纪以来，这个问题并没有得到很好的解决，尤其是各级政权机构之间关于财权与事权的划分、各级政权机构的权力与责任等方面存在的问题，显得尤为迫切和突出。譬如，在现行的财税体制下，县级政权、乡级政权的财政状况普遍欠佳，在中西部地区这种状况更为明显。但是，这两级政权机构承担的公共责任又比较全面、比较具体，特别是在义务教育、公共医疗、道路交通、水利设施、社会保障等方面，都面临着大量的财政支出，但是，这两级政权的财政支付能力又显得捉襟见肘。当前，某些地方发生于基层政府与群众之间的"人民内部矛盾"，在一定程度上就根源于这种现实状况：民众对基层政权抱有某些合理的期待，但这些政权机构由于财政能力严重不足，没有能够很好地满足广大人民群众的需要。从表面上看，基层政权的财政状况不佳，"人民内部矛盾"时有发生，仅仅是一个财税问题、局部问题、个别基层政权"执政能力不足"的问题，但是，从根本上看，这是一个宪政问题，需要从宪政体制的高度通盘考虑，需要准确地、符合实际地划分中央、省、县、乡几级政权机构之间的权力与责任，使各级政权机构之间实现某种均衡，从而保障各级政权之间的相互协调、相互支持。这样的宪政目标，乃是一个需要整体推进的系统工程，不能简单地寄希望于中央政权机构的改革，更不是"头痛医头，脚痛医脚"的思路可以有效应对的。

另一方面，从横向上看，应当处理好各级政权内部的权力及责任的划分。对于这个问题，现行宪法、组织法已经作出了原则性的规定。2006年正式公布的《监督法》还对各级人大常委会监督"一府两院"的程序作出了具体而严格的规定，进一步规范了各级政权内部的权力关系。然而，在这个问题上，流行的理论与制度依然存在着一个"盲点"，那就是，对于各级政权机构各自的特殊性没有给予足够的尊重。先看乡镇政权：按照现行法律，乡镇政权应当是一级独立的基层政权，但是，按照当前"乡财县管"的体制，乡镇政权几乎没有独立的财政权力、人事权力，也没有常设性的代议机构（乡镇人大主席团不能被视为乡镇人大的常设机构），这严重削弱了乡镇政权的"行为能力"。在这种体制下，乡镇政权到底如何定位、如何设置，还有待于更深入细致的讨论。再看县级政权：几年前，曾有学者讨论过"县政改革"的可能性，分析了"县政"对于中国政治的重要意义。[①] 但是，这样的初步讨论并没有引起足够的回应。从历史上看，县级政权从秦始皇时代开始，已经延续了两千多年。在当代中国，县级政权机构总量较大，内设机构众多，内部分工细致，相对直接地管理着各个领域的公共事务，还可以直接动用警察这一国家暴力机器，属于"行为能力"比较完整的一级政权机构。目前，在乡镇政权相对弱化的情况下，县级政权既承担了更多的"亲民"责任，同时也是社会公众最容易找到的一级政权机构。从这个角度上说，县级政权构成了国家政治与社会民众之间的实质性纽带——这就是它在中国政治框架中享有的特殊地位。着眼于此，县级政权内部的权力划分就显得特别重要。从最近几年的情势来看，县级政权机构存在的突出问题是权力过分集中，甚至集中在县委书记一个人身上，以至于正式媒体上出现了这样的公开报道："县委书记的岗位成了腐败的重灾区"[②]。因此，改革县级政权内部的个人集权现象，当是"县政"建设的重中之重。最后再看省级政权：关于省级政权的建设问题，在当代中国的宪法理论中，很少看到专门的研究成果。事实上，中国的省级行政区人口较多、幅员较大，其规模相当于欧洲的大多数国家。这

[①] 参见于建嵘：《中国的县政改革实践：困境与出路》，载《中国延安干部学院学报》，2011（1）。

[②] 林金芳：《县委书记为何成腐败重灾区》，载《甘肃经济日报》，2006-08-29。

样的"省情",决定了"省政"建设既不同于"县政",也不能完全照搬"国政"。在中国历史上,省级政权的安排变化多端,总体的趋势是从集权走向分权,但是,多维度的权力牵制与监督,并没有建立起一套结构合理的权力关系。这种历史教训,在当代中国的"省政"建设中,应当给予充分的重视。

把以上两个方面综合起来,我们可以看到一个纵横交错的宪政框架:虽然宪政建设要注重中央政权机构的完善,但宪政体制并非止于中央政权机构,它还必须向下延伸,一直延伸到基层政权,甚至延伸到社区自治组织,因此,必须反复斟酌各级政权机构之间的权力划分、责任划分。与此同时,由于全国、省、市、县、乡的情况不同,各级政权机构的内部安排也应当根据各方面的因素区别对待,以加强各级政权内部结构的针对性与适应性。对此,孟德斯鸠在他的名著《论法的精神》一书中,已经作出了经典性的论证:"法律应该和国家的自然状况有关系;和寒、热、温的气候有关系;和土地的质量、形势与面积有关系;和农、猎、牧各种人民的生活方式有关系。法律应该和政制所能容忍的自由程度有关系;和居民的宗教、性癖、人口、贸易、风俗、习惯相适应。"[①] 经典作家的著述启示我们,只有根据那些与宪政有关的多个因素去考虑,通过国政、省政、县政与乡政之间的协调发展,才可能建立起一个运行无碍的、具有中国特色的宪政体制。

七、国家、社会与公民的关系

宪法关系还涉及国家、社会与公民之间的相互关系。国家、社会与公民尽管性质不同、形态迥异,但都面临着一个共同的时代主题,那就是发展。

国家的发展,既包括国家的经济能力的发展,也包括国家的政治能力的增长,同时还应当包括国家的文化能力的提升。国家发展的目标,不仅仅是一个经济大国,还应当是一个政治大国和文化大国。因此,在国家的发展这个主题之内,本身就期待着经济能力、政治能力、文化能力之间的协调发展。以前,我们在国家发展这个问题上,比较偏重于经济总量的扩张,比较强调经济实力的增强,比较重视"把蛋糕做大"。这当然是有道理的,在那个特定的历史时期,也起到了积极的作用。但是,我们也应当注意到,经济增长并非国家发展的全部,在经济发展之外,我们还有必要

---

① [法]孟德斯鸠:《论法的精神》(上册),张雁深译,北京,商务印书馆,1961,第7页。

发展国家的政治能力；促使国家不仅成为一个经济强国，同时还要发展成为一个政治强国。这里所谓的政治强国，主要体现在国家的政治生命力，尤其是政治机体的健康与活力上；它的对立面是政治衰败。因此，国家的政治能力的发展，从消极的一面说，就是要防止陷入政治衰败；从积极的一面说，就是要建立一个健康的、能够承担政治责任的政治实体。至于国家的文化能力的发展，主要的目标就在于提升国家的文化影响力、文化辐射力、文化感召力；用现在通行的话来说，就是要提升国家的"软实力"。国家的文化能力虽然在一定程度上依赖于国家的经济能力、政治能力，但也具有相对独立性；反过来看，它对于国家的经济能力、政治能力的提升，还能起到积极的支撑与促进作用。回顾改革开放三十多年来的历史，国家的经济能力发生了翻天覆地的变化，但是，在国家的政治能力、文化能力建设方面，尚有待给予更多的关注、更多的投入，从而在国家发展这个领域之内，实现国家经济实力、政治活力、文化魅力之间的相互协调。

　　社会的发展，虽然与国家的发展具有千丝万缕的联系，但它毕竟还是构成了国家发展之外的另一个领域。改革开放以来，一个重要的变迁，就在于中国社会获得了一个相对独立的发展空间。就当代中国的社会发展而言，基本的目标有两个：一是和谐，二是自治。一方面，就社会和谐这个目标来看，主要体现在个体与个体之间的和谐、个体与群体之间的和谐以及群体与群体之间的和谐。不同社会主体之间的和谐关系的形成，既依赖于国家通过法律的调整，但也离不开传统习俗的规范作用，以及宗教、道德、文艺等方面的教化功能。譬如，中国历史上的儒家学说，对于传统社会的和谐关系，就起到了极其重要的保障作用和维护功能；一些民间的宗教信仰，对于约束社会主体的行为、促成和谐的社会关系，也产生了广泛而深远的影响。因此，在当代中国，要形成和谐的社会关系，社会保障、社会救济、社会优抚之类的制度安排当然是重要的，但是，社会道德、宗教信仰等方面的价值与意义，恐怕还有必要予以进一步的发挥。另一方面，就社会自治这个目标而言，主要在于增强社会的自主性，扩张社会自我管理、自我约束、自我服务的能力，进一步发挥社会的主观能动性，把长期受国家支配的"被动社会"，发展成为相对独立的"主动社会"。在现行的正式制度中，农村的村民自治、城市的居民自治，都是社会自治的基本形式；除此之外，还有众多的行业协会不断推进的行业自治。社会自治的不断发展，既是社会成熟的一个标志，同时还有助于充分发挥两个积极性：国家的积极性和社会的积极性。以前，我们习惯于强调发挥国家的积极性，相对忽视了社会的积极性和能动性的发挥；现在，为了推进社会的发展，有必要更多地强调社会自治，加强社会建设。

公民的发展，主要是指公民作为个体的发展。它构成了国家发展、社会发展之外的第三个领域。在当代中国，我们强调公民的发展，不是为了张扬个人主义，不是为了强调自由主义框架下的个体相对于群体的优先性，而是为了突显马克思主义理论体系中的自由个性。所谓自由个性，其实质就是每个人自由而全面的发展。在1848年的《共产党宣言》中，经典作家写道："代替那存在着阶级和阶级对立的资产阶级旧社会的，将是这样一个联合体，在那里，每个人的自由发展是一切人的自由发展的条件。"[1] 经典作家的论述，为公民的发展提供了指导思想：公民的发展，主要是发展公民的自由个性，让每个公民实现自由而全面的发展。而且，从终极的目标来看，一切发展，无论是国家的发展还是社会的发展，其实都是为了公民的发展，为了每个人自由而全面的发展。这样的发展，既包括物质状况的改善，更重要的是精神境界、思想意识、文明程度的提升。用一句简单的话来说，就是要让人成为站立的人、大写的人、有尊严的人、挺直脊梁的人、身心和谐的人。

就国家、社会、公民的关系来看，如果没有公民的发展，如果缺乏一流的公民，绝不会有一流的国家与社会。从这个角度来说，国家的发展状况、社会的发展状况，最终取决于公民的发展状况。因此，提升公民的身体素质、政治素养、思想文化素养，保障公民自由而全面地发展，是科学发展观的一个根本落脚点。当然，社会的发展也是至关重要的，因为和谐而自治的社会，既可以为公民的发展提供宽广的空间，同时还可以为国家的发展提供足够的支持——对于后者，人们常常没有给予足够的估计。事实上，国家权力是有边界的，国家在有所作为的同时，必须有所不为；在国家权力止步的地方，常常就属于社会自治的领域。有一些公共事务，通过社会自治的方式来处理，常常能够取得较之于国家治理更好的实际效果。从这个意义上看，国家与社会具有互补性，甚至具有相互依赖性。因此，注重社会的发展，造就一个健康的自治社会、和谐社会，对于国家的发展，必然会产生积极的推动作用。至于国家发展对于社会发展、公民发展的保障作用，早已成为共识，这里不再赘述。

在传统的思想观念里，只要论及发展，人们最容易想到的，常常是国家的发展。把"发展"等同于"国家的发展"，体现了一种"单向度"的、偏颇的发展观。改革开放以来，社会的发展虽然日渐受到关注，但它总是

---

[1] 《马克思恩格斯选集》，3版，第1卷，北京，人民出版社，2012，第422页。

被置于相对次要的地位；至于公民的发展，其价值和意义似乎又远逊于社会的发展。但是，从协调发展的角度上看，尤其是从科学发展观的要求来看，公民的发展、社会的发展、国家的发展是不能截然分开的，三者之间具有"一荣俱荣、一损俱损"的关系。因此，为了进一步贯彻落实科学发展观，应当认真对待国家、社会与公民之间的协调发展，从而在国家发展、社会发展与公民发展之间，形成相互促进的良性格局。

八、城市与乡村的关系

城乡之间的关系问题，实际上也是一个宪法问题，因为它涉及国家的整体框架。近年来，围绕城乡统筹发展这个主题，理论界提出了很多思路，实践中总结了不少经验。譬如，有的注重农村土地使用权的流转，有的强调户籍制度的改革，有的关心农村富余劳动力的转移，还有的着眼于农村社会保障制度的完善等[1]，诸如此类的探索，确实为城乡统筹发展提供了更多的思路，丰富了城乡统筹发展的内涵。不过，在研究城乡统筹发展的过程中，既需要微观方面的论证，但同时也离不开对宪法层面的基本原则的把握。在一系列社会调查的基础上，我发现，针对城乡统筹发展的现状，有必要强调以下几个方面。

首先，是统筹发展多元化的原则。虽然城乡统筹发展都涉及"城"与"乡"，但是，"城"有强弱之分，"乡"也有贫富之别。城乡对比关系的多样性意味着，城乡统筹发展不可能只有一个模式，而是会呈现出多元化的统筹发展模式。不仅在全国范围内是这样，就是在一个特定的城市与它所管辖的乡村之间，其统筹也会呈现多元化的特点。譬如，在多数大城市的辖区内，都包含着三种类型的乡村：偏远而贫困的乡村、城郊及其附近的富裕乡村，以及介于两者之间的普通乡村。其中，城市近郊的乡村，由于土地的升值空间很大，一些村民仅仅通过转让土地，就已经过上了"食有鱼，出有车"的好日子，其生活水准早已超过了不少城市市民。这些乡村居民对于城乡统筹的期望与偏远地区乡村居民的期望相比，实际上存在着相当大的差距。此外，即使同为偏远的乡村，有无矿藏、森林之类的自然资源，也会使不同的村民作出不同的选择。这些错综复杂的情况，都会加剧城乡统筹模式的多元化。

其次，是统筹发展渐进性的原则。城乡统筹发展的实质，是缩小城乡

---

[1] 参见郭建军：《我国城乡统筹发展的现状、问题和政策建议》，载《经济研究参考》，2007（1）。

在经济社会发展水平上的差距。要实现这个目标，既要增加农村居民的经济收入，也要提高农村居民的文化素养，同时还需要更好地保障农村居民的政治权利。这一系列的发展，既是一个逐渐展开、不断深化的过程，也是一个蜿蜒曲折的过程，甚至还可能"进两步，退一步"。换言之，至少在短期内，城乡之间的"统筹发展过程"，是难以抵达它的终点的。对于各级政府来说，无论心情有多迫切，指望"实施几个工程"就"毕其功于一役"，无论如何都是不现实的。因此，在推进城乡统筹发展的过程中，不宜沿袭过去的"运动式"或"大跃进式"的发展模式与工作思路，相反，有必要坚持渐进发展的原则，每天追求点点滴滴的进步，稳健地、逐渐地缩小城乡之间的差距。

再次，是政府引导与农民自主相结合的原则。城乡统筹发展，主要涉及两大主体：各级政府与农村居民。在两者的关系中，政府居于主导地位，政府通过各个领域内的政策调整，尤其是通过财政转移支付等手段，可以有效地推进城乡统筹。与政府的积极、主动姿态不同，农村居民则处于相对被动的地位，只有当政府的手——"看得见的手"与"看不见的手"——已经伸到他们面前的时候，他们才可能选择、判断，进而作出自己的决定：到底是迁移到城里做市民，还是待在村里做农民；到底是退还农村的土地到城里享受一定的社会保障，还是拒绝城里的社会保障而宁愿保留自己承包耕种的土地。在这个过程中，政府的引导发挥着关键性的作用。但是，政府的引导不能异化成为强制，不能以政府单方面的规划压倒一切，更不宜"一刀切"，尤其不能把众多的农村居民当作实现某种政绩的"工具"。相反，各级政府应当充分尊重农村居民的意愿，要通过政策引导而不是国家强制的方式，来实现城乡统筹发展的最终目标。

最后，是政府义务与农民权利相配套的原则。从法律关系来看，城乡统筹发展就是一个权利、义务关系的重新调整问题；从实施后果来看，它会更多地增加农村居民的权利，也会更多地增加各级政府的义务。按照权利与义务之间所具有的"数量等值"的法学原理，农民权利的增长幅度与政府义务的增长幅度是一致的。换言之，各级政府能够在财政转移、放权让利等方面履行多少义务，就意味着农村居民能够实实在在地享受多少权利。因此，各级政府应当"量入为出"，妥善处理城乡统筹与社会稳定的关系。必须看到，如果拒绝城乡统筹发展，必将进一步加剧城乡二元结构，危及社会稳定；但是，如果不顾各种主客观条件的限制，盲目地追求城乡统筹的"跨越式发展"，甚至比赛着"放卫星"，则可能"赔了夫人又折兵"：政府陷于被动，农村与城市陷于失序。

第三章 制度角色

第一节 人民代表大会的制度角色

中国宪法规定的基本政治制度是人民代表大会制度。人民代表大会制度是指：人民选举产生的代表组成人民代表大会，政府、法院、检察院都由人民代表大会产生，对人民代表大会负责，受人民代表大会监督。这就是人民代表大会之下的"一府两院"制。因此，中国宪法规定的制度角色主要涉及人民代表大会的制度角色、政府的制度角色、法院的制度角色、检察院的制度角色。这一节，首先讨论人民代表大会的制度角色。关于政府、法院、检察院的制度角色，在随后的几节中依次展开。

百年以降，尤其是自20世纪中叶以来，以人民代表大会或议会为主题的研究文献堪称汗牛充栋。其中，既有关于这个制度的整体性、宏观性论述，也有关于这个制度的微观方面的研究；既有理念性、思想性的分析，也有实证性的、以数据与案例为基础的调研报告。诸如此类，不一而足。在数量庞大的文献面前，无论说什么，无论怎么说，似乎都显得多余。鉴于这样的研究背景，在这一节中，我将尝试着挣脱常见的、中规中矩的"论文体"，选取一种相对轻松的叙述方式、叙事风格，以"变奏"的手法，从几个相互关联的角度，立足于社会学及文化解释的角度，解释人民代表大会的制度角色。

一、"人民是天"：人民主权的象征

在主流媒体上多次看到或听到一句话——"人民是天"[①]。这4个字看

[①] 譬如石小路、孙兴、高海清：《民意似水，人民是天，民情如风，百姓为重》，载《学习时报》，2012-01-09，10版；冯东书：《人民是"天"》，载《记者观察》，2001（4）。

似简单，其实已在一个特殊的层面上，有助于我们理解人民代表大会的制度角色。

天在哪里？人们会说，天在头顶上。这样的回答当然不无道理，但并没有说到点子上。这里所谓的"天"，并不是一个自然现象，并不是日月星辰安歇、运行之所，而是一个拟人化、人格化的主体。在传统中国，要想见到"天"，要想听到"天"的声音，要想让自己的意愿上达"天"听，要想跟"天"沟通，最好去天坛。

据记载，当前我们所见的天坛初建于1420年，是为明朝永乐十八年。屈指算来，已有将近六百年的历史了。与古老的天坛相比，1959年才完工的人民大会堂，只能算是一座"年轻"的建筑——虽然它的名气似乎并不在天坛之下。关于这两所"大房子"的区别，几乎人所共知：天坛是世界文化遗产，也是中外观光者云集的旅游名胜；至于人民大会堂，则是全国人民代表大会开会议事的重地——它也是很多人慕名而去的景点。一些旅游者在参观了天坛之后，也许还会乘兴前往天安门广场边上的人民大会堂。不过，在从天坛走向人民大会堂的过程中，很多人可能都没有意识到，他们已经见证了两段截然不同的历史：前者是君主主权时代的象征，后者却构成了人民主权时期的标志。

从1420年天坛兴建到1911年清朝覆灭，天坛在明、清两朝政治生活中扮演的角色，在某个特殊的层面上，宛若今日的人民大会堂。一方面，在这长达491年的时间段落里，这个圆形的中式建筑的主要功能，就是供历代君主们祭祀上天。数百年间，君主率领群臣在每年例行的时刻来到天坛，祭祀上天以及天上诸神，当然有祈求风调雨顺、期待国泰民安的意图。另一方面，这样的祭祀活动还承担了一项更重要的政治功能，那就是，一次又一次地建立起君主与上天之间的沟通渠道。

想当年，每一次祭祀大典，君主都要沐浴焚香，叩拜上天。如果把这样的活动"翻译"成现代汉语，就相当于君主在向上天"汇报工作"。在这个过程中，假如风和日丽、祥云笼罩、紫气东来，就表明，君主的"工作报告"得到了上天的批准；倘若上天还降下了某种额外的祥瑞，譬如，某个地方还发现了一只麒麟、一头白象或其他稀罕之物，那就意味着，君主的"工作报告"得到了上天特别的褒奖。当然，可能也有个别运气不好的君主，在祭天仪式上突然遭遇乌云或暴风，甚至出现折断旗杆、损毁梁柱、电闪雷鸣之类的意外事件，那就只能解释为"天怒人怨"。碰上这种情况，君主通常都会下一纸"罪己诏"，作一番自我批评。不过，这样的意外在历史上比较罕见。在绝大多数情况下，天坛上举行的祭天仪式都能够顺利进行。这就意味着，君主的"工作报告"得到了上天在默示意义上的"批准"。同时，这也为君主享有的权力找到了一个不容置疑的正当性依据：从权力的来源上看，这些权力都是上天授予的；无论是权力行使的过程还是权力行使的结果，都已经得到了上天的认可。

辛亥革命一声炮响，摧毁了延续已久的君主政体，附丽于君主政体身上的天坛祭祀大典，也就只好随风而逝。从那以后，天坛曾经肩负的政治功能不复存在，曾经带有的政治色彩彻底褪去。它只能作为一座宏伟的古典建筑，供人凭吊或游览。

从1911年至1949年，中国历经了孙中山的共和政体、袁世凯的帝制复辟、北洋军阀时期的割据政治、国民党的军政政治、训政政治，后来又是八年抗战、三年内战。在这段瞬息万变、动荡不安的历史时期，天坛曾经具有的政治意义早就湮没于遮天蔽日的炮火声与呐喊声中了。其间，天坛是孤独的，也是寂寞的。它默默地置身事外，以旁观者的身份见证了一段"城头变幻大王旗"的历史。

1949年，中国经历了政治上的革故鼎新。随着1954年第一届全国人民代表大会的召开，尤其是以1959年人民大会堂的修建完成作为标志，天坛曾经肩负的政治功能，才出现了一个醒目的新载体。

如果说，在君主主权时代，王朝政治、君主权力的正当性主要是由天坛来承载的，那么，在人民主权时期，人民政权、国家权力的正当性就是由人民大会堂来承载的。从1959年到现在，人民大会堂虽然担负了多个方面的职能，但是，它的核心职能，还是供国家最高权力机关——全国人民代表大会——开会议政、决定国是。半个多世纪以来，两千多名全国人民代表大会代表一年一度，集会于此。他们以全国人民政治代言人的名义，在这里选举国家机构的领导人，制定国家法律，听取、审议、表决"一府两院"的工作报告；等等。通过人民大会堂里举行的人民代表大会，人民政权的正当性基础与合法性依据，就可以得到直观而充分的证明：从权力的来源上看，国家机构享有的一切权力是人民以法律的方式授予的；国家权力的运行过程与运行结果，都得到了全国人民的同意和认可。

在明清时期，倘若没有天坛，君主政体的正当性就找不到一个"看得见"的依据，就可能面临"名不正而言不顺，言不顺则事不成"的尴尬处境，因而，君主要想获得"天"的支持，就必须去天坛。在现代中国，假如没有人民大会堂，尤其是没有人民大会堂里召开的人民代表大会，人民主权的社会主义国家也难以体现出"人民主权"的性质，宪法中规定的"一切权力属于人民"也没有一个看得见的载体。因而，人民政权要想获得"人民"的支持，就必须去人民大会堂。从这个角度上看，无论是以前的天坛还是现在的人民大会堂，都承担着一个相似的政治功能：为国家政权提供着最终的正当性依据。可见，以前由"天"承担的制度角色，现在是由人民代表大会取代了。为什么说"人民是天"？原因就在这里。

不过，古代的天坛与今天的人民大会堂毕竟不能同日而语，甚至存在着天壤之别：一方面，在"天"坛里祭"天"的，是"天子"，而在"人民"大会堂里向"人民"报告工作的，却是"为人民服务"的"人民公仆"。另一方面，在天坛里祭天的君主，是"往上看的"，他们的眼睛仰望着上天，希望上天批准他们的"工作报告"，他们是"对上天负责"；在人民大会堂里报告工作的国家领导人，是"往下看的"，他们面对的是坐在下面的全国人民的代表，希望人民代表大会代表批准他们的工作报告，他们是"对人民负责"。如果说，天坛可以被视为君主主权的一个符号，那么，人民大会堂就象征着人民主权的精神实质。人民大会堂的这种精神实质，就是对人民代表大会制度角色的一种诠释。

在空间维度上，天坛与人民大会堂同在一个城市，距离并不遥远。但在时间维度上，从"天坛时代"走向"人民大会堂时代"，却经历了一个极其艰难的跨越过程，经历了君主制度向人民代表大会制度的根本性转变。由此，民意取代了天意，人民的政治代言人——人民代表大会——也因此而成为人民的代言人。

二、颛顼的继承人：立法者的角色

在思考人民代表大会的制度角色的时候，我总是想起颛顼的名字。这是一个半人半神的形象，虽然法学家们很少提到他。其实，他是塑造中国文明秩序的第一个关键性人物（或形象），是华夏文化中立法者的先驱，因而也可以被视为人民代表大会所承担的制度角色的先驱。

话说远古时代，天与地是相通的，神与人也可以自由地相互往来、相互交流。这就是后人所概括的"神人杂处"。然而，天帝认为这种"神人杂处"的状况是不妥的，就命令颛顼把联结天与地之间的道路断开，是为"绝地天通"。从此，天与地两个世界相互阻隔，普通人上不了天，从此失去了与天神直接交往的机会。唯一的例外是祭司，只有他才能往返于天地之间，按照上帝的安排沟通神意与民意，传达神的旨意。颛顼，就是这样一个神人交往的媒介，他是中国历史上第一个真正意义上的祭司，是天帝委派的第一个代言人。

在颛顼之前，每个人都有机会接受神的旨意。这就意味着，人人听命于神，任何人都不需要听命于其他人。人群中没有立法者，没有权威，更不可能有政府。这种状况，显然不利于人世间公共秩序的形成。人与人的关系，大概就相当于霍布斯描绘的"丛林时代"。对于这种状况，不要说天帝不满意，恐怕人类自己也不满意。

天帝审时度势，以"绝地天通"的方式，及时地终止了人人听命于神的机会。但是，人的行为又离不开神的指引，怎么办？天帝毕竟是万能的，他作出了一项制度创新，就是在人世间任命一个人作为神、天帝的代言人。这件天大的好事，就落在了幸运的颛顼头上。从此以后，天帝有什么想法，就只告诉颛顼一个人，再由他转告芸芸众生。天帝要求人们做什么、不准人们做什么、允许人们做什么，换言之，天帝发布的义务性规范、禁止性规范、授权性规范，统统都要借助于颛顼之口说出来。众人对天帝、神的服从，也只有通过对颛顼的服从才能体现出来。这样，颛顼就成为天帝之下、万人之上的特殊人物。人世间的神权，就是这样"炼"成的。

在现代性的法学话语中，法是民意的体现；在中古社会，法是强者（君主）意志的体现；但在初民社会中，法是神意的体现。在现代社会，立法者是民意的表达者——代议机关；在中古社会，立法者就是君主——他言如法随；但在初民社会中，立法者就是神的代言者——法的本质就是神的意志。在中国历史上，代表天帝、天神发布普遍性规范的第一人，就是颛顼。从这个意义上说，颛顼是中国文明史上的第一个立法者。在颛顼之前，每个人直接按照神的指引，各行其是；在颛顼之后，每个人都按照颛顼及其后继者的指引，共同崇拜某个图腾，共同恪守某些禁忌。于是，人世间最初的立法者开始浮出水面，人世间的公共规则得以形成，人世间的公共秩序也因此而得以建立。

由此，我们就可以看到一条线索：在远古社会，颛顼是神的代表与使者，只有他才能把神的意志告诉众人。他是以神的代言人的身份，充当了立法者的角色。到了中古社会，历代君主继承了颛顼的角色，他们以上天之子（天子）的名义，充当了立法者的角色。到了现代社会，上天完全"脱魅"，降格成了物质世界，不再承担政治意义，不再具有制度角色。上天的角色由人民取而代之。人民成了新的"天"，人民的政治代言人充当了立法者的角色。

如果说在远古与中古，上天的政治代言人是颛顼及历代君主，那么在当代，人民的政治代言人就是人民代表大会。尽管上天变成了人民，颛顼及历代君主也变成了人民代表大会，但是，颛顼、历代君主、人民代表大会作为政治代言人的角色却是一以贯之。从这个角度上说，人民代表大会作为立法者，乃是颛顼的继承人。

三、礼失而求诸野：立法者角色的再解释

在现代性的法学话语中，人民代表大会的制度角色不仅是立法者，而且是民主的立法者。那么，何谓民主的立法者？何谓民主立法？要理解这种制度角色，不妨从"约定俗成"这个词语谈起。

人们常说的"约定俗成"本是一个极其寻常的用语，流行于社会公众的口头上，书写在各种各样的文本中，似乎并没有什么特别的风致。然而，"约定俗成"又是一个意蕴丰富的汉语词汇，在它的背后，隐藏着我们这个国家关于立法者角色的独特认识和基本经验。

单从字面上看，所谓"约定"，就是指两人或多人之间经过商谈与对话，就某个问题取得了共识、达成了一致，并形成了某种相对确定的安排。既然已经有了一个"约定"，那么，在这个已经"定"下来的"约"中，必然要明确规定缔约各方应当做什么、不能做什么、可以做什么以及诸如此类的内容。如果从立法的角度来看，"约定"其实就是法律的制定。至于"约定"之后的"俗成"，是指在某个特定的地理区域或群体范围内，形成了某种受到普遍遵循的风俗和习惯，譬如某种独特的婚姻习惯、生育习惯、交易习惯、纠纷解决习惯，等等。某种风俗习惯的形成，既是社会公众选择了相同的行为模式所导致的必然结果，同时也标志着一种社会生活秩序得以建立起来。

追根溯源，任何社会生活秩序的形成，必然根源于某种相同的行为模式，某种相同的行为模式则来源于共同的行为规则，而这些受到遵循的行为规则本身又来源于社会公众的共同"约定"。分析至此，我们已经触摸到了一条由因果关系串起来的链条：社会公众通过商议，形成了他们共同遵守的法律规范，在遵循法律规范的过程中形成了相应的社会生活秩序。

如果说，"约"是社会公众相互之间的商谈，那么，"俗"则是社会公众普遍遵循的习惯。毫无疑问，秩序的形成依赖于习惯，但是习惯本身又必须是社会公众反复约定、共同选择的结果。这就是"约定俗成"一词的法理蕴含及反映出来的普遍规律。透过这个规律，我们可以解释许许多多的社会法律现象。譬如，有一些法律规则，尽管出自于国家的立法者，但是颁行之后，并不能得到严格的遵循；即使以国家强制力作为后盾，也不能完全实现立法者预先设定的立法意图。这就是人们常说的"有法不依"

或"执法不严"。导致这种现象的重要根源之一,就在于立法者的意志与社会公众的意志之间,还存在着某些差距。它同时也说明,立法者制定出来的某些法律文件,或法律文件中的某些条款,没有对社会公众的"约定"给予足够的尊重,或者说没有很好地体现"民主立法"的精神。再譬如,一个世纪以来,我们一直都在不断地移植西方的法律,但是,在法律移植的进程中,我们经常发现,原本可以有效地调整西方社会生活的法律规则,搬到中国以后,却很难进入普通民众的日常生活——沈从文在他的著名小说《长河》一书中,已经对这种现象作出了细致入微的描绘。[1] 如果要进一步追问西式规则与本土生活"彼此排斥""相互不懂"的原因,其实也很简单:西式法律只是西方人"约定"的规则,它可以成就西方社会的风俗、培植西方社会的秩序,但与中国本土民众的洒扫应对,却没有必然的联系。

孔子曾经留下一句名言"礼失而求诸野"[2],讲的也是这个道理:国家的正式法律渊源于生机勃勃的社会生活;立法者在履行立法职能的时候,应当充分尊重社会公众在日常生活中形成的风俗习惯。因为,任何一种和谐有序的社会生活,既表现为一种风俗习惯,也包含了一套行为规则,这些习惯与规则也许是粗糙的、零散的、含混不清的,甚至是自相矛盾的,但它们反映了社会公众经过反复对话、长期博弈之后达成的一种妥协;它们既是一个社会群体的生存智慧与交往艺术的结晶,同时也是这个社会群体的普遍意志逐渐凝聚的产物。其实,从根本上讲,源于公众约定的风俗习惯,本来就是活生生的不成文法——它们早已具备了法律的精神实质,它们所缺乏的仅仅是法律的躯壳与形式。立法者的立法活动,其实就是为这些鲜活的不成文法穿上一件严谨而精致的外衣。或者换个说法,立法者并不能无中生有地创制法律,它基本上就是一个加工厂:把"野"外生成的风俗习惯加工成殿堂上的精致的"礼"(法典)。从这个意义上看,社会公众永远是真正的立法者,他们之间的"约定",他们依"约"形成的风俗习惯,永远是国家立法的源头。

---

[1] 沈从文说:"表面上看来,事事物物自然都有了极大进步,试仔细注意,便见出在变化中堕落趋势。最明显的事,即农村社会所保有那点正直素朴人情美,几乎快要消失无余,代替而来的却是近二十年来实际社会培养成功的一种唯实唯利庸俗人生观。敬鬼神畏天命的迷信固然已经被常识所摧毁,然而做人时的义利取舍是非辨别也随同泯没了。'现代'二字已到了湘西,可是具体的东西,不过是点缀都市文明的奢侈品大量输入,上等纸烟和各样罐头在各阶层间作广泛的消费。抽象的东西,竟只有流行政治中的公文八股和交际世故。"(沈从文:《长河集》,长沙,岳麓书社,1992,第17页。)

[2] 《汉书·艺文志》。

在《历史本体论》一书中，李泽厚专门辟出一节，论证了"礼源于俗"这样一个命题。[①] 那么，在立法的语境下，我们也可以说：法源于"俗"，并最终源于"约"。这就是"约定俗成"这个"关键词"所给予我们的一点启示。透过它，我们对"民主立法"的制度安排，可以获得一种具有文化意义的理解。

以此为基础，我们可以发现，人民代表大会虽然是法定的立法者，但是，人民代表大会并不能创造法律，只能表达法律。法律的源头是人民，人民代表大会只是人民的代言人。

四、政治纽带：在国家与社会之间

从实证的层面上看，人民代表大会还有一个角色：国家与社会之间相互交往的一个纽带。

依照中国宪法的明文规定，人民代表大会是国家的权力机关。人民代表大会与国家主席、国务院、中央军事委员会、地方各级人民政府、民族自治地方的自治机关、人民法院和人民检察院相比，尽管具体职能不同，但基本属性一样，即，都是宪法上规定的"国家机构"的一个组成部分，"国家机构"是它们共同的"身份"。我把人民代表大会作为"国家机构"的这一属性，简称为人民代表大会的国家属性。

不但宪法和法律确认了人民代表大会的国家属性，流行的理论也对其正当性与合理性进行了充分的论证，譬如，国家的根本政治制度为人民代表大会制；国家以人民代表大会为政权组织形式；人民代表大会以民主集中制为组织原则，统一领导国家事务；人民代表大会制是根据巴黎公社"议行合一"的原则和早期人民革命根据地政权建设的长期经验而建立的；人民代表大会制同我国以工人阶级为领导、以工农联盟为基础的人民民主专政的国家性质相适应；等等。也就是说，人民代表大会总是与国家、政权、政体、国体等相关概念密切联系在一起的；人民代表大会是国家机器，是上层建筑。

无论从哪个角度看，人民代表大会的国家属性都是不容置疑的。因为以人民代表大会为核心的代议制政体与贵族政体、君主政体相比，毕竟还是人类历史上较好的政体；以人民代表大会体现出来的多数人的统治与少数人的统治甚至一个人的统治相比，毕竟还是人类政治文明史上的进步。在这个意义上，人民代表大会的国家属性值得充分肯定，而且需要进一步

[①] 参见李泽厚：《历史本体论》，北京，三联书店，2002，第49页。

张扬和完善。

但是，正如一切事物都是"一分为二"的，人民代表大会的国家属性也只体现了人民代表大会制度角色的一个侧面。我们在肯定甚至强调人民代表大会的国家属性的同时，有必要认真对待人民代表大会制度角色的另一个侧面：人民代表大会的社会属性。

所谓"人民代表大会的社会属性"，是指人民代表大会不但要反映国家的意志，而且要反映社会的意志，反映"国家机构"之外的各种社会主体的愿望和利益。它不仅是国家机器，不仅是国家政权的一个组成部分，它同时也是整个社会的代言人；人民代表大会在注重国家利益的同时，也要把社会利益放在并重甚至更重的位置上。

为什么要提出并特别强调人民代表大会的社会属性？理由有以下几点：

首先，国家与社会的相对分立已是大势所趋。改革开放以来，一个基本的变化趋势就是：国家的归国家，社会的归社会；社会的自主、自治空间越来越大，国家与社会的分离越来越明显，国家与社会的二元化格局已经形成。如果说，在改革开放以前，所有的资源全部归属于国家，全部由国家控制，没有形成相对独立于国家的社会主体及其利益，国家与社会是融为一体的（在那样的背景下，人民代表大会无所谓社会属性，只需要强调其国家属性就可以了），但是现在，随着社会与国家的相对分立，各种社会主体的意志都应该——而且也希望——通过人民代表大会得到应有的表达。

其次，强调人民代表大会的社会属性符合人民代表大会的自身需要，也有利于人民代表大会制度角色的实现。从名称上看，人民代表大会就是人民的代议机关。但是，"人民"像"天"一样，毕竟只是一个政治概念。在常规社会里，在法律的视野中，人民就是指一个国家内部各种社会主体的总和。人民代表大会，就是各种社会主体的代表机关。人民代表大会最根本的历史使命和制度角色，就在于充分地反映各种社会主体的意志和利益，协调各种社会主体的矛盾和冲突。如果不能实现这个目标，人民代表大会就不能被称为人民的代表机关，也无法反映各种社会主体的愿望和要求。如果人民代表大会与各种社会主体的意志毫无关系或关系不密切，如果人民代表大会脱离了"人民"的法律载体——各种社会主体，所谓"人民代表大会"也就异化了，也就名不副实了。因而，人民代表大会的生命，就在于其社会属性，就在于它与各种社会主体的利益紧密相连。在当前的现实生活中，人民代表大会的法定地位与实际地位之间存在着差距，已是不争的事实。因此,要完善人民代表大会制度,要提高人民代表大会的权威,较好的思路还是"功夫在诗外":通过其作为社会代言人的角色,来放大其在国家机构体系中的声音。

再次,从国家政权建设的角度看,强调人民代表大会的社会属性有利于国家的长治久安。如果说"水能载舟,亦能覆舟"说的是中古时期君主与百姓的关系,那么在现代社会,用它来指称国家政权与社会基础的关系,恐怕也不无道理。从这个流传久远的隐喻出发,我们可以得出这样一个结论:一个政权不但要扎根于某个特定的社会,而且要和这个社会保持血肉般的联系。只有这样,这个政权才可能跳出"治乱循环"的规律,保持旺盛的生命力。在当代中国,最适宜充当这种血肉联系的媒介,就是人民代表大会。人民代表大会一边联系着各种国家政权机关,一边扎根于各类社会群体。只有通过人民代表大会,国家政权才可能体现社会的诸种意志,才可能获得广泛的社会基础,才可能与时推移,充分顺应历史的发展潮流。

最后,从中国的国体来看,我国是人民主权国家,人民是国家主权的享有者。如果把"人民"概念具体化、法律化,"人民"实际上指的就是各类社会主体的总和。人民主权,则意味着各种社会主体对国家的所有权、控制权和监督权——林肯所谓的"民有、民治、民享"。人民代表大会制度也就是各种社会主体对国家享有主权的基本法律制度。在这个意义上看,离开了人民代表大会的社会属性,人民主权就只能是一种理论上的推演,而无法落到实处。

在国家与社会已经相对分立的背景下,强调人民代表大会的社会属性,旨在强调人民代表大会不但要属于国家,更要属于社会;不但要维护国家利益,更要维护社会利益;不但要有国家立场,还要有社会立场。这就意味着,人民代表大会应当置身于国家与社会之间。在角色上,要充当国家与社会之间的纽带,要成为国家与社会相互交往、相互沟通的制度平台。

五、名与实:权利能力与行为能力的背离

考察人民代表大会的制度角色,还可以进一步从名与实的关系来看。

在法律关系上,人民代表大会是我国宪法性法律关系中最重要的主体之一,能以自己的名义享有权力、承担责任,具有一定的意志自由,这种意志自由在法律上的表现就是权利能力和行为能力。

人民代表大会的权利能力反映了人民代表大会享有权力和承担责任的

资格。在政治理念上，如果承认"人民是天"，那么，这个资格就是上天（即人民）赋予的。但是，在法律实证的意义上，这个资格是宪法和法律赋予的。人民代表大会之所以区别于行政机关与司法机关，就在于人民代表大会享有宪法和法律所赋予的权利能力。人民代表大会的权利能力也可以说就是人民代表大会的法定权力，这种能力为人民代表大会履行自己的法定职责、体现自己的制度角色提供了法律上的可能性。

从宪法及相关法律的规定来看，人民代表大会作为国家的权力机关，享有多方面的权力。以全国人民代表大会为例，它的权力包括：修改宪法与监督宪法实施；制定和修改法律；组织其他国家机关；批准国家计划和预算；批准省、自治区、直辖市的建置；决定特别行政区的设立及制度；决定战争与和平以及其他应当由最高国家权力机关行使的权力；等等。在全国人民代表大会闭会期间，它的常务委员会则依法行使立法权、监督权、任免权、对重大事务的决定权以及全国人民代表大会授予的其他权力。这些正式的制度性规定，体现了人民代表大会在名义上的角色。

宪法关于人民代表大会的现行规定包含了深刻的政治理念，那就是人民主权，或者说是人民当家做主。人民主权的实现形式就是人民代表大会制度。中国没有选择"三权分立"，不搞立法权、行政权与司法权之间的互相牵制，因而，人民代表大会也不是单纯的立法机关，而是高居于行政机关、司法机关之上的权力机关，是人民的政治代言人。这种政治理念和政治体制决定了人民代表大会法定权力（权利能力）的广泛性。

但权利能力只是标明了法律主体一个方面的特征，如果要深刻地认识人民代表大会的角色，除了把握其名义上的权利能力之外，还需进一步考察其实践中的行为能力。

一般地说，行为能力是指法律关系的主体能够通过自己的行为行使权利、履行义务的能力。行为能力必须以权利能力为前提，无权利能力就谈不上行为能力。但是，有权利能力并不一定有行为能力。权利主体必然有意志自由，这不但要求主体能够以自己的名义独立地参加到法律关系中，而且要求主体通过自己的行为独立地实现法定权利、履行法定义务。换言之，权利能力只是一种资格，行为能力才是一种真正的能力。对于法人主体来说，其权利能力与行为能力一般是同时产生、同时终结的，但两者之间的差别却至为明显：前者意味着主体行为的可能性，行为边界由法律规定；后者则体现为主体实现法定权利的能力，具有较强的现实性。

人民代表大会的行为能力就是人民代表大会行使法定权力、履行法定责任的能力。从实践层面上看，人民代表大会的行为能力与权利能力之间存在着差距。造成这一差距有多种原因，但人民代表大会自身行为能力的不足却是其中至关重要的一点。为什么人民代表大会没有足够的能力行使法定权力、履行法定责任呢？归结起来，主要有以下几个方面的原因。

从制度上看，人民代表大会实行兼职代表制。代表们大多有自己的本职工作，只能利用业余时间调查研究，故议政的时间和精力得不到保证，不利于代表们尽职尽责地履行自己的法定责任。同时，兼职代表制还意味着人大代表的双重身份：既是权力机关的组成人员，又是行政机关、司法机关以及其他组织的人员。这种角色的混同也损害了人民代表大会的独立性和权威性，从而削弱了人民代表大会自身的行为能力。

从人民代表大会的工作方式看，其主要是以开会的形式来行使自己的职权。但是，每年一次的人民代表大会时间很短、议程繁多。很多重要的职权还来不及行使，人民代表大会就结束了。也就是说，人民代表大会没有足够的机会来充分行使自己的权力。

从人民代表大会的组成人员看，实践中的安排注意了代表构成的广泛性，但对于代表们是否有"议政"的能力则没有作出任何要求，以至于不少"人大代表"竟然成了一种表彰先进的荣誉称号。

人民代表大会自身行为能力的欠缺，不仅影响了人民代表大会的权威，而且损害了以"人民主权"为核心的宪法的尊严。立足于现实层面，我们可以发现，许多有损于人民政权的"政治病"，诸如权力腐败、官僚主义之类，都与人民代表大会行为能力的欠缺存在着直接或间接的因果关系。

人民主权原则最主要的体现，就在于人民的代议机关代表人民拥有管理国家和社会事务的各种权力。在当代中国，这些权力已明确载于现行宪法及若干宪法性文件中，但要把这些"纸面上的权力"变成"现实中的权力"，让"人民主权"从原则变成事实，一个关键性的步骤就是调整人民代表大会制度的内外因素，促使人民代表大会行为能力的有序提升，保障人民代表大会名副其实、知行合一地履行自己的制度角色。

第二节 行政权的性质与政府的角色

要理解政府的制度角色与制度功能,首先要理解行政权的性质。

行政权作为宪法学与行政法学的一个核心范畴,既是宪法学理论与行政法学理论展开与深化的基础,也是法治实践无法避开的一个关节点。有鉴于此,对行政权的性质进行反思与重构,并进而对政府的角色进行恰如其分的描述,不但是必要的,也是可能的。其必要性主要表现在:法律界、法学界关于行政权性质的认知,不仅会潜在地影响到行政立法、行政执法、行政监督等相关实践领域的走向,影响到政府角色的定位与政府行为的走向,还将在相当大的程度上,塑造着宪法学与行政法学理论的精神和风格。譬如,倘若我们把"主动性"视为行政权的根本属性,那就意味着,对政府行为的限制,将成为理论思考、制度设计的重心;但是,如果行政权并不总是"主动的",那就表明,限制行政权、限制政府的理论,就不宜普遍适用。对行政权的性质与政府的角色进行反思和重构的可能性在于:行政权在当代的实践,已经提供了大量的、可供研究的素材;丰富的政府实践活动,有助于我们从理论上重新思考行政权的性质与政府的角色,有助于我们对行政权的性质与政府的角色,作出新的概括与新的提炼。

既然是"反思",既然是"再认识",当然就要尊重学者们已经取得的学术成果。因此,下文的主体大致分为两个方面:首先,对已有的代表性论述进行评析;接下来,从正面提出自己的观点。如果前者属于"反思",那么,后者就是"重构"。当然,无论是反思还是重构,都有一个共同的对象,那就是行政权的性质及政府的制度角色。

一、相关文献的评论与反思

行政权的性质尽管是一个前提性的、基础性的法学理论问题,但是,专门针对这个问题的论著却比较罕见。在零零星星的学术成果中,学者们一般都是在讨论行政权的过程中,阐述了他们对于行政权性质的认知。归纳起来,代表性的论述大致有以下几种。

在《论行政权》一文中,应松年、薛刚凌认为,"行政权对行政事务的管理具有主动性、直接性、连续性、具体性等特点","行政权是国家权力的组成部分,是对国家立法权和司法权以外权力的理论概括,从这一意义上说，行政权具有抽象性和整体性。此外，行政权还具有法定性"。与立法权、司法权相比，行政权的特点还有：对社会具有直接影响力、强制性、扩展性，等等。① 按照这样一些论述，行政权的性质就应当包括：主动性、直接性、连续性、具体性、抽象性、整体性、法定性、强制性、扩展性，等等。笔者认为，这样的认知至少存在着以下几个方面的缺陷：一是相互矛盾。既然行政权具有"具体性"，那就不再具有"抽象性"，因为这两种属性是相互排斥的，同时强调行政权的具体性与抽象性，是难以令人信服的。二是不够贴切。譬如"扩展性"与"整体性"，对于行政权的性质，几乎就没有作出有针对性的回答；"法定性"是行政权的性质，但也是其他一切国家权力的性质，而且，严格说来，司法权的"法定性"也许比行政法的"法定性"更加明显，可见，以"法定性"概括行政权的性质，虽然可以成立，但却不够贴切。此外，关于行政权性质的上述罗列，似乎形成了一个体系，但是，众多要素之间的相互关联是什么，论者却没有给予必要的说明。

张树义、梁凤云在《现代行政权的概念及属性分析》一文中，专门针对"现代行政权"，论证了三个方面的属性："从属法律性""职能多元性""非专属性"②。其中，"从属法律性"是指行政权从属于法律，是法律之下的行政权；"职能多元性"是指，现代的行政主体已经不限于"守夜人"的角色了，相反，它们要承担多个方面的责任，譬如提供福利、发展经济、保护环境，等等，所以，行政权的职能趋于多元化了；"非专属性"是指，行政权并非由政府机构垄断，一些行业组织、社会团体也在事实上分享着行政权。这样的理论归纳，尤其是"职能多元性"与"非专属性"，有助于我们更加清晰地理解现代行政权的性质。但是，这样的表达也有它的不足：一方面，以"从属法律性"来概括行政权的性质，依然是一种相对传统的观点，对现代行政权的新趋势缺乏必要的关注与回应。另一方面，"非专属性"虽然描述了行政主体的多元化现象，但是，以之概括行政权的性质（属性），却给人隔靴搔痒之感，因为，"非专属性"也可以描述立法权、司法权的性质，譬如，立法权既是全国人大行使的权力，也是国务院、省级人民政府行使的权力；司法权属于法院，但当代中国的检察院也被定性为司法机关，也在

---

① 参见应松年、薛刚凌：《论行政权》，载《政法论坛》，2001（4）。
② 张树义、梁凤云：《现代行政权的概念及属性分析》，载《国家行政学院学报》，2000（2）。

分享司法权，等等。相对来说，只有"职能多元性"，对于现代行政权的性质，给予了一个比较确切的概括。

在一篇关于"行政权与行政相对方权利"的论文中，罗豪才、崔卓兰认为，行政权具有委托性，是一种委托性的权力，其目的在于保障行政相对方、社会和国家的利益；行政权以强制力作为主要的构成要素，具有高度聚合的性质；等等。[①] 这篇论文虽然没有专门针对行政权的性质进行逐一的辨析，但是，我们仍然可以发现，两位学者眼里的行政权具有委托性、公益性、强制性、聚合性等多重属性。这些关于行政权性质的判断，即使可以成立，对其适用范围也必须予以严格的限制。譬如，主张行政权是人民委托的权力，具有委托性，基本上是在人民的立场上、宪法的层面上讲的，其主要功能在于描述行政权的合法性依据与正当性基础；主张行政权是一种维护、保障行政相对方、社会、国家利益的权力，描述的是行政权的应有价值，是对行政权"应然目标"的想象与期待；把强制力作为行政权的构成要素，则明显受到了原苏联法律思想的影响，它的缺陷在于：把行政权缩减成了警察权，把警棍、手铐之类的符号当作一切行政权的标志了。

在行政法学者之外，法理学学者也从不同的角度，对行政权的性质提出了各自的见解。其中，郭道晖在一篇论文中提出，"行政权是指国家行政主体为执行国家意志，谋求社会公益，进行行政管理与服务而依法行政的公共权力"[②]。按照这样的表达，行政权的性质主要有：执行性、公益性、管理性、服务性、法律性。正如上文所述，这些要素虽然揭示了行政权的某些特征，但都没有紧贴着行政权自身的变化发展趋势而予以有针对性的描述，譬如，管理性虽然与行政权的性质有关，但"行政"与"管理"本身就是连在一起的，行政就意味着管理；服务性虽然顺应了"服务型政府"的要求，但它又是一个意识形态色彩比较浓厚的概念。

相比之下，法理学学者孙笑侠通过行政权与司法权的比较，就行政权的性质作出了更加全面的分析。他认为，行政权的性质或特征有10项，它们分别是：主动性、鲜明的倾向性、注重权力结果的实质性、应变性、可转授性、职业主体的行政性、效力的先定性、运行方式的主导性、机构系统内存在官僚层级性、价值取向具有效率优先性，等等。[③] 具体地说，行政

---

① 参见罗豪才、崔卓兰：《论行政权、行政相对方权利及相互关系》，载《中国法学》，1998（3）。
② 郭道晖：《行政法的性质与依法行政原则》，载《河北法学》，1999（3）。
③ 参见孙笑侠：《司法权的本质是判断权——司法权与行政权的十大区别》，载《法学》，1998（8）。

权的主动性不同于司法权的被动性；行政权的倾向性不同于司法权的中立性；行政权注重权力结果的实质性不同于司法权注重权力结果的形式性；行政权的应变性不同于司法权的稳定性；行政权的可转授性不同于司法权的专属性；行政权职业主体的行政性不同于司法权职业主体的法律性；行政权效力的先定性不同于司法权效力的终极性；行政权运行方式的主导性不同于司法权运行方式的交涉性；行政权的官僚层级性不同于司法权的审级分工性；行政权的效率优先性不同于司法权的公正优先性。这些对照分析虽然富有启发意义，但也有它的缺陷：刻意突显行政权与司法权的二元对立，而且，有些方面也失之准确，譬如，行政权的主动性与司法权的被动性，从应然的理论层面来看，似乎泾渭分明，但它对于现实的描述就不够准确，因为，在当代中国，行政权并非都是主动的，司法权也并非都是被动的——主动地送法上门、送法下乡，就是一些明显的例外。

以上分析表明，有关行政权的性质问题，虽然引起了一些学者的关注，但是，既有的研究成果，都没有针对这个主题，作出深入的、细致的、与时俱进的回答。

二、当代行政权性质的再认识

从运动、变化、发展的观点着眼，行政权的性质并不是凝固不变的。当代中国的行政权既不同于古代中国的行政权，也不同于西方各国的行政权，而是包含着自己特殊的属性。这些属性（性质）概括起来，主要表现在以下三个方面。

1. 行政权的执行性与自主性

在传统中国，并未有意识地划分行政权、立法权与司法权。强调行政权与其他权力在性质上的不同，是从西方近代开始的，是西方分权理论的产物，是"议行分立"的产物，尤其是英国式的议会主权理论及其实践的产物，同时也是西方式的现代性方案的一个组成部分。在哈林顿的《大洋国》一书中，曾主张把政府的权力分为立法权与法律的执行权。但是，哈林顿所谓的"法律的执行权"，包括了审判权。他认为，一般的法律执行权由行政官员行使，最高的执行权由人民行使。[①] 可见，哈林顿眼中的执行权，既包括此处讨论的行政权，也包括司法权。但是，哈林顿的分权观，却启发了后代学者关于行政权性质的认知，那就是执行性。从此以后，把行政权作为一种执行性的权力，得到了一些

---

① 参见［英］哈林顿：《大洋国》，何新译，北京，商务印书馆，1996，第178页。

思想家的首肯。譬如，在洛克的《政府论》一书中，就建构了以立法权为核心的分权关系：立法权、执行权与对外权的划分；且相对于立法权的"最高性"而言，执行权和对外权还具有从属性和派生性的特点。[①]洛克在此所说的"执行权"，就是行政权。这就意味着，在洛克眼里，行政权也是一种执行性的权力。

但是，当分权理论走到孟德斯鸠那里时，就出现了一个明显的转向：行政权的执行性被弱化了。因为，孟德斯鸠分权理论的精髓是相互制衡：行政权要受到立法权的制约，但是，行政权也要反过来制约立法权，"如果行政权没有制止立法机关越权行为的权利，立法机关将要变成专制；因为它会把所能想象到的一切权力都授予自己，而把其余二权毁灭"[②]。因此，虽然行政权要执行法律，要执行立法机关的意志，但是，立法权也要受到行政权的制约，从这个意义上说，立法权也要尊重行政权，也要接受行政权的节制。按照这样的权力制衡理论，我们就不能把行政权视为一种执行性的权力了，因为，它并不是一个单纯的、被动的执行者，它同时也是立法权以及司法权的制约者。

可见，在洛克的理论中，行政权是一种执行权；但在孟德斯鸠的理论中，行政权的性质、地位与功能就已经出现了某种微妙的变化。然而，中国思想界并不在意这种微妙而重要的差异，而是习惯于大而化之地承认：行政权就是执行权。百年以降，这种来自异域的宪法观念与政治观念，已经在中国人的思想中扎下根来，并成为现代中国主流思想的一个组成部分。譬如，在20世纪上半叶，孙中山关于政权与治权的划分，强调政权属于人民、治权属于政府，从思想渊源上看，就源自于立法权与行政权的划分。孙中山所谓的"治权"，就是行政权；掌握治权的政府，就是人民意志的执行者。再譬如，20世纪下半叶以来，中国宪法文本中关于人大与政府关系的界定，依然沿袭了"议行两分"的现代传统，明文规定行政机关是"权力机关的执行机关"。但是，值得注意的是，行政机关的这种"执行性"，主要体现在应然的政治哲学、宪法文本的层面上：行政权是一种执行国家意志、人民意志的权力，因此，代表人民意志、国家意志的人民代表大会所颁布的一切法律、作出

---

① 参见［英］洛克：《政府论》（下篇），叶启芳、瞿菊农译，北京，商务印书馆，1996，第83页。
② ［法］孟德斯鸠：《论法的精神》（上册），张雁深译，北京，商务印书馆，1997，第161页。

的一切决议,行使行政权的政府都应当予以服从或执行;政府还应当向人大负责,接受人大的监督;等等。从这种应然的层面来看,行政权确实具有执行性,政府确实是一个执行者。但是,倘若着眼于实践层面,那么,当代行政权更加引人注目的性质,则是自主性。行政权的自主性,主要体现在以下几个方面。第一,在行政立法方面,政府已经具有相当大的自主性。按照现行的立法法,政府制定行政法规与行政规章,已经是一种极其常见的权力现象了。有一些行政立法,确实有人大制定的法律作为直接的依据;但是,也有相当多的行政立法,并没有国家法律的明确而具体的授权。政府在制定行政法规、行政规章的过程中,常常只需要遵循"不抵触"的原则就行了,而这种"不抵触"原则,实际上是为政府立法赋予了相当大的自主空间。第二,在行政执法方面,行政自由裁量权也是一种极富自主性的权力形态。行政自由裁量权的实质,就是行政权的自主性。尽管自由裁量必须遵循一定的规则,有相对固定的幅度,但是,这样的行政权之所以叫作"自由裁量权",原因就在于,行政主体在行使这种行政权的过程中,是相对自主的:某种行为是否构成了违法,是否应当给予处罚,处罚的宽严程度是什么,等等,都属于行政主体判断、裁量、自主的领域。第三,在法学研究者比较熟悉的行政立法、行政执法、行政诉讼领域之外,行政权的自主性还体现在极其广阔的社会生活中。譬如,一个国家或地区的产业政策、发展规划、财政资金的分配、重大项目的布局,诸如此类的内容,法学界一般都没有给予足够的重视,但是,它们对于一个国家或地区的影响,却是巨大而深远的。事实上,这些都是行政自主的领域。此外,行政权的自主性还可以通过一个政府首脑的日常工作体现出来:对于一个总理、省长、市长、县长的日常工作而言,除了某些"红线"或"禁区"不能涉足、不能突破之外,他(她)的日常工作内容通常都是自主性的,绝不像一些法学研究者所想象的那样,是在亦步亦趋地"执行"其他机构的意志。

就世界范围来看,行政权的自主性日益增强,其背后的根本动因在于:行政权已经从一种消极的"守夜人"的权力,变成了一种积极的"发展者"的权力;政府也从"守夜人"的角色变成了"发展者"的角色。就中国当前的政治现实来看,行政权自主性的增强,可以归因于两个方面:一方面,从积极的方面来看,政府始终恪守发展的理念,相信"发展才是硬道理",坚持不懈地追求经济指标,以至于政府的形象与运作模式在相当程度上已经接近于市场上的企业了。企业的自主性与政府的自主性,就具有一定的可比性。在这种情势之下，政府已经习惯于积极主动地创造、促进、协调、分配越来越多的利益。在政府的日常工作中，也习惯地、自主地选择、判断、取舍。自主性的行政权，也就由此而诞生。另一方面，从消极的方面来看，行政权自主性的增强还有一个更值得注意的一个根源，那就是，政府要成为真正的执行者，还需要一个不可缺少的前提条件：议会是真正的主权者。当英国的议会主权成为政治现实之后，内阁（政府）才可能成为执行者。没有这样的前提条件，政府去执行谁的决议呢？政府的执行者角色，又将从何说起？在当代中国，由于宪法文本中规定的议会（人大）的实际地位在政治现实中并未得到全面的实现，政府作为执行者的角色，也就随之大打折扣。现在，单就中国议会与中国政府的实际关系而言，由于政府的财政收入与财政支出基本上是由政府自主决定的，议会并不能真正控制政府的钱袋子，因此，行政权的自主性是显而易见的。

2. 行政权的强制性与协商性

正如前文所述，多数学者都相信，行政权是一种强制性的权力，因此，强制性是行政权的一种重要属性。表面上看，这种判断似乎可以成立。因为在日常生活中，政府确实掌握着一系列强制性的权力符号，譬如警察、警车、看守所，等等。如果行政相对人拒不服从行政权，他（她）将可能被强制服从。从这个特定的角度上说，行政权确实具有强制性。

但是，随着社会的变迁，行政权的强制性已经趋于弱化，强制性的行政权已经发生了某种转型。在新的语境下，如果依然把"强制性"作为行政权的主要属性，是不够准确的。

原因之一在于，越来越多的行政权，都是以非强制的方式表现出来的。譬如，在行政指导关系中，行政权的行使者主要是提出指导性的意见。这种形态的行政权旨在实现某种引导的功能，行政相对人既可以遵循、听从这些意见，但也可以不遵循、不听从这些意见。这样的"行政指导权"，一般不具有强制性，而是带有某种协商的性质。再譬如，行政法学界比较关注的行政合同，其实质是民事契约在行政领域内的延伸。在行政合同的订立、履行过程中，虽然行政主体居于相对优越的地位，但是，它毕竟还是合同关系的一方当事人，它对于合同关系的另一方当事人，还必须给予一定的尊重。试想，在行政合同关系中，如果行政主体还是要依赖于强制力，那么，就无所谓"行政合同"，剩下的只是一方的命令与另一方的服从。可见，行政权的这些新形态，已经淡化了行政权的强制性色彩，使行政权越来越多地呈现出协商的性质。

另一个原因是，法律的强制性本身就在弱化。这不仅是一个世界范围内的潮流，也是当代中国法律的一个变化发展的方向。它对于当代中国行政权的影响在于：在惩罚性、强制性的行政权依然存在的情况下，奖励性、协商性的行政权在迅速增长。譬如，北京市人民代表大会制定的《中关村科技园区条例》、深圳市人民代表大会制定的《深圳经济特区高新技术产业园区条例》，就明显地体现了行政权的这种转型：这些"园区"的行政管理机构行使行政权的主要方式，并不是强制和惩罚，而是奖励、鼓励与授权；行政权的目的，就在于为市场主体创造自由而广阔的发展空间。[①] 此外，国务院制定的《科学技术进步奖励条例》、地方立法机构制定的有关见义勇为的奖励规则，诸如此类的法律法规，都为相关的行政主体授予了某些行政权，但是，这些行政权的性质，主要都是奖励性的。随着"奖励性法律"的价值越来越普遍地被接受，行政权的强制性还将进一步弱化。

此外，即使是在强制性相对明显的行政管理领域，协商性的成分也在增加。譬如，在行政许可领域，行政主体如果不批准行政相对方的许可申请，则必须向当事人说明理由。在行政处罚、行政强制领域，行政主体如果要运用强制力，也需要向行政相对方说明理由。如果行政主体的理由不能成立甚至不充分，很可能在行政诉讼中承担败诉的法律责任。随着"说理机制"的进一步完善，行政权的强制性依然存在，但是，行政权已经越来越多地以非强制的、协商性的面目出现了。

在当代中国行政权的变迁过程中，强制性的弱化与协商性的扩展，有两个重要的背景：其一是国家已经从阶级斗争的时代转向了经济建设的时代。在这个新的时代背景下，斗争、打击、镇压之类的"关键词"已经渐行渐远，取而代之的是社会和谐、相互合作、双赢互助。这些崭新的时代精神，为行政权的行使提出了新的要求：不能单纯地、片面地凭借强制力与暴力，而是要尽可能寻求行政相对方的同意、支持、理解。因此，在行政主体与行政相对方之间，就不能总是强制与被强制的关系，而是要相互对话、相互妥协，尽可能达成共识。2007年，轰动一时的"重庆最牛钉子户"事件的解决过程，就是一个极具象征意义的案例，它表明，当代中

---

① 关于这两个条例的详细分析及相关论述，可以参见喻中：《论城市立法的概念与理念》，载《四川大学学报（人文社科版）》，2002（1）；喻中：《论城市立法的价值冲突与价值选择》，载《同济大学学报（人文社科版）》，2003（1）。

国的行政权，已经更多地演化成为协商性的行政权了。其二是"服务型政府"的建设。"服务型政府"的实质是，强调行政主体要为行政相对人服务，要尊重行政相对人。虽然，这主要是一个意识形态上的要求，但是，它对于行政权的性质也产生了不容忽视的影响：旨在向公众"提供服务"的行政主体，就不宜过多地依赖强制力，而是必须想方设法地与公众沟通，尽可能满足公众的愿望，否则，"服务型政府"就不能体现出来。近年来，透过日渐流行的"警民联系卡"之类的符号，我们也可以发现，协商性的行政权已经越来越多地浮出水面了。

3. 行政权的公共性与自利性

从应然的层面上看，行政权应当具有公共性；就是在实然的层面上，行政权的公共性也是显而易见的：它维护公共治安，提供了越来越多的公共产品和公共服务。但是，与此同时，我们也应当注意到，在行政权的演变过程中，它对局部利益、自身利益的追求也越来越明显了；行政权在保持公共性的同时，自利性也在增长。对于这个判断，可以从以下两个方面加以论证。

一方面，"政府公司化"的现象比较明显。一个至关重要的标志，就是对 GDP 指标的追求。在当代中国，几乎任何一个地方政府，都面临着经济增长指标的压力。譬如，某个市政府下辖的各个区县政府之间，每年甚至每个季度，都要就经济发展的指标进行排名。这种政绩考核方式的实际后果就是促成了政府的"企业化"，促使政府必须像企业那样，追求经济发展指标。政府引入了多少外来投资，就相当于企业从银行或资本市场上融得了多少资金；政府获得的税收，就相当于企业获得的利润；政府没有足够的财税收入就不能有序地运行，就相当于企业没有利润也难以生存。有学者认为，现代公司的管理机制就是现代国家的缩影①，其实，反过来说也是成立的：现代政府的运作模式，也越来越趋于"公司化"了。如果说，企业必须追求自己的利润，那么，政府也有追求自己利益的强烈动机，这就是政府或行政权的自利性。在现实生活中，各种各样的地方保护主义、愈演愈烈的招商引资热潮、数量庞大的预算外收入，等等，都可以为"政府公司化"、行政权的自利化提供实实在在的佐证。

另一方面，"利益行政"的趋势引人注目。2002 年 3 月，为了对行政权的运作状况进行实证研究，笔者曾经参与在重庆市范围内的一次问卷调

---

① 这个判断出自江平为梅慎实的《现代公司机关权力构造论》一书所作的序，该书于 1996 年由中国政法大学出版社出版。

查。在准备的1 800份问卷中，向行政机关公务人员发放了600份，向行政相对人发放了600份，向负有监督责任的人大代表和政协委员发放的也是600份。但由于人力及时间等多种原因，仅回收794份，回收率仅为44%，其中，人大代表和政协委员的回收率最高，行政相对人的回收率最低。在发放的问卷中，有一个问题专门针对行政权的性质，给出的4个选项分别是：注重效率的管理论，注重"好处"的利益论，注重对行政权的充分授予与对行政权的法律控制的平衡论，以及注重社会利益的公益论。通过统计分析我们发现：公务员群体普遍不注重行政效率和公共利益，选择这两种价值倾向的都只有12%左右。选择"平衡"倾向的比例也不高，只占19%左右。我们猜测，这与其说是被调查者对行政法的平衡理论不感兴趣，还不如说是对"行政权受法律控制"不感兴趣。与前几种倾向的较低被选率相反，44.33%的被调查者在匿名问卷的前提下，非常坦诚地选择了注重"好处"的"利益行政"。这说明，行政权在实际运行过程中的自利化倾向已经非常突出。值得注意的是，如此评价行政理念的主体，绝大多数还不是行政相对人，而主要是行政管理者、人大代表、政协委员。从理论上讲，行政权源于人民，是通过人民代表大会的授予才取得的。只有为促进公共利益而行使行政权，才符合人民和法律向行政主体授权的初衷。但是，实践中的行政权在较大程度上已经成为政府机关追求自身利益的工具了，从而使行政权的性质从公共性异化、蜕变为自利性。

以上两个方面，虽然都可以描述行政权的自利性。但是，这又是两种不同的自利性。对于"政府公司化"而言，其正当性应当予以总体上的承认。当代中国经济的迅猛发展，地方各级政府功不可没，这就说明，地方政府的积极性发挥出来了。这种积极性的发挥，与政府的企业化运作方式彼此呼应甚至互为因果。而且，地方政府在追求地方经济发展指标的过程中，对于一个地方的公共利益，也产生了积极的促进作用。然而，对于实践中的"利益行政"而言，则是一个值得认真分辨的"疑难问题"。在当代中国的宪法学与行政法学理论中，反对行政主体追求自身利益，是一种主流的、共同的声音。但是，在实践中，"利益行政"的现象又相当突出。在"应然"与"实然"反差如此之大的情况下，行政主体追求自身利益是否具有某种"有限的合理性"？或者说，要不要在行政法学理论中承认行政主体的自身利益？承不承认行政主体是社会多元利益主体中的一个特殊主体？如果不承认，现有理论还能否反映行政权的实践？如果承认，行政法及其他法律又该如何严格限制行政主体的利益追求并调整它与社会公共利益之间的冲突?[①] 不过,从行政权的性质着眼,无论是否承认"利益行政"的"有限合理性",我们都可以体会到,行政权的自利性已经越来越清晰地呈现在我们的面前了。

三、从行政权的性质看政府的角色

以上分析表明,行政权的性质是一个基础性的法学理论问题。在认真对待已有研究成果的基础上,笔者根据行政权发展的新态势,就行政权的性质进行了新的总结与概括,论证了行政权的执行性与自主性、强制性与协商性、公共性与自利性。这三对范畴、六个方面,就是笔者对于行政权之性质进行理论重构的结果,政府的角色也就随之浮出水面:首先,在现代性的法学话语中,政府是执行者,但在中国的政治实践中,政府更多地充当着自主的、主动的行为者的角色。其次,政府的强制者角色依然存在,但政府作为协商者的角色,已有逐渐凸显的趋势。政府作为强制者,最明显的载体是警察机构,这样的强制力大概会永远存在。但是,政府的角色毕竟不能缩减为警察的角色。在履行强制者角色之外,政府已经开始履行协商者的角色。最后,在应然的层面上,政府是一个共同机构,是共同利益的维护者,但从实然的层面上看,政府的"公司化"趋势已经比较明显,在追求自身利益的方向上已经越走越远。根据以上三个方面,我们可以发现,政府的角色是多重的,甚至可以说是色彩斑斓的,而不同角色之间也是相互冲突的。

这种理论重构的意义体现在两个方面:一方面,在理论层面上,它揭示了行政权的新形象。在传统的法学文献中,行政权的根本形象是执行性。与之形成对应关系的立法权则具有自主性。这种关于"行政权—立法权"关系的想象与定位,在很大程度上是经典的民主政治理念与议会主权体制的产物。然而,即使在强化民主政治理念与议会主权体制的当下,行政权也不可能成为一个消极、被动的权力形态。在实践中,行政权的自主性、创新性、变革性,在某些层面上还领先于立法权。这就意味着,我们必须根据社会发展的状况,重新勾画行政权的性质。另一方面,在实践层面上,对行政权性质的重构,有助于完善相关的制度安排。因为,针对执行性的、强制性的、公共性的行政权,可能会形成某种特定的法律规则;而对于一种自主性的、协商性的、自利性的行政权,则需要另一种法律规则。对于行政权性质的重新建构,实际上是对行政权的优势与劣势的重新

[①] 参见喻中:《依法行政:从理论到实践到底有多远》,载《行政法学研究》,2004 (2)。

估量、重新诊断，这是全面发挥行政权的能动性、有效规制行政性的前提条件。

笔者的结论是，行政权的性质并不是静止不变的，而是不断发展的。在当代中国，政府行使的行政权具有执行性、强制性、公共性。但是，更值得注意的，是政府的自主性、协商性、自利性。如果仅仅着眼于前者，完全忽视了后者，那么，由此而建构的宪法学理论与行政法学理论，就可能对现实失去应有的关照；由此而安排的宪法框架，就可能满足不了社会现实的需求。

第三节　最高人民法院的政治功能

法院的制度角色集中体现在最高人民法院身上，因为最高人民法院是法院系统的代表。在这一节里，笔者从最高人民法院实际承担的政治功能着眼，来透视中国法院的制度角色。

中华人民共和国最高人民法院（以下简称"中国最高法院"或"最高法院"）自1949年11月成立以来，至今（2015年）已走过了66年的时光。按照孔子的说法，一个人应当三十而立、四十不惑、五十知天命、六十则"耳顺"。已过"耳顺"之年的中国最高法院是否已经达致此种境界，是否知其"天命"，我们尚不得而知，也无从揣测。但是，66年来，中国最高法院实际承担的政治功能是什么，或者干脆说，它的"天命"是什么，对于一个旁观的研究者来说，却是一个值得关注也可以从学理上加以探究的问题。

在法学界，关于最高法院的政治功能，已有一些相关的研究成果，譬如：有学者比较了中国与日本最高法院的功能。[1] 有学者从最高法院规制经济的过程切入，分析了最高法院的功能定位。[2] 有学者认为，由于最高法院把自己的政治任务设定为国家在不同时期的中心任务，因此，最高法院在试图强化自己在国家治理中心的应有位置的同时，进一步将自己从政治权力体系中推向边缘化，在试图建构起一体化的司法权的同时，却将自己的司法逻辑予以毁坏。[3] 有学者从司法解释的民主化着眼，分析了最高法院通过司法解释发展法律的政治功能。[4] 有学者从调解的角度，考察了20世纪80年代以来中国法院政治功能的变迁：从政治动员到政治强化再到政治动员。[5] 这些以及其他方面的相关研究，都为下文的分析提供了参考与借鉴。

---

[1] 参见左卫民、江三毛：《最高法院比较研究——以中、日最高法院的功能为视角》，载《社会科学研究》，2003（6）。

[2] 参见侯猛：《最高人民法院的功能定位——以其规制经济的司法过程切入》，载《清华法学》，2006（1）。

[3] 参见时飞：《最高人民法院政治任务的变迁》，载《开放时代》，2008（1）。

[4] 参见沈岿：《司法解释的"民主化"与最高法院的政治功能》，载《中国社会科学》，2008（1）。

[5] 参见郑智航：《调解兴衰与中国法院政治功能的变迁》，载《法学论坛》，2012（4）。

一、材料选择、概念界定与研究思路

为了对这个问题有所揭示，笔者的基本思路是，从历史变迁的角度，对中国最高法院实际承担的政治功能作一个实证的考察。笔者采用的主要素材，是中国最高法院历年所作的工作报告。

历史上留下来的最高法院工作报告，作为一种文本，所包含的基本信息可以概括为："我们（中国最高法院）做了什么，正在做什么，将要做什么"。这些工作报告都是直接面向最高国家权力机关的，且有待于后者的批准和认可。出于这个方面以及其他诸多方面的考虑，按照常理，最高法院会竭力将自己主要的成就或"最闪光"的地方，都写进这些工作报告中。因此，工作报告能够较全面地反映最高法院的"工作业绩"。从这些最高法院"自述"的工作业绩与工作成就中，我们可以有效地解读66年来中国最高法院实际承担的政治功能。

依照1949年《共同纲领》特别是1954年《宪法》形成的政制，这些工作报告由最高法院院长代表最高法院，向全国人民代表大会作出（1954年以前是面向政协全国会议）。由于全国人大是代表全国人民的，因此，这些报告也可以被视为最高法院面对全国人民作出的。作为一种针对社会公众的文本，这些工作报告一般都刊载于报告宣读数天或十几天之后的《人民日报》等重要媒体。[①] 在互联网上，"中国法官"网站的主页辟有一个专门的栏目就叫"法院报告"，其中收集了自1950年至2015年之间的中国最高法院工作报告。[②] 这一系列内容翔实的工作报告，构成了笔者立论与分析的基本素材。当然，需要特别说明的是，中国最高法院1979年之后的工作报告连续不断，但在此之前，则时断时续。因此，我们收集到的报告的年份就只有：1950年、1951年、1955年、1956年、1957年、

---

① 从1980年至2015年，中国最高法院每年所作的《工作报告》分别刊登于1980年9月17日、1981年12月16日、1982年12月17日、1983年6月26日、1984年6月7日、1985年4月16日、1986年4月20日、1987年4月16日、1988年4月18日、1989年4月9日、1990年4月10日、1991年4月13日、1992年4月7日、1993年4月6日、1994年3月27日、1995年3月24日、1996年3月22日、1997年3月21日、1998年3月24日、1999年3月21日、2000年3月20日、2001年3月21日、2002年3月20日、2003年3月23日、2004年3月20日、2005年3月17日、2006年3月20日、2007年3月21日、2008年3月22日、2009年3月17日、2010年3月19日、2011年3月20日、2012年3月20日、2013年3月18日、2014年3月18日、2015年3月21日的《人民日报》上。

② 从1950年至2015年，中国最高法院所作的工作报告均可从这个网站上查找，因此，下文为了简洁，凡引自这些工作报告的内容，仅在正文中注明年份，不再一一详细注明出处。

1959年、1960年、1963年、1964年。再加上1979年以后的37份，共计46份工作报告。

从时间维度来看，在这46份工作报告中，面向第一届政协全国会议的共有两份，报告人都是沈钧儒院长。面向第一届全国人大的共有3份，报告人是董必武院长。面向第二届全国人大的共有3份，但由于当时特殊的政治环境，这3份报告各具特色。其中，第一份由高克林副院长于1959年作出，第二份由谢觉哉院长于1960年作出，第三份由谢觉哉院长与最高检察院张鼎丞检察长联合作出，被称为"联合报告"。再往后，面向第三届全国人大的只有1份，由谢觉哉院长于1964年作出。没有找到1965年至1978年之间的工作报告。原因是，"1966年5月'文化大革命'爆发后，各级人大就被迫停止了工作。从同年7月全国人大常委会决定改期召开三届人大二次会议开始，全国人大及其常委会在长达八年多的时间里没有举行一次会议，仅仅保留了一个名义，完全失去了最高国家权力机关的作用"[①]。

迁延至1978年3月，五届全国人大一次会议才得以召开。在1978—2015年期间，全国人大总共经历了第五、六、七、八、九、十、十一、十二届。其中，第五届全国人大产生的江华院长、第六届全国人大产生的郑天翔院长、第七届与第八届全国人大产生的任建新院长、第九届与第十届全国人大产生的肖扬院长、第十一届全国人大产生的王胜俊院长、第十二届全国人大产生的周强院长，每年都向全国人大作了例行的工作报告。

如果要将46份工作报告中记载的与中国最高法院的政治功能有关的信息都全部整理出来，并不是一件特别困难的事，但那样会使叙述过于琐碎，甚至会淹没应当突显的主题。考虑到最高法院院长的每届任期与全国人大一样，都是5年。在时间维度上，5年（一届）恰好构成了一个不长不短的时间段落。特别是在1979年以后，每一任院长在新一届全国人大的第一次会议上，都有一个"卸任"性质的工作报告。这种报告，一般都要对最高法院"五年来"的工作进行总结。这种关于"五年工作"的报告

---

① 张炜：《人民代表大会监督职能研究》，北京，中国法制出版社，1996，第46页。另据记载，1968年12月11日，"最高人民检察院军事代表、最高人民法院军事代表、内务部军事代表、公安部领导小组联合向毛泽东主席、中共中央、中央文革写了《关于撤销高检院、内务部、内务办三个单位，公安部、高法院留下少数人的请示报告》，毛泽东主席在原件上批示：照办"（李士英主编：《当代中国的检察制度》，北京，中国社会科学出版社，1988，第600页）。

见之于 1983 年、1988 年、1993 年、1998 年、2003 年、2008 年、2013 年。这 7 份工作报告，再加上新近的两份报告（2014 年工作报告、2015 年工作报告），为我们理解中国最高法院的政治功能提供了更加紧凑、密集的信息。因此，下文将尝试着以"届"作为一个基本的时间单位，借以从历史变迁的角度考察中国最高法院的政治功能。

为了对历史变迁有一个更清晰的认识，笔者根据最高法院历年来的工作报告，整理出以下附表。需要说明的是，（1）附表中关于不同时代的"政治背景"，基本上都是借用工作报告中的措辞或表达方式。（2）附表中关于"主要工作"或"主要工作任务"，也是按照工作报告中分列的"一级标题"整理出来的。换言之，某个时间段里，最高法院做了几项"工作"，各项"工作"之间谁主谁次、重要程度如何排序，诸如此类的问题，都严格根据工作报告文本，并非笔者自己判断取舍的结果。

中国最高法院 66 年来的主要工作
（1950—2015 年，依据最高法院历年工作报告编制）

年份及报告人	工作报告中记载的政治背景	工作报告中记载的主要工作或主要工作任务	备注
1950—1951 年，沈钧儒院长	（1）新中国全面建设的局面；（2）抗美援朝，镇压反革命	（1）镇压反革命和反动阶级的反抗；（2）巩固人民内部的团结，调整人民内部的关系	一届全国政协二、三次会议
1955—1957 年，董必武院长	（1）保障实现五年计划；（2）肃清反革命分子；（3）毛泽东发表《关于正确处理人民内部矛盾的问题》	（1）锋芒指向一切危害国家安全和破坏经济建设的反革命分子和其他各种犯罪分子，同一切阻碍建设的违法和犯罪的行为进行斗争；（2）解决民事纠纷，利于生产与团结；（3）人民内部矛盾不要混同于敌我矛盾	一届全国人大二、三、四次会议
1959—1963 年，其中，1959 年是高克林副院长，1960 年、1963 年是谢觉哉院长	（1）两条道路的斗争（1959 年）；（2）特赦罪犯（1960 年）；（3）社会主义教育运动和城市"五反"运动（1963 年）	（1）1959 年：审判刑事和民事案件，监督地方法院的审判工作；处理申诉；贯彻法院组织法；肃清反革命斗争的审判工作；（2）1960 年：对罪犯实行特赦，显示了党的政策的伟大成功；（3）1963 年：用社会主义教育运动和"五反"运动采取的方法来处理案件	二届全国人大一、三、四次会议，其中，第四次会议上的工作报告与最高检察院张鼎丞检察长联合作出

续前表

年份及报告人	工作报告中记载的政治背景	工作报告中记载的主要工作或主要工作任务	备注
1964年，谢觉哉院长	党的社会主义建设总路线	(1) 同犯罪分子作了坚决的斗争，多次打退了敌人的猖狂进攻；审理了大批民事案件，解决了人民内部纠纷，加强了人民群众的内部团结； (2) 向反动势力实行专政，阶级斗争，以阶级观点处理民事案件	三届全国人大一次会议
1979—1983年，江华院长	(1) 粉碎"四人帮"； (2) 社会主义法制建设进入新阶段；以法治国；走上依法办案的正常轨道； (3) 审判林彪、江青反革命集团； (4) 修改宪法； (5) 现代化经济建设	(1) 揭批林彪、江青反革命集团破坏司法的罪行； (2) 复查纠正"文化大革命"期间的冤假错案； (3) 依法审判林彪、江青反革命集团主犯； (4) 惩办反革命分子和其他刑事犯罪分子； (5) 严惩破坏经济的犯罪； (6) 处理民事案件，保护国家、集体和个人权益； (7) 审判经济案件，维护经济秩序； (8) 改革法院机构，加强队伍建设	从五届全国人大二次会议至六届全国人大一次会议
1984—1988年，郑天翔院长	(1) "严打"； (2) 经济体制改革	(1) 刑事审判，注重了一个"准"字，"严打"； (2) 民事审判； (3) 经济审判； (4) 落实政策与处理申诉信访； (5) 对下级法院的监督	从六届全国人大二次会议至七届全国人大一次会议
1988—1993年，任建新院长	(1) 社会主义初级阶段理论； (2) 治理整顿，深化改革； (3) 社会主义市场经济	(1) 刑事审判，维护社会稳定与经济秩序； (2) 经济审判和海事审查； (3) 民事审判； (4) 行政审判，从无到有，初步打开局面； (5) 涉外、涉台案件的审判； (6) 审判监督和业务指导	从七届全国人大二次会议至八届全国人大一次会议
1994—1998年，任建新院长	改革开放和现代化建设	(1) 严厉打击刑事犯罪； (2) 正确处理民事纠纷； (3) 公正审理经济案件； (4) 妥善审理行政和国家赔偿案件； (5) 加大执行工作力度； (6) 加强审判监督； (7) 法院改革与队伍建设	从八届全国人大二次会议至九届全国人大一次会议

续前表

年份及报告人	工作报告中记载的政治背景	工作报告中记载的主要工作或主要工作任务	备注
1999—2003年，肖扬院长	以邓小平理论和"三个代表"重要思想为指导，实践"公正与效率"这一法院工作主题	(1) 审判和执行工作； (2) 法院改革； (3) 队伍建设	从九届全国人大二次会议至十届全国人大一次会议
2004—2008年，肖扬院长	坚持"公正司法、一心为民"指导方针，坚持"公正与效率"工作主题，以审判工作为中心，以基层建设为基础，以司法改革为动力，以队伍建设为保证，切实增强司法能力、提高司法水平，确保法律严格实施，维护社会公平正义，为推进依法治国、建设社会主义法治国家作出新贡献	(1) 发挥审判职能，促进社会和谐稳定； (2) 贯彻落实"公正司法，一心为民"的方针，维护社会公平正义； (3) 司法改革取得重要进展，中国特色社会主义审判制度不断完善； (4) 法官队伍建设成效显著，司法能力明显提升； (5) 基层基础工作得到加强，基层司法条件显著改善	从十届全国人大二次会议至十一届全国人大一次会议
2009—2013年，王胜俊院长	全面做好审判工作，大力加强自身建设，强化对地方各级人民法院工作的监督指导，推动人民法院工作不断发展进步，为维护社会公平正义、尊重和保障人权、推进法治建设、促进经济社会发展作出了积极努力	(1) 依法惩治刑事犯罪，努力维护国家安全和社会稳定； (2) 妥善审理经济领域各类案件，依法促进经济持续健康发展； (3) 努力践行司法为民宗旨，依法保障人民群众合法权益； (4) 深化司法改革，不断改进审判工作运行机制； (5) 加强队伍建设，努力提高法院队伍整体素质； (6) 重视基层建设，着力打牢人民法院工作基础	从十一届全国人大二次会议至十二届全国人大一次会议
2014年，周强院长	紧紧围绕"让人民群众在每一个司法案件中都感受到公平正义"的目标，坚持服务大局、司法为民、公正司法，忠实履行宪法和法律赋予的职责，各项工作取得新进展	(1) 依法惩治犯罪、保障人权、化解矛盾，维护社会和谐稳定； (2) 依法审理经济领域各类案件，促进经济持续、健康发展； (3) 坚持司法为民，依法维护人民群众合法权益； (4) 深化司法公开，促进司法公正； (5) 推进司法改革，强化监督指导，提升司法水平； (6) 坚持从严管理，加强法院队伍建设； (7) 主动接受监督，不断改进工作	十二届全国人大二次会议

续前表

年份及报告人	工作报告中记载的政治背景	工作报告中记载的主要工作或主要工作任务	备注
2015年，周强院长	围绕"努力让人民群众在每一个司法案件中感受到公平正义"的目标，坚持司法为民、公正司法工作主线，忠实履行宪法法律赋予的职责，各项工作取得新进展	(1) 依法惩治犯罪，推进平安中国建设； (2) 坚持公正司法，加强人权司法保障； (3) 依法审理经济领域各类案件，维护良好市场秩序； (4) 坚持问题导向，践行司法为民，以司法手段保障民生； (5) 深入推进司法公开，着力构建开放、动态、透明、便民的阳光司法机制； (6) 深化司法改革，推动完善中国特色社会主义司法制度； (7) 坚持从严管理队伍，进一步提高队伍素质	十二届全国人大三次会议

为了使下文的表达更加清晰，我们还必须先行辨析两个概念：最高法院的业务工作与最高法院的政治功能。在最高法院的工作报告中，记载的只是它的业务工作，即它实际做了什么。至于功能一词，则是一个重要的社会学概念。据考，第一次系统地建构功能概念的学者是迪尔凯姆。1895年，他在论述社会学方法的规则时就提醒我们，要注意将事物的存在原因与事物的功能区别开来。[1] 迪尔凯姆认为，一个社会制度的"功能"就是这个制度与社会机体的要求相合拍。对于迪尔凯姆的这种界定，人类学功能学派的代表人物拉德克利夫-布朗进行了修正，他将功能、结构与过程三个要素联系起来，提出了一个更简捷的定义："功能是指局部活动对整体活动所作的贡献。这种局部活动是整体活动的一个组成部分。"[2] 从拉德克利夫-布朗阐释的功能概念出发，我们可以"依样画葫芦"，将"中国最高法院的政治功能"理解为：中国最高法院作为一个"局部"，它的政治活动对于"整体"的政治活动所作的贡献。

但是，仍有两个问题需要进一步探讨：首先，在功能一词之前加上一个修饰性的"政治"，是什么意思呢？什么是政治活动？什么又是政治功能？笔者的简要的回答是，政治活动的核心和目标就在于把个体的人组织

---

[1] 参见［法］迪尔凯姆：《社会学方法的规则》，胡伟译，北京，华夏出版社，1999，第77页。

[2] ［英］拉德克利夫-布朗：《原始社会的结构与功能》，潘蛟等译，北京，中央民族大学出版社，1999，第203页。

起来,实现个体的组织化;政治功能,就是在实现个体的组织化活动中所作的贡献。其次,如果说中国最高法院的活动是"局部"活动,那么,"整体"指的又是什么呢?根据中国最高法院所置身于其中的政治背景,笔者认为,可以从三个层次来理解"整体":第一个层次是"国家的中心工作",它是一个"整体"或"整体性的活动",最高法院的活动就是这个整体性活动中的一个局部。第二个层次是"全国法院与全国法官的活动",或"全国法院系统的活动"。这也是一个整体,最高法院作为一个机构,只是全国数千家法院组成的法院系统的一个局部。第三个层次是"国家与社会作为一个整体",最高法院的活动也只是其中的一个局部性的活动。下文的分析将表明,中国最高法院的工作,对于这三种语境下的"整体"活动,都作出了自己的贡献。因此,对于中国最高法院的政治功能就可以从这三个方面来进行分析。

下文的基本思路是:首先根据历年来的工作报告,考察中国最高法院到底做了一些什么样的"工作","工作"的重心又发生了什么样的变化,以及,这种变化背后的社会根源。这是一个事实整理的过程。其次,以这样的事实作为基础,笔者将从三个不同的层次来分析中国最高法院实际承担的政治功能。最后,我们根据最高法院三种政治功能的划分,探讨与之相对应的三种类型的法律。

二、66年来中国最高法院工作重心的变迁及根源

历年的工作报告表明,中国最高法院的工作重心有一个前后变迁的过程。在第一届全国政协期间,特别是1950年与1951年,刚刚成立的新政权,就面临着多重任务:对外要抗美援朝,对内要镇压反革命与推进全面建设。最高法院的工作重心也因此包括了两个方面:镇压反革命的反抗,巩固人民内部的团结。归纳起来就是两个主题:团结人民、镇压敌人。

在第一届全国人大期间,国家既要实施第一个五年计划,又要肃清反革命分子。在这样的背景下,最高法院的工作任务是,打击危害国家安全与破坏经济建设的反革命分子及其他犯罪分子;与此同时,还要解决民事纠纷,但目的不在于保障权利,而在于促进生产和团结。其中,前者是主要的,后者虽然必不可少,但是处于相对次要的地位。

在1959开始的第二届全国人大期间,最高法院的工作重心处于摇摆不定的状态。在1959年的工作报告中,审理案件和审判监督是最高法院的中心工作。但在1960年的工作报告中,执行全国人大常委会的特赦,成了最高法院的工作重心,甚至是唯一的工作。到了1963年,最高法院

自己的工作报告已不复存在，取而代之的是最高法院与最高检察院的联合报告。在这个联合报告中，最高法院与最高检察院的中心工作，都是运用社会主义教育运动和"五反"运动的方式来处理案件，目的在于参与这个全国性的政治运动。

第三届全国人大从 1964 年开始。谢觉哉院长在该年度召开的第一次会议上作了本届全国人大期间唯一的一次报告。报告中显示，最高法院的中心工作仍然是两项：打退敌人的猖狂进攻，通过解决人民内部矛盾来加强人民的团结。同时，报告中还宣称，即使是民事案件，也要用阶级的观点来处理。

第四届全国人大期间，最高法院的工作报告是一个空白。

第五届全国人大从 1978 年开始，至 1982 年。此间，国家的政治背景主要包括：粉碎"四人帮"，法制建设进入新时期，办案走向正常轨道，等等。这 5 年中，最高法院肩负的工作任务比较复杂，大致可以分为四个方面：(1) 处理与"文化大革命"有关的问题，包括揭批、审判林彪、江青反革命集团的犯罪，复查、纠正"文化大革命"期间的冤假错案，等等。(2) 惩办反革命分子和其他刑事犯罪分子，以及严惩破坏经济的犯罪分子。(3) 处理民事案件，保护国家、集体和个人的权益；审判经济案件，维护经济秩序。(4) 改革法院机构，加强队伍建设。

第六届全国人大从 1983 年至 1987 年。这 5 年间，国家推行经济体制改革。最高法院的工作重心开始转向常规性的审判业务。在 1988 年的工作报告中，郑天翔院长对 5 年来的工作进行了总结，可以归纳为：刑事审判、民事审判、经济审判、处理申诉、审判监督共五个方面。虽然在刑事审判中强调了"严打"，但这基本还是审判业务中的刑事政策问题。

第七届与第八届全国人大（1987 年至 1997 年）共计 10 年间，任建新两度担任最高法院院长。在他的两次"届满"报告中，最高法院的中心工作都是审判业务。其中，首先是打击刑事犯罪，维护稳定与秩序；其次是经济与民事案件；再次是行政案件；最后是审判监督工作。在他最后一次（1998 年）的工作报告中，还特别强调了法院改革的问题。

第九届与第十届全国人大（1998 年至 2008 年）共计 10 年间，肖扬两度担任院长。其中，2003 年的工作报告回顾了这"5 年来"的工作，主要包括三个部分：一是常规性的审判与执行业务，二是法院改革，三是队伍建设。在审判与执行业务中，首要的依然是打击刑事犯罪，维护安全与稳定；其次是民事与行政案件；再次是执行与审判监督。至于法院改革，则是对党的十五大报告提出的推进司法改革的要求的贯彻。

第十一届全国人大期间（2009年至2013年）期间，王胜俊担任院长。在2013的工作报告中，照例总结了5年的工作，主要包括：依法惩治刑事犯罪，努力维护国家安全和社会稳定；妥善审理经济领域各类案件，依法促进经济持续、健康发展；努力践行司法为民宗旨，依法保障人民群众合法权益；深化司法改革，不断改进审判工作运行机制；大力加强队伍建设，努力提高法院队伍整体素质；重视基层建设，着力打牢人民法院工作基础。

第十二届全国人大期间，2014年的工作报告由接任的周强院长作出，该年度最高法院的工作主要包括：依法惩治犯罪、保障人权、化解矛盾，维护社会和谐稳定；依法审理经济领域各类案件，促进经济持续健康发展；坚持司法为民，依法维护人民群众合法权益；深化司法公开，促进司法公正；推进司法改革，强化监督指导，提升司法水平；坚持从严管理，加强法院队伍建设；主动接受监督，不断改进工作。

2015年的工作报告则体现了2014年工作的延伸，主要包括：依法惩治犯罪，推进平安中国建设；坚持公正司法，加强人权司法保障；依法审理经济领域各类案件，维护良好市场秩序；坚持问题导向，践行司法为民，以司法手段保障民生；深入推进司法公开，着力构建开放、动态、透明、便民的阳光司法机制；深化司法改革，推动完善中国特色社会主义司法制度；坚持从严管理队伍，进一步提高队伍素质。

回首中国最高法院66年的历史，可以看到，1983年是一个明显的时间界限，中国最高法院的工作重心在这一年发生了一个比较明显的转向。在此之前，中国最高法院首要的工作是镇压反革命和其他犯罪分子。至于解决民事纠纷，则相对次要，且其目的也仅在于促进人民内部的团结。除此之外就是一些突击性的任务，比如，执行特赦、参加社会主义教育运动和"五反"运动、审判"四人帮"、复查纠正"文化大革命"冤案，等等。但在1983年以后，各种具体的审判业务，开始成为最高法院的工作重心。尽管20世纪90年代中期以后，推动法院的改革开始成为最高法院的另一项工作重心。

在历史学界，黄仁宇提出了"大历史观"[①]，认为历史的分析要着眼于长时段，才能看出历史的走势。这当然是有道理的。不过，长与短又是相对的，中国最高法院的历史虽然只有66年，似乎太短了些。但如果放在现代中国的语境下来考察，66年也不算短，因为它跨越了革命和建设

---

① 详见黄仁宇：《中国大历史》，北京，三联书店，1997。

两个截然不同的历史时期。

1949年,新政权(包括最高法院)已在北京宣告成立。但中国的西南地区,依然属于旧政权管辖;大陆战事甫歇,与中国东北地区山水相连的朝鲜半岛又起硝烟。换言之,中国最高法院成立的头几年,需要应对的主要是国家的安危、政权的稳定等迫在眉睫的问题。如果国家政权本身都得不到保障,最高法院自己的命运也就可想而知了。在那个"革命"浪潮尚未平息的历史时期,最高法院的工作重心只能是镇压反革命、打击其他刑事犯罪、巩固人民内部团结,等等。

但在66年历史的这一端,特别是21世纪初期的这十多年,"革命"的色彩早已褪去,"发展"成了国家主动选择的"硬道理"。市场经济的大潮淹没了整个社会,使每个人都成了独立的利益主体。在数量庞大的利益主体之间,每天都在产生大量的"纠纷",这些利益上的冲突如果不能得到及时而有效的协调,不仅会危及市场秩序、引发社会动荡,而且可能给政权造成潜在的"合法化危机"。在这样的背景下,中国最高法院的工作重心就发生了一个剧烈的转向:从"镇压"与"打击"转向了以审判业务为中心,转向了化解矛盾、维护公正,等等,借此为众多实际的或潜在的讼争主体提供越来越优质的司法产品。66年来,随着国家从"高调"的革命化政权转向了"低调"的建设性政权,最高法院的工作重心也就随之从"镇压"与"打击"转向公正与效率。

根据迪尔凯姆(涂尔干)的社会分工理论建立起来的解释体系[①],中国最高法院不断变化的工作重心,反映了不同时代的社会分工状况与社会连带类型。在20世纪50年代,中国社会的主流成分是工人和农民(知识分子只是附在"某张皮"上的"毛",其他社会成分要么是被改造的群体,要么是被镇压的对象),社会分工尚不彻底,社会团结的主要类型是"相似性所致"的机械团结,社会中的法律即为压制性法,运作这种法律的最高法院其基本任务也就是"镇压""打击"以及促进人民内部的机械团结。世纪之交,千年伊始,中国的社会分工日甚一日,渐入佳境[②],利益主体之间的交换越来越频繁,互补性越来越强。不同领域的社会成员之间,开

[①] 社会分工论是一套完整的阐释体系,也是迪尔凯姆对社会学理论的代表性贡献之一。参见[法]涂尔干:《社会分工论》,渠东译,北京,三联书店,2000。

[②] 譬如,2004年修改宪法,有关统一战线的范围就比以前扩大了,"社会主义的建设者"在"社会主义劳动者、拥护社会主义的爱国者、拥护祖国统一的爱国者"之外,正式划入"统一战线"。宪法修正案中的这种表达,在相当抽象的层面上证明了我国社会分工已有进一步的发展。

始从机械团结转化为契约性的有机团结,社会中的法律即为恢复性法,运作这种法律的最高法院,其基本任务即为救济权利、保障契约、促进合作,等等。也就是说,是社会分工与社会团结类型的变迁,决定了中国最高法院的工作重心的变迁。

三、为国家的中心工作服务:中国最高法院承担的政治功能之一

"中国""中央"等常见词语,作为一种符号或隐喻,所蕴含的文化意义之一就是"中心"。中央政权,既是政治的中心,也是权力的核心。代表中央政权的中国政治领袖讲话,总是喜欢重复的一个主题——"目前的形势与任务"。在这种讲话中阐述的"目前的任务",就是国家"目前的中心工作"。尽管"形势和任务"在不断地变化,中国最高法院的工作重心也在不断地调整(如上文所述),但中国最高法院承担的第一个政治功能,却是一以贯之,那就是,以不同的方式服务于国家的中心工作。根据历年来的工作报告,可以对中国最高法院承担这一政治功能的特点,作出以下几点分析。

第一,1983年以前,中国最高法院是以"专政工具"("刀把子")的方式来执行国家特别是执政党的路线、方针和政策,服务于国家的中心工作。

1950年,中国最高法院设立不久,当年的工作报告阐述最高法院的政治功能时,沈钧儒院长就特别强调:"毛主席在《论人民民主专政》中已经明白地指出了:'我们现在的任务是要强化人民的国家机器,这主要是人民的军队,人民的警察和人民的法庭,借以保护国防和保护人民利益'……作为人民统治之一的人民法院,巩固革命胜利果实,保护新中国和平建设的任务,显得更加重要。我们人民法院是通过自己的审判工作来执行国家的政治任务的。"在1951年的工作报告(在那一年的正式文件中,叫"发言")中,沈钧儒又说:"毛主席在开会词中指出,我们国家当前的中心任务是继续加强抗美援朝,增加生产,厉行节约。人民法院必须围绕这一中心任务,配合公安、检察等有关机关,发挥审判威力,继续深入镇压反革命,惩治不法地主,保卫生产建设,反对贪污浪费,进一步巩固人民民主专政,保证抗美援朝的胜利。"从那以后,中国最高法院参与的镇压反革命、土地改革、执行特赦、揭批"四人帮"、纠正冤假错案,等等,都是在直接地为国家的中心工作服务。

当然,中国最高法院除了"执行国家的政治任务"之外,还要从事"业务性质"的民事审判。但是,民事案件仍须以阶级的观点来处理。也

就是说，处理民事案件的目标不在于救济权利，而在于定纷止争，在于促进人民内部的团结、促进生产。而通过促进团结来促进生产，正是国家的另一项中心工作。

在这个时期，除了以"专政"手段服务于国家的中心工作这样一个基本的政治功能，最高法院没有相对独立的工作手段。它与公安、检察等机关只有业务上的分工，在工作手段上，没有根本性的差异。1963年，最高法院与最高检察院的工作报告都是联合作出的。对这个历史细节可以解释为：不仅"两高"的政治功能是一致的，甚至业务工作、手段都是一样的，至少没有必要作出严格的区分，否则，我们就无法解释，为什么"两高"的工作报告可以并在一起联合作出。

第二，1983年以后，中国最高法院是以"法律"的方式，来服务于国家的中心工作。

最近三十多年来，最高法院的工作重心并没有脱离国家的中心工作，它依然在忠实地执行国家和执政党确立的路线、方针和政策，但在服务的方式上有所变化。一个显著的标志是，作为"法律外衣"的"法袍"取代了作为"暴力外衣"的"大盖帽"。这样一种符号性的改革，标志着"法律"的方式开始取代"刀把子"的方式，成为中国最高法院服务于国家中心工作的基本方式。与此相关联，专业化的法官、程序化的审判、尽可能以"公正"的形象出现在争议双方之间，等等，都成为最高法院的努力方向。

然而，这一切转向，并非中国最高法院自作主张，而是为了贯彻执行中央政权确立的新任务，为了服务于国家重新确立的中心工作。正如江华院长在1983的工作报告中所阐明的："在中国共产党十一届三中全会的路线指引下，党和国家已经在思想上完成了拨乱反正的艰巨任务，工作重点已经转移到社会主义现代化经济建设上来，实现了历史性的伟大转变。国民经济走上了稳步发展的健康轨道，国家安定团结的政治局面日益巩固，社会主义民主得到了恢复和发展，社会主义法制正在逐步健全。"20世纪90年代后期，执政党的权威文件还对中国最高法院的工作作出了更明确的指示，譬如，1997年党的十五大报告要求："推进司法改革，从制度上保证司法机关依法独立公正地行使审判权和检察权，建立冤案、错案责任追究制度。加强执法和司法队伍建设。"2002年党的十六大报告又要求："社会主义司法制度必须保障在全社会实现公平和正义。……完善诉讼程序，保障公民和法人的合法权益，切实解决执行难问题。"2012年党的十八大报告又提出："进一步深化司法体制改革，坚持和完善中国特色社会主义司法制度,确保审判机关、检察机关依法独立公正行使审判权、检察权。"

正是在这样的政治背景下,在中国最高法院1983年以后的历次工作报告中,具体的审判业务成为报告的主要内容,各类案件的数据翔实而具体,审判业务工作中出现的诸多技术性问题随处可见,法院改革的计划或纲要不断推出。最近几年,维护公正成为中国最高法院工作的主题。这些变化,并不意味着最高法院为国家的中心工作服务的政治功能发生了质的变化,它只是以不同的工作方式,承担着与以前相同的政治功能。

第三,随着服务方式从"刀把子"向"法律"的转向,刑事审判的地位相对降低。

单从审判业务来说,66年以来,惩罚各类刑事犯罪,始终是最高法院工作报告中记载的"第一业务"。1983年以前,特别是1979年以前,最高法院工作报告中显示的基本任务是"镇压反革命""打退了敌人的猖狂进攻",等等。20世纪80年代中期以后,最常见的修辞是"严厉打击刑事犯罪活动"。直至2004年3月,最高法院的工作报告依然将"惩罚犯罪"放在"第一业务"的位置上。但是,当时新的宪法修正案即将出台,且宪法修正案中包括了一个"尊重和保障人权"的条款。这对最高法院的工作报告产生了微妙的影响,报告中的第一项内容因此而表达为"第一,依法惩罚犯罪,依法保障人权"。

虽然打击刑事犯罪始终被视为最高法院的"第一业务",但是,它所占据的地位有逐步下降的趋势。这种极富意味的变化,从工作报告中关于案件分类的标准即可以看出。在20世纪50或60年代,划分案件类别的标准是毛泽东关于两类矛盾的划分:敌我矛盾和人民内部矛盾。敌我矛盾用专政的方式解决,"镇压""打击"之类的手段是法院解决这类矛盾的基本工作方式,其目的在于巩固国家政权,维护社会稳定;人民内部矛盾则用调解的方式解决,处理民事案件是法院解决这类矛盾的工作方式,其目的在于促进团结、促进生产。那个时期,在这两种工作方式之间,"镇压""打击"的方式处于绝对优势,调解或民事审判基本上处于附属地位。在某些年份(比如1960年、1963年)的工作报告中,基本上不提民事审判业务。如果只看这几份工作报告,中国最高法院似乎缩减成了一家"最高刑事法院"。

1983年之后,最高法院的工作报告里虽然还是首先报告刑事审判业务,但刑事审判之外的其他审判业务或"工作"逐渐增加:最先增添的是经济案件，后来又加上了行政案件与涉外案件，再后来又加上了法院改革与队伍建设。在1999年之后，"刑事审判"的地位已经由"一级标题"降格为"二级标题"了（参见上文中的附表）。在我们这个特别讲究"正名""排座次"的国度里，这种悄无声息的变化是意味深长的。这种表达方式的变化至少可以说明，中国最高法院已经不仅仅是一个最高刑事法院了，而是发展成为一个从事多种审判业务的综合性最高法院了。

第四，进入新世纪的中国最高法院，并非仅仅是以履行审判业务来承担自己的政治功能。

在第九届全国人大的5年间，最高法院的工作在2003年的报告中被概括为三个方面（其实是四个方面）：审判与执行工作、法院改革、队伍建设。也即在审判职能之外，法院还履行了执行的工作，以及推进法院改革的工作，队伍建设的工作。后面这三种工作，从司法权的本质特征来说[1]，或者按照西方的标准来看，都不是法院的"本职工作"。最高法院在"本职工作"之外，投入大量成本，推进执行工作、法院改革、队伍建设。这就说明，中国最高法院仍然不是一个纯粹的审判机构。在2004年的工作报告中，这种情况有增无减，具体地说，在审判职能之外，最高法院的工作还包括：对下级法院的监督和指导、司法解释、落实"司法为民"的要求、积极稳妥地推进法院改革、完善司法管理、加强队伍建设，等等。尽管如此，这些审判业务工作之外的法院工作，依然是在为国家的中心工作服务。

从武装霍霍的"大盖帽"到文质彬彬的"法袍"，从以刑事审判为主到多类审判业务并重，从以审判为主到兼顾审判职能、司法解释、执行工作、法院改革、队伍建设，等等，这些都可以表明，最高法院的工作方式和工作内容确实发生了深刻而巨大的变化，然而，所有这些变化始终都没有动摇中国最高法院实际承担的政治功能——为国家的中心工作服务。

四、实现全国法官的组织化：中国最高法院承担的政治功能之二

中国最高法院承担的政治功能不仅仅是为国家的中心工作服务，它还有一个更具体的政治功能，那就是，实现全国法官的组织化或一体化。应当看到，在中国法院体系的内部，最高法院一直扮演着多重角色：既是全国法院系统的组织者、统领者，也是全国法官群体的评判者、监护者。在一个有明确边界的、相对封闭的法院系统中，中国最高法院的政治功能就

---

[1] 参见喻中：《论授权规则》，北京，法律出版社，2013，第182页。

是将全国所有的法官组织起来,使他们成为一个整体或共同体。中国最高法院承担这种政治功能的基本方式主要有以下几种。

第一,审判监督与指导。

在最高法院院长所作的大部分工作报告中,监督和指导下级法院都是最高法院的一项重要工作。例如,任建新院长在1998年的工作报告中说:"五年来……最高人民法院共接待和处理群众来信来访54万件(次)";"为了保证在审判工作中正确执行法律,最高人民法院重视通过司法解释强化业务指导,五年来共作出司法解释110件";"从去年四月开始,全国法院集中开展了执法大检查活动。这是加强法院自身监督的一种形式。执法大检查的目的在于解决裁判不公的问题,严肃查处徇情枉法等违法违纪行为。为了保证执法大检查工作顺利进行,最高人民法院和地方各级人民法院成立了执法大检查领导小组……对查出的少数案件裁判不公、程序违法、久拖不决等问题作了纠正,对违纪违法的有关人员进行了处理,执法大检查取得了阶段性成果。"如果从实现全国法官的组织化这一政治功能的视角上看,"执法大检查取得"的就不仅仅是"阶段性成果",而是从根本上强化了最高法院对全国法官的支配性,促进了全国法官的组织化与一体化。

第二,加强队伍建设。

早在1981年的工作报告中,就已经提到队伍建设的问题了。1983年的工作报告进一步凸显了队伍建设的重要性,提出要提高审判人员的政治素质、法律专业知识和科学文化水平。1998年的工作报告也强调:"建设一支高素质的法官队伍,是完成宪法和法律赋予人民法院职责的重要保证。五年来,全国法院根据中央加强思想政治工作的要求,用邓小平理论武装干警的头脑,按照江泽民同志'努力建设高素质的干部队伍'的指示精神,开展了以'讲学习、讲政治、讲正气'为主要内容的党性党风教育,加强了以全心全意为人民服务为宗旨的职业道德教育,使法院队伍的政治业务素质有了提高。"这份报告还指出,"全国法院把法官的教育培训工作作为一项战略任务,制定和落实教育培训规划,采取有效措施,努力提高法官的政治素质和业务素质,五年共培养高级法官及其后备人才1 520人,获得大专以上学历的9.8万人"。笔者认为,这些工作措施在加强了"队伍建设"的同时,也承担了一项重要的政治功能:实现全国法官的组织化。因为,无论是思想政治教育还是业务素质培训,且不管这些教育与培训的具体内容是什么、具体效果如何,只要在教育,只要在培训,这种方式或过程本身,就是在把全国的法官组织起来,凝成一个整体或系统。

第三，对法院和法官个人进行奖惩。

一年一度，最高法院都要对法院系统中的"先进"单位和个人进行褒扬、给予奖励，同时也要对整个系统中的违法犯罪者给予不同形式的制裁。二十多年来，在最高法院的工作报告中，经常都有受表彰者的具体数据。至于违法犯罪者的确切数据，几乎每年都要讲到。[①] 例如，1998 年的工作报告就作了一个统计："五年来，有 93 名法官被授予全国法院模范称号，有 275 名法院干部记一等功，有 122 个法院荣记集体一等功。同时，坚持从严治院，把纪律作风整顿作为廉政建设的重点，严格执行中央关于廉政建设的有关规定，严肃查处违纪违法行为，对触犯刑律、构成犯罪的，坚决依法惩办，决不偏袒、姑息，五年共依法追究刑事责任 376 人。"2015 年的工作报告还特别强调了"惩处"："坚持从严治院，一手抓教育，一手抓惩处。各级法院共立案查处各类违纪违法干警 2 108 人，结案处理 1 937 人，同比分别上升 154.3% 和 172.8%。"最高法院通过表彰与惩戒两种手段，确实对全国的法院系统与法官队伍产生了较大的影响。但通过这样的途径，最高法院就充当了所有其他法院与法官的评判者，或者说是法官之上的法官。

通过以上这样一些耳熟能详的方式，最高法院承担着一项重要的政治功能，即把全国的法院和法官组成为一个"系统"，并确立了系统内部的秩序。如果说，政治就是把一些松散的个体组织起来，那么，中国最高法院通过审判监督、队伍建设、评选先进、惩罚后进等方式，已经实现了把全国的法官有效地组织起来的政治功能。

在西方各国，法院里的法官也是一种职业，也有一个系统，也需要组织起来。但是，它们的最高法院一般不对全国的法官给予褒扬或惩戒，也不充当其他法官或法院的监护人，它们的最高法院可以撤销或改变其他法院的判决，仅仅是因为，按照法律规定的审级制度，它们是上诉法院或终审法院。全国的法官之所以是一个共同体，是因为法官的选任标准基本上是一致的。法官既是一个职业共同体，更是一个知识、技能的共同体，他们共享一套价值系统、信仰符号、游戏规则。由于这一系列的因素，西方各国的最高法院不需要在全国范围内评选"先进"法官或法院，也很少听到有关法官违法犯罪的统计数据。[②] 它们不需要承担这样的政治功能。

[①] 参见喻中：《二十年来中国法官违法犯罪问题的分析》，载《当代中国研究》，2004 (1)。
[②] 美国学者弗里德曼认为，美国的"联邦法官从来没有腐败的记录"［美］弗里德曼：《法治、现代化和司法》，载《北大法律评论》，第 1 卷，第 1 辑，北京，法律出版社，1998，第 306 页）。

但在中国，目前整个法官群体还没有形成一个知识与信仰的共同体。把这样一个"形似而神不似"的群体凝聚成为一个整体，就成为中国法院系统面临着的一项重要任务。作为法院系统内部的一个具有特殊地位的机构，最高法院承担着这样的政治功能。半个世纪以来，中国最高法院的工作报告一直都在强调对地方各级法院的监督与指导。在实践工作中，地方各级法院须层层向上并最终向最高法院请示或汇报，最高法院则不断地以"批复""意见"等方式对下级法院作指示。近年来，在审判监督与指导的同时，最高法院还在积极地推进整个法院系统的改革，加强整个法院系统的队伍建设，加强司法解释工作，等等。这些工作，都有助于强化最高法院对地方各级法院以及全国所有法官的控制与支配。

此外，尤其值得我们注意的是，在最高法院每年一次的工作报告里，并不只是讲发生在中国最高法院这个特定的"单位"里的事，而是"报告"了全国所有法院、所有法官的工作，即把全国所有法院的所有工作都纳入最高法院的工作报告中。最高法院工作报告的这种写法，也具有将全国所有法官都组织起来的政治功能，因为它表明，最高法院要对所有法院、所有法官的工作负责，或者说，最高法院要对整个法院系统的工作承担"无限责任"。在充当这个角色的过程中，最高法院承担着将全国法官组织起来这一重要的政治功能。

五、促进国家与社会的组织化——中国最高法院承担的政治功能之三

实现全国法官的组织化，只是最高法院在法院系统内部承担的一种政治功能，其中，最高法院作为局部，对作为整体的法院系统的组织化作出了自己的贡献。但是，如果把考察的视界延伸到整个国家与社会，那么，国家与社会就是"整体"，整个法院系统就成了一个"局部"，最高法院则是局部中的一个更小的局部，当然也属于国家与社会这个整体中的局部。因此，为了更全面地认识中国最高法院的政治功能，我们还有必要从国家与社会这个更大的"整体"着眼。在这种语境下，中国最高法院的政治功能就是要配合其他国家机构，通过各个国家机构之间的分工合作，促进国家政权机构之间的组织化，并通过国家政权的有序化，实现全国民众与中国社会的组织化，简单地说，就是要促进国家与社会的组织化，分而述之，中国最高法院承担这一政治功能的主要方式有：

第一，通过为国家的中心工作服务的方式，促进国家与社会的组织化。

国家在特定历史时期确立的中心工作，必然要求所有的国家机构、社

会主体都能通过自己的方式为它服务。形势总是在不断地变化，国家也总是从一个中心工作转向另一个中心工作。确立这些中心工作，一般都是为了实现某种特定的、语境化的政治目标。然而，除了特定的目标，它还有一个永恒的"附加价值"（甚至是根本价值），那就是，实现人的组织化。

正如前文所述，服务于国家的中心工作，本身就是中国最高法院承担的一项政治功能，但这项显现于外的"显功能"同时还掩盖着另一种更重要的"潜功能"，即促进国家与社会的组织化。因为，围绕着国家的中心工作而展开的服务活动，将会在最高法院与公安部、最高检察院等诸多机构之间产生多维度、多层面的交往与联系，各种机构以国家既定的中心工作为平台，通过不断地对话、协商、博弈、磨合，可以结成更加稳定、牢固的组织关系与政治秩序。因此，如果要问：最高法院与其他国家机构、各种社会主体之间的关系是怎样建立起来的？推而广之，所有的国家机构之间的组织关系是怎样建立起来的？国家与社会的关系是怎样建立起来的？笔者的回答是，不同主体围绕国家的中心工作而展开的各类"服务"活动，为这些关系的建立提供了重要的载体。最高法院正是通过服务于国家的中心工作，承担着促进国家与社会的组织化的政治功能。

20世纪50年代早期，"镇压反革命"与"全面建设"成为国家的中心工作，最高法院承担的工作就是以法院的方式镇压反革命：以判决书的方式确认反革命，并通过执行判决书来镇压反革命。在确认反革命的过程中，革命者凝成了一个群体；在镇压反革命的过程中，革命者群体获得了共识，建立了交往的规则。更重要的是，建立了这个群体内部的秩序，实现了这个群体的组织化。20世纪60年代早期，国家的中心工作是社会主义教育运动，最高法院的工作就是支持、参与这项运动，其基本方式是：如果通过教育能够解决的问题，法院的工作方式暂且退避；只有当遇到教育不能解决的问题时，才由法院以自己的方式来处理。在这个过程中，法院与其他机构之间，法院与社会主体之间，通过社会主义教育运动，建立了组织化的联系。20世纪70年代末期，"拨乱反正"是国家的中心工作，最高法院的工作就是以法院的方式参与"拨乱反正"：审判林彪、江青反革命集团，复查、纠正冤假错案。通过这些方式，国家与社会在政治上重新接纳了一个群体——"受迫害者"，国家与社会的组织关系因此而得到了更新。20世纪80年代中期以后，国家的中心工作是经济建设、改革开放，最高法院的工作就是为经济建设"保驾护航"，经济审判、民事审判、执行工作、法官队伍建设，等等，都是在为经济建设这个国家的中心工作服务。最高法院通过自己的工作，促进了国家机构之间以经济建设为纽带而进行的相互联系，促进了社会主体之间以经济与契约为基础而进行的相互合作。

中国的法院总是在为不同时期的中心工作服务，为阶级斗争服务，为经济建设服务，等等。如果我们从结构—功能的角度来分析，这又是一种极其正常的现象。法院应当独立审判，应当以服从法律为天职。但是，法院特别是最高法院并不是一个孤独的存在。法院要服从的法律也有两种情况，有些法律只是为法院或最高法院提供处理案件的规则，比如民法、刑法、诉讼法等等，最高法院应当按照这些规则来处理无数的案件。然而，除了这些处理案件的规则，最高法院还要受另外的规则的约束。比如，宪法中就包含了调整最高法院与全国人大及其常委会、国务院、最高检察院之间关系的规则，正是这样一些规则，将最高法院纳入一个更大的整体或系统（即整个国家与社会甚至人类自身）中。这个更大的整体需要最高法院以自己的方式参与其中，并作出自己的政治贡献，承担自己的政治功能，以维持这个更大整体的正常运转——打个比方，在这种情况下，国家、社会、人类是"机器"，最高法院只是一颗"螺丝"，尽管是一颗不小的"螺丝"。

第二，通过向全国人大报告工作的方式，促进国家与社会的组织化。

中国最高法院院长历年所作的工作报告，有一个基本的功能：向全国人大（1954年之前是全国政协）报告工作。虽然历次工作报告都毫无例外地得到了"最高国家权力机关"的批准，但是，并不能因此而低估甚至忽视这种报告的政治功能。通过这种报告，不仅实践了最高国家权力机关对最高法院进行监督的宪法制度，而且从一个相对独特的角度，促进了国家与社会的组织化。

从文化与符号的观点来看，法律也是人类创造的一种符号。法律机构的行为，也是一种符号化的行为。全国人大每年都要举行一次会议，这种会议本身，不仅是一种程序严格的仪式，而且包含了很多含义丰富的符号。其中的一些符号几乎已成定式，比如，最高法院的院长与最高检察院的检察长总是并列坐在一起；国务院的报告在前，"两高"的报告在后；对这些报告进行分组讨论之后，大会总是要批准这几个报告；等等。也就是说，中国最高法院每年都要向全国人大作一个工作报告，这本身就是一个具体而生动的仪式。这个仪式表明：最高法院与最高检察院、国务院、全国人大常委会一起，在向全国人大报告工作，在接受全国人大的监督。同时，这种仪式还以通俗的、直观的方式注释了宪法中规定的国家政权的组织形式：每一个作报告的机构都是国家政权的一个组成部分，它们职责不同，但都要向全国人大负责，都要执行全国人大确立的政治目标。因此，每当最高法院院长在北京人民大会堂的发言席上宣读工作报告，其实已经承担了促进国家与社会组织化的政治功能，因为它强化了这样一个观念与现实：国家是一个整体，最高法院就是国家政权组织结构中的一个"局部"，它与其他国家机构之间，尽管各司其职，但却形成了一种结构性的组织关系。正是这种关系，构成了国家与社会得以组织起来的基础。没有这样的组织化的关系作为基础，国家政权将四分五裂，就像一堆四散无序的马铃薯；整个社会将趋于解体，成为一盘散沙。

打个比方（别误会，仅仅是一个比方），这就像一个戏班，要把一出戏演好，每个角色必须相互配合。某个角色（比如唱红脸的）有自己的特殊的唱腔、动作、服饰，但无论他多么特殊，他也只能以自己的角色配合其他角色。你唱一句我就和一句，你"逗个哏"我就"捧个哏"。只有建立这种组织化、程序化的关系，才能保证整场戏能够顺利地演下去。某个角色的功能，就是积极地参与其中，为整场戏增光添彩、"作贡献"，即使不能增添光彩，也不能不合作，更不能故意把这出戏搅乱了，否则，戏班的组织化就不能实现，整个戏班将无法运作，这样的戏班最后只能作鸟兽散。

第三，通过思想教育、法制宣传等方式，促进国家与社会的组织化。

在中国最高法院的工作报告里，引用国家领袖的讲话或重要会议的精神是一种常见的现象。这些"讲话"或"精神"，一般都要阐述国家的当前任务或中心工作。最高法院的工作报告也习惯于承认，最高法院（以及全国所有的法院）是以自己的工作服务于国家的中心工作。在大多数工作报告中，执政党的重要会议上的"精神"，都是法院工作的指导思想。比如，近几年，执政党强调"执政为民"，2004 年最高法院的工作报告中就专门强调了如何实现"司法为民"的要求。最高法院的这种"引用"提高了"领袖讲话"或"会议精神"的"引证率"或"影响因子"，但它更重要的功能是以"润物细无声"的方式，统一了思想，凝聚了人心，促成了共识。

66 年来，中国最高法院的法制宣传和思想教育，既通过引用"领袖讲话"或"会议精神"的形式出现，也通过不断变化的法官服装、判决书的写法、受审判者的称谓、"法槌"之类的"行头"、法院工作的主题、法庭审判的设施等仪式化、符号化的因素表现出来。通过这些方式的宣传教育，最高法院以人的大脑皮层为基础，以宣传教育的方式，在思想上促进了国家与社会的组织化和一体化。

六、从中国最高法院承担的三种政治功能看法律的三种类型

至此，笔者已经分析了中国最高法院实际承担的三个层次的政治功能：直接为国家的中心工作服务、实现全国法官的组织化、促进国家与社会的组织化。这三个层次的政治功能，代表了中国最高法院的工作作为"局部活动"为不同语境下的"整体活动"所作的贡献。透过中国最高法院承担的三种政治功能，可以看到三种类型的法律。

第一种类型的法律是国家的政策。在当代中国的主流法学理论中，"依政策行政"总是被视为对"依法行政"的冲击；政策与法律，似乎永远都是一对矛盾。因而，政策总是被放逐在法律帝国之外。然而，从中国最高法院实际承担的"为国家的中心工作服务"这一政治功能来看，国家的政策在事实上已经成为中国最高法院必须遵循的法律。最高法院的工作报告不仅不回避这一点，而且还频繁地加以强调。事实上，遵循、贯彻、推行这些以国家政策形式出现的法律，早已构成了最高法院实际承担的一项政治功能（值得一提的是，在现代西方法理学中，美国学者德沃金也认为，法律包括规则、原则与政策三种形式）。

第二种类型的法律是作为法院的裁判依据的法律。这种类型的法律经过法院的引用，作为三段论推理中的大前提，与作为法律事实的小前提相结合，可以产生合乎逻辑的判决结果。在法官作为主持者的诉讼过程中，这些法律是调整两造关系的准则。具体地说，这些法律可以包括民法、刑法等，它们有一个共同特点或"家族相似性"，那就是，它们经常被法院的判决书引用。由于这种类型的法律乃是中国所有法院、所有法官必须遵循的共同规则，一个永恒的问题由此而生：如何理解这些法律？回答这个永远无法穷尽的问题，构成了最高法院强化司法解释、强化审判监督、进行业务培训、组织执法检查、甄别先进后进的前提和基础。在回答这个永恒问题的过程中，最高法院实现了全国法官的组织化。从最高法院承担的政治功能来看，这种类型的法律构成了最高法院承担其"实现全国法官组织化"这一政治功能的依据。

第三种类型的法律是作为政体依据的法律。在当代中国，这些法律一般不由法院甚至最高法院引用，也不作为法院裁决讼争双方的依据。毋宁说，它们是处理最高法院与其他国家机构之间的规则。这些规则调整着包括最高法院在内的各种国家机构之间的组织关系，比如人大与法院的关系。在这些关系中，中国最高法院只是其中的一个"局部"而已。在当代中国，调整这些关系的法律主要是宪法，特别是其中的有关国家权力划分

的规则。从中国最高法院承担的政治功能来看,这些法律构成了它"实现国家与社会组织化"这一政治功能的基本依据。

这三种类型的法律与中国最高法院承担的三种政治功能相对应,它们相互补充,间或也有一些交叉,共同构建了中国法律世界的一道"景观"。

第四节 检察院作为法律监督机关

检察院的制度角色是什么？中国《宪法》第 129 条的规定是："中华人民共和国人民检察院是国家的法律监督机关。"宪法上的这条规定看似清楚，其实并没有得到深究。近年来，最高人民检察院以"强化法律监督"作为自我定位，言下之意，也是要强化法律监督职能，做一个真正的法律监督机关。然而，到底什么是法律监督机关，怎样才能从制度上强化法律监督，却是一个悬而未决的问题。在这个问题上，有学者梳理了"法律监督机关"这个概念的理论渊源与意义转变，认为这个概念还保留着有待进一步丰富的意义空间。[①] 在这样的背景下，有必要对《宪法》第 129 条进行专门的研究，以阐明法律监督机关到底是一个什么样的机关，以阐述检察机关的制度角色到底是什么，庶几可以填充"法律监督机关"这个概念的意义空间。

一、检察院是法律监督机关，但不是司法机关

在学术理论界，尤其是在法理学、宪法学、诉讼法学等领域，主流观点认为，检察机关属于司法机关。譬如，张文显、刘作翔、孙笑侠、郑成良合著的《法理学》一书就认为："在我国，按照现行法律体制和司法体制，司法权一般包括审判权与检察权，审判权由人民法院行使，检察权由人民检察院行使，因此，人民法院和人民检察院便是我国的司法机关。"[②] 朱福惠主编的宪法学著作也认为："司法权包括审判权和检察权两个方面。"[③] 相比之下，从诉讼法学、检察理论的角度论证检察权属于司法权的论著，更为常见。的确，在当前的宪法实践中，习惯于"检法"并称；在全国人民代表大会上，"两高工作报告"几乎成为了一个专用名词；按照现行《宪法》确认的人民代表大会制度，检察院、法院与政府一样，都要向人大负责。这些表达与实践，也可以支持学术上的主流判断：检察院与法院一样，都属于国家的司法机关。

---

① 参见田夫：《什么是法律监督机关》，载《政法论坛》，2012 (3)。
② 张文显主编：《法理学》，北京，法律出版社，2007，第 237 页。
③ 朱福惠主编：《宪法学新编》，北京，法律出版社，1999，第 287 页。

但是，笔者不愿赞同这样的主流观点，因为，检察机关的检察权是一种区别于审判权的权力形态。如果要把法院的审判权定性为司法权，那么，检察院的检察权就是一种区别于司法权的法律监督权。直白言之，检察权不属于司法权，检察机关也不属于司法机关，而是一个专门的法律监督机关。笔者作出这样的判断，主要是基于以下几个方面的依据。

其一，是宪法上的依据。《宪法》第129条已经确认了检察机关就是法律监督机关，这就是最具权威性的法律依据。此外，《宪法》第三章的标题叫"国家机构"，第三章第七节的标题叫"人民法院和人民检察院"，它并没有把两个机关统称为"司法机关"，这就是说，把检察院的性质定为"司法机关"并不能得到现行《宪法》的支持，并没有宪法上的依据。因此，如果严格按照宪法上的明文规定，我们可以说，法院享有审判权，检察院享有检察权，且检察权的性质就是法律监督权。至于司法权到底是指什么？是单指审判权，抑或是审判权与检察权的合称，宪法上并无明文的规定。可见，无论是把审判权与检察权统称为司法权，还是仅仅把审判权看作司法权，都属于习惯性的说法或学术上的观点，都不能得到现行《宪法》的直接支持。总之，宪法并未承认"检察机关是司法机关"，但它支持"检察机关是法律监督机关"的观点。

其二，是逻辑上的依据。事实上，理论界把检察院与法院都作为司法机关，一个重要的依据就是检法两家都参与了刑事诉讼过程。但是，这种观点的倡导者忘记了：参与刑事诉讼过程的主体还有公安机关、律师事务所、监狱管理机构、被害人、被告人，等等。如果把检察院与法院都作为司法机关，那么，公安机关、律师事务所、监狱管理机构也是司法机关。因为，检察机关的刑事侦查活动与公安机关的刑事侦查活动具有同样的性质，只在案件的管辖范围上存在差异；检察机关的起诉权与律师的辩护权在诉讼结构上完全是对等的，区别只在于：检察机关代表国家利益，律师代表个体利益。但是，把检察机关与公安机关、律师事务所、监狱管理机构都视为司法机关，显然是无法让人接受的；把这些机构都纳入司法机关的范围，无疑是一个荒谬的推论。造成这种荒谬推论的根源，就是对司法机关的边界没有准确的认识。反过来，如果仅仅把法院作为我国的司法机关，逻辑关系就清楚了：虽然公安、检察、法院、律师、监狱都参与刑事诉讼，虽然法官、检察官、律师都参加过司法资格的统一考试，但是，只有法院才是司法机关，检察院只是法律监督机关，公安机关、监狱管理机构则是行政机关，律师事务所属于社会中介组织。

其三，也是更重要的现实上的依据在于，检察机关如果走出司法机关的范围，做一个专门的法律监督机关，还有助于优化当代中国的政治体系。

如果把检察机关当作司法机关，那么，在当代中国的政治体系中，权力的类型大致就是三种：立法权、行政权、司法权。其中，司法权的享有者是法院与检察院，行政权的享有者是政府，立法权的享有者是人民代表大会及其常委会。这种关于三类国家权力的划分，实际上源出于西方近代政治哲学，尤其是洛克、孟德斯鸠等人阐述的"三权分立"理论。然而，以孟德斯鸠的"三权分立"理论来解释当代中国的政治体系，可以说是隔靴搔痒，甚至可以说是不着边际。因为，孟德斯鸠划分的三种权力是相互制衡的，且三种权力与三类机构一一对应：立法权对应于议会，行政权对应于政府，司法权对应于法院。但是，当代中国的立法权并不对应于人大及其常委会的权力，因为，国务院也可以制定"行政法规"，省级政府、设区的市的政府还可以制定"规章"；司法权也不对应于法院，因为检察院也被看作了司法机关；更重要的是，中国的"一府两院"由人大产生，对人大负责，向人大报告工作。对于这样的政治体系，"立法权、行政权、司法权""分立"的理论根本就无法解释。

但是，如果我们把检察机关从司法机关的范围内分离出来，作为单独的法律监督机关，中国的政治体系就会出现一个新的图景，那就是，人民代表大会之下的三种权力（而不仅仅是三个机构）：行政机关代表的行政权、审判机关代表的司法权、检察机关代表的法律监督权。表面上看，这样的图景并无实质上的新意，依然是对政治现实的概括——从这个角度上说，我们尊重了当代中国的政治现实。但是，这幅图景通过对法律监督机关的强调和突显，重新解释了当代中国的政治体系：在行政权、司法权、法律监督权之间，边界清晰，三者共同接受主权者的监督，共同对主权者负责。

当然，在学术界，尤其是在检察理论研究中，也有学者已经指出了检察机关作为法律监督机关的性质，但遗憾的是，这种观点同时也指出，法律监督权还兼有行政性质与司法性质。[1] 对于这种"和稀泥"式的观点，笔者也不愿赞同，理由是：既然法律监督权兼有行政性质与司法性质，那就意味着，检察权或法律监督权也是一种行政权，同时也是一种司法权，因而也就是一种混合性的权力。这样的观点，并未有效地揭示出法律监督

---

[1] 参见谢鹏程：《论检察权的性质》，载《法学》，2000（2）；张智辉：《检察权研究》，北京，中国检察出版社，2007，第21页。

权（检察权）的独特性，是一种"不彻底"的理论观点，因而是不能接受的。相比之下，在宪法学界，已有学者强调"人民检察院是专司法律监督职能的国家机关"——这才是对"检察机关的宪法定位"[①]；还有学者从历史的角度，论述了将检察机关界定为法律监督机关的历史必然性，理由是，"从我国宪法的制度设计分析，检察机关的法律监督是宪法赋予的一项专项权力，这就是法律监督权。因此，宪法将其定位为'国家的法律监督机关'是国家宪政体制的产物，符合立宪者的原初意图"[②]。

二、法律监督机关：监督什么，为什么监督

行政机关的职能是行政，司法机关的职能是审判，那么，独立于行政机关、司法机关之外的法律监督机关是干什么的？法律监督权到底是一种什么样的权力？或者更明确地追问：法律监督，监督什么？笔者的回答是：法律监督，就是对法律的监督。所谓对法律的监督，就是对法律活动的监督。按照通常的分类方式，法律活动包括立法活动、执法活动、司法活动。法律监督，就是对立法活动、执法活动、司法活动的监督。

具体地说，对立法活动的监督，针对的是立法主体，主要是监督立法活动是否违反了宪法、立法法或其他上位法的精神或原则，立法者是否超越了立法权限，立法过程是否遵循了法定的立法程序，制定出来的法律文本是否存在着重大的疏漏，等等。盯住立法活动，指出立法活动中存在的问题，并进而纠正这样或那样的问题，这就是对立法活动的监督。

对执法活动的监督，针对的是行政主体，主要是监督行政执法活动是否违反了法律的规定，是否恪守了依法行政的准则。其中，既包括积极的越权行政，也包括消极的行政不作为。前者是突破了法律的边界，做得"太过了"；后者是没有履行法律规定的职责，根本就"没有做"，或"没有做够"，总而言之是不作为。对于这两种违法现象的监督，就是对执法活动的监督。

对司法活动的监督，针对的是司法主体（法院），主要是监督司法活动是否违反了法律的规定。按照通常的划分，司法活动包括刑事诉讼活动、民事诉讼活动与行政诉讼活动。对刑事诉讼活动的监督，包括对刑事侦查、刑事审判、刑事执行活动的监督。对民事诉讼活动的监督，包括对

---

① 韩大元：《坚持检察机关的宪法定位》，载《人民检察》，2012（23）。
② 徐桂芹：《检察院作为"法律监督机关"的历史解释与思考》，载《东岳论丛》，2013（10）。

民事审判、民事执行活动的监督。对行政诉讼活动的监督，也包括对行政审判与行政判决执行活动的监督，亦即"对整个行政诉讼制度的监督"[1]。

大致说来，我们所谓的法律监督，就是对上述三种法律活动的监督。法律监督权，就是对上述三种法律活动的监督权。换言之，《宪法》第129条规定的法律监督机关，就是对人大与政府的立法活动、政府的行政执法活动、法院的司法活动进行监督的机关。

为什么要对立法活动、执法活动、司法活动进行监督？相关的理由不必到逻辑当中去寻找，更不必到西方经典作家的著述当中去寻找，监督的理由就在于中国的政治现实与法律现实。在当代中国的政治领域与法律领域，无论是立法活动、执法活动还是司法活动，都存在着突出的甚至是严重的弊端，这些弊端，对国家利益、社会公共利益、个人利益都构成了严重的损害，因此，确有监督的必要。

在立法活动中，最主要的问题是"部门立法"。人们常说的"公共利益部门化，部门利益法律化"，"跑项目不如跑立法"，描述的就是这种立法异化现象。在立法活动成为一些强势部门、强势行业扩张自身利益的手段的情况下，对立法活动的监督就成了一个不可缺少的环节。在其他国家，对立法活动的监督也是一种常见的制度安排。譬如，美国监督立法活动的基本制度就是司法审查制度；在欧洲的一些国家，专门设立的宪法法院、宪法委员会之类的机构，也是为了监督立法活动的。可见，对立法活动进行监督，无论在东方还是在西方，都是一个值得认真对待的现实问题。

在执法活动中，最主要的问题是上文指出的两个方面，消极的"不作为"与积极的"乱作为"。前者是指，行政执法主体在提供公共产品、公共服务的时候，无论是质量还是数量，都没有很好地满足社会公众的要求。后者是指，行政执法主体以自己的主动行为，譬如乱收费、乱罚款之类，侵犯了社会公众的正当权益。这两个方面存在的问题，在一些地方、一些领域，已经激发了比较尖锐的社会矛盾，因而也迫切地期待着有效监督的展开。针对行政执法活动中存在的问题，以法国为代表的西方国家，发展出行政诉讼这样的监督方式，用以监督、约束政府机构的行政执法行为。可见，对行政执法活动的监督，也是一个普遍性的现实问题。

在司法活动中，最主要的问题表现在形形色色的司法腐败或司法不公。对于这些问题，本书作者在其他地方已经作出了专题讨论，这里不再

---

[1] 应松年：《检察机关对行政诉讼的法律监督》，载《国家检察官学院学报》，2013（5）。

赘述。① 值得注意的是，我国司法活动中存在的问题，在西方国家并不突出②，因此，在西方国家的政治体系中，较少针对司法活动设计专门的监督机制。但在中国，由于缺乏特殊的司法伦理，相对于西方国家的情况而言，法官违法犯罪的情况并不鲜见③，法官还无法享有"监督豁免"的特权，因此，对司法活动的监督同样构成了一个迫切的时代课题。

以上三个方面表明，在当代中国的语境下，无论是立法活动、执法活动还是司法活动，都期待着给予更有效的监督。

三、走出刑事司法机关的"小天地"，走向法律监督机关的"大舞台"

不同类型的法律活动都期待着法律监督机关的监督。但是，在实践中，充当法律监督机关的检察院，却没有全面地履行法律监督机关的宪法职责。尽管检察机关在当前的努力方向是"强化法律监督"，但是，检察机关实际履行的职能，却主要是刑事司法：对部分刑事案件的侦查、对多数刑事案件的起诉与批捕，以及对监狱、看守所的监督，当然也包括对民事、行政判决的监督，等等。

在实践中，检察机关最看重的"主业"，包括侦查贪贿、渎职刑事案件，公诉，批捕，对民事、行政案件的监督，对监狱与看守所的监督，等等。通过这样的业务范围，我们可以发现，检察机关实际从事的监督工作，主要是针对法院的审判活动、公安机关的刑事侦查活动以及监狱与看守所的活动而展开，这些都属于法律监督，但基本上都局限于对刑事司法活动的监督。显然，这是一个比较狭窄的领域。对部分刑事案件的侦查当然也有法律监督的性质，但基本上限于对官员个人贪贿、渎职犯罪行为的监督。对贪贿、渎职行为的侦查与惩罚有助于打击某些"问题官员"，但很难从根本上形成廉洁的政治体制。事实也是如此，多年来，尽管查处了众多的贪贿官员、渎职官员，但是，官员贪贿与懈怠的趋势并未得到根本性的扭转。

检察机关的实际职能主要局限于刑事司法领域，这就极大地缩小了法律监督机关的内涵，同时还导致了这样的后果：检察机关作为法律监督机关，已有名不副实的嫌疑。更加值得注意的是：宪法已经设置了一个专门

---

① 参见喻中：《权力制约的中国语境》，济南，山东人民出版社，2007，第 235 页。
② 参见［美］弗里德曼：《法治、现代化和司法》，载《北大法律评论》，第 1 卷第 1 辑，北京，法律出版社，1998，第 306 页。
③ 参见喻中：《二十年来中国法官违法犯罪问题的分析》，载《当代中国研究》，2004（1）。

的法律监督机关，但是，这个机关并未按照宪法的规定，全面地履行"法律监督"的职能。换言之，虽然作为刑事司法机构的检察院始终在场，但是，作为法律监督机关的检察院，在实践中却处于缺位的状况。这种状况，导致了立法活动、执法活动甚至司法活动都没有得到有效的监督。

因此，为了落实《宪法》第 129 条的规定，为了对法律活动进行全面的、有效的监督，建议主权者通过一次政治上的决断，促成当代中国的检察机关走出单一的刑事司法机关的"小天地"，回归宪法所规定的法律监督机关的"大舞台"。这种角色的回归，既把纸面上的宪法变成了现实，同时还兼具历史意义与现实意义。

从中国的政治传统来看，秦汉时期开始建立的御史制度，其目的就在于纠察、弹劾各级官吏。到了唐朝，御史制度得到了完善，在御史台下分设不同的机构（台院、殿院和察院），掌管对中央官员、地方官员的监督。到了宋代，御史台的监督权力进一步扩大。明清时期的都察院，又继承和发展了古老的御史制度。在当代中国，作为法律监督机关的检察院制度，其实就是传统中国的御史制度的延伸。如果说，传统中国的御史相当于君主的眼睛，其目标是替君主监督百官，那么，在当代中国，检察院就相当于人民的眼睛或主权者的眼睛，代表人民或主权者，监督各种各样的法律活动。

从中国的政治现实与法律现实来看，确实也需要一个独立的、能动的法律监督机关。通过这个机关，至少可以满足以下三个方面的现实需要：

首先，可以监督各级行政机关是否履行了宪法和法律规定的职责。检察院在监督行政机关的过程中，应当把重心放在各级行政机关的履职状况上。譬如，某个地方发生了地震，区县政府、地市政府以及省级政府是否积极主动地履行了救灾的职责，就是一个值得监督的重要内容。在当前的政治现实中，如果没有中央政府的督促，一些地方政府就没有足够的动力去积极地履行自己的职责。但是，中央政府尤其是中央政府的领导人又不可能长期蹲在某个地方充当一个专职的"督促者"。在这种情况下，有一个积极主动的检察机关，就可以代表主权者（人民），履行监视、督促的功能。各级行政机关在检察机关的监督下，至少会增强履行法定职责的动力和压力。

其次，可以抑制形形色色的"部门立法"，有助于阻击"部门利益法律化"日益泛滥的趋势。按照现行的宪政体制，检察院无权对全国人大及其常委会的立法活动进行监督，因此，检察院在监督立法活动的过程中，重心在于监督各级政府的行政立法、地方人大制定的地方性法规以及其他规范性文件。这些法律文件是否符合公共利益，是否体现了国家利益与个体利益之间的平衡,是否带有强烈的部门利益倾向,诸如此类的问题,都应当纳入检察机关的监督范围中。

最后,可以监督司法机关的履职情况。监督的重心包括:司法机关应当受理的案件却不予受理("不作为"),应当及时了结的案件却久拖不决(迟到的正义就不是正义),以及其他各种不法或违规现象。

以上三个方面,既体现了法律监督的功能,其实也勾画了检察机关的未来,勾画了检察机关作为法律监督机关应当承担的宪法责任。

四、法律监督机关能否充当中国政治体系中的"平衡器"

让检察院走出刑事司法机关的"小天地",回归法律监督机关的"大舞台",还有可能潜在而深远地影响当代中国的政治体系、法权体系。因为,一个全面的、完整的法律监督机关,有可能成为中国政治体系、法权体系中的一个支点、一个"平衡器"。

蔡定剑在讨论美国最高法院的时候讲道:"对美国最高法院的作用,用一个不很恰当的比喻,美国政府的国家权力就好比是跷跷板,国会在一头,总统在另一头;联邦政府在一头,州政府在另一头;政府在一头,公民在另一头。联邦最高法院在这正中间,它拿着司法审查大棒的砝码,在维系着各方的平衡,当一方的权力过重,破坏这个平衡时,它立即把砝码投向另一边,以保持平衡。当然这个平衡是动态的平衡。可见,联邦最高法院在玩这个跷跷板的游戏中起着多么重要的作用!"[①] 按照这种描述,美国最高法院的关键作用,就在于它充当了美国政治体系中的支点与"平衡器"。虽然它一不掌握"枪杆子",二不掌握"钱袋子",但是,它却以司法审查的名义,为美国的政治秩序提供了有效的保障。

美国最高法院的作用,就在于协调、平衡各种国家机构之间的关系。这样的机构,对于任何国家的政治体系来说,都是不可缺少的。尤其是在国家政治处于某种危机的情况下,这种政治"平衡器"有助于使国家走出泥淖、恢复秩序。既然如此,那么,在当代中国的政治体系中,哪个机构能够具有美国最高法院的这种政治"平衡器"的功能呢?答案是,也许只有作为法律监督机关的检察院,才可能承担起这样的使命。

一方面,检察院是宪法直接认定的法律监督机关。从理论上说,它既可以监督行政活动与司法活动,还可以监督某些立法行为。这三个方面的监督,都会涉及中央与地方的关系、行政与司法的关系、政权与民权的关

---

① 蔡定剑:《美国联邦最高法院与司法审查透视》,载《外国法译评》,1998(3)。

系。这样的法律监督权,实际上是一种弹性的、空间很大的政治权力。通过检察院的法律监督,有可能像美国最高法院所起的作用那样,促进国家政治秩序的良性发展。

另一方面,其他国家机关都难以承担这种"平衡器"的角色。第一,行政机关没有这样的功能。上下级行政机关之间,只有指令与服从的隶属关系;相对于人大,它是执行者;相对于法院与检察院,它也没有干预的权力。因此,行政机关不可能履行这种协调者、"平衡器"的功能。第二,虽然美国的最高法院承担了这种协调者的角色,但中国的法院不具有这样的职能。因为,中国法院的主要职能是刑事判断、民事审判、行政审判。这样的审判业务并不会直接触及国家的政治体系。行政诉讼虽然起到了"监督行政"的功能,但是,在"法院隶属于地方"的体制下,通过行政诉讼的方式监督行政的功能,坦率地说,几乎没有得到有效的发挥。在行政机关"不作为"与"乱作为"面前,法院主持的行政诉讼并未产生应有的矫正效果。第三,人大及其常委会作为人民主权的载体与象征,虽然为行政权、司法权、法律监督权的合法性提供了依据,履行着立法、人事任免、决定重大事项以及监督职能,但是,由于人大高踞于政府、法院、检察院之上,人大基于与后三者的关系,难免抱有某种"父爱主义"的情结与倾向。此外,某个地方的人大与政府、法院、检察院之间,实际是一个地方政权内部的关系,它们之间在利益上具有一致性,它们共同所具有的"地方性"特征将会妨碍人大对于后三者的监督效果。在这样的情势下,检察机关作为专门的法律监督机关,由它来履行监督、协调、平衡的职能,也许是一个更优的选择。

此外,从检察机关的运行体制来看,按照《宪法》第132条第2款的规定,上下级检察机关之间的关系,是领导与被领导的关系。这种关系的实质,是把检察系统凝聚成为一个整体。如果把目前的"双重领导体制"改为"中央直管",那么,将会更加有助于发挥检察机关在政治协调中的作用。

五、小结

我们呼唤一个完整的法律监督机关,以全面落实《宪法》第129条的规定。对此,也许有人会提出质疑,这种"大检察""大监督"的法律监督机关,是否会冲击我国的人民代表大会制度?笔者认为,这种担心是不必要的,也是没有根据的。原因在于:检察机关的法律监督尽管涉及的范围较为广泛,却仍然是在全国人大及其常委会之下展开的,其实质是经全国人大的授权,部分代行了全国人大及其常委会的监督权。反过来看,如果全国人大不把这种监督权授予检察机关,那么,这部分国家权力就流失了。再说,检察机关的法律监督权尽管有所扩张,但仍然会受到全国人大及其常委会的约束,不至于无限膨胀、没有节制。从这个层面上说,从制度上实现《宪法》第129条规定的法律监督职能,仍然是在人民代表大会制度之下所作的政治建设。

也许还有人提出质疑:这种思路是否过于脱离现实?是否属于不切实际的空谈?对此,笔者愿引证一位学者的话来回答:"对事物持一种现实主义的看法是一种美德,但如果'太现实'了,从而沦为现实的囚徒,就有必要重温海德格尔在《存在与时间》中的名言:'可能性高于现实性'。"①

---

① 王治河:《后现代哲学思潮研究》(增订本),北京,北京大学出版社,2006,"增订本序言",第3~4页。关于海德格尔的这句名言,在新的译本中被译成"比现实性更高的是可能性"。([德]海德格尔:《存在与时间》,陈嘉映、王庆杰合译,北京,三联书店,2006,第45页)。

第四章 历史变迁

第一节 宪法塑造的人的形象

研究"法律中的人",以及,研究"法律中的人"的变迁,并不是一个全新的课题,更不是一片无人涉足的"处女地"。譬如,当代中国已有学者注意到,在现代社会中,法律关于人的观念,呈现出从"抽象人"到"具体人"、从"原子化的人"到"团体化的人"的转变过程。[①] 在日本,星野英一的《私法中的人》一文,比较了近代民法中的人与现代民法中的人。按照星野英一的看法,从近代民法向现代民法的转变,"在其背后则是从理性的、意思表示强而智的人向弱而愚的人的转变"[②]。换言之,在近代民法中,人的形象都是"强而智的";在现代民法中,人都退化成为了"弱而愚的人"。在德国,拉德布鲁赫于1927年在海德堡大学所作的教授就职演讲,题目就叫《法律中的人》。在这篇文献中,拉德布鲁赫认为:"对于一个法律时代的风格而言,重要的莫过于对人的看法,它决定着法律的方向。"[③] 拉德布鲁赫的意思是,在历史过程中,只要关于人的设定或想象发生了变化,法律也会随之发生变化。对于这种规律,福柯在《规训与惩罚》一书中,已经作出了深刻而细致的描绘:1757年,法国社会关于人的想象,主要是"肉体的人",因而法律对于试图谋杀国王的达米安,就必须施以酷刑,其目的在于惩罚谋杀者的肉体;80年以后,按照

---

① 参见朱晓喆:《社会法中的人》,载《法学》,2002(8)。
② [日]星野英一:《私法上的人》,王闯译,北京,中国法制出版社,2004,第50页。
③ [德]拉德布鲁赫:《法律智慧警句集》,舒国滢译,北京,中国法制出版社,2001,第141页。

"巴黎少年犯监管所"的规章,犯人的作息时间被严格而详尽地规定下来,法律惩罚犯人的方式由此发生了根本性的转变:以严密的作息时间表来规训犯人——在这种转变的背后,是法国社会关于人的想象发生了根本的变化,人主要不是"肉体的人",而是"精神的人",因此,惩罚就转而针对犯人的精神与灵魂。①

以上概述表明,"法律上的人"已经受到了研究者的关注。在不同的研究领域,都已经积累了若干针对"法律上的人"的研究文献。② 然而,与此同时,我们也可以发现,在法学理论界,关于宪法所规定的人,尚未得到全面而系统的揭示;专门针对"宪法中的人"的研究,还是一个薄弱的环节。有鉴于此,我们试图在已有文献的基础上,就"宪法中的人"这个主题,作出初步的探索:通过探寻宪法规定的人的形象的变迁,揭示宪法变迁的一个维度,阐释宪法变迁的某些规律;以中西宪法所规定的人的形象为基础,比较中西宪法各自的精神实质。由此形成了下面的基本框架:首先叙述西方宪法规定的人的形象,接着叙述中国宪法规定的人的形象,最后是结论及延伸性讨论。

一、西方宪法描述的人的形象

西方宪法的源头在哪里?作为一个见仁见智的问题,它的答案取决于如何定义"宪法"。如果把"宪法"理解为有关国家体制的安排,那么,任何时代、任何国家都有宪法。如果按照法国《人权宣言》第16条的规定——"凡权利无保障和分权未确立的社会,就没有宪法",那么,当代世界很多国家都没有宪法。不过,如果尊重梁启超在《各国宪法异同论》一文中的看法——"宪政之始祖者,英国是也。英人于700年前,已由专制之政体,渐变为立宪之政体"③,那么,人类历史上的第一部宪法性文件,就应当追溯至1215年6月15日颁布的《自由大宪章》。它既是英国走向宪政的主要标志,也可以作为人类立宪史的源头。因此,探讨西方宪法规定的人的形象,不妨以这篇文献作为起点。

第一,13世纪宪法文件中的人。

13世纪的《自由大宪章》的序言,是英格兰国王"致意于诸大主教、

---

① 参见[法]福柯:《规训与惩罚》,刘北成、杨远婴译,北京,三联书店,1999,第1~7页。
② 譬如,从人权的角度看法律中的人的形象,详见郭春镇:《法律中"人"的形象变迁与"人权条款"之功能》,载《学术月刊》,2010(3)。
③ 《梁启超全集》,北京,北京出版社,1999,第318页。

主教、长老、伯爵、男爵、法官、虞人、郡长、村长、差人、执行吏及忠顺之人民而诏告之曰：……"

这样的修辞与表达，已经揭示出自由大宪章所设定的人的形象："身份的人"。在《自由大宪章》的词句中，任何人都不是抽象的人或一般的人，更不是平等的人，而是身份各异、等级参差的人。其中，国王不同于大主教，大主教不同于主教，主教不同于长老，长老不同于伯爵，伯爵不同于男爵。诸如此类的身份差异，在自由大宪章的开篇，就得到了直观的展示，甚至是浓墨重彩的强调。这就表明，在《自由大宪章》中，一个人与另一个人之间的身份上的不同，是一个非常重要的宪法原则。

再看《自由大宪章》的第 1 条："开宗明义第一，根据本宪章，英国教会应予自由，其权利仍旧不动，其自由权不得侵犯。英国教会所认为最重要及最必需之选举自由权，在朕与诸男爵发生不睦前，已由朕自由颁赐，凡此诏彰事实，本宪章及经请得教皇英诺森三世之同意者，兹一并认可之。"这个条款，直接确认了教会僧侣的特权。

《自由大宪章》的第 2 条和第 3 条，规定了"任何伯爵、男爵或武士身故时"的财产继承问题："其继承人已达成年且欠有采地继承税者，应以缴纳旧有之采地继承税而享有其遗产。伯爵之继承人应缴一百磅，男爵之继承人亦缴一百磅，武士之继承人则缴一百先令。"这样的财产继承规则，仅仅适用于特定的主体：伯爵、男爵、武士。这就意味着，其他身份的人不能适用这样的继承规则。而且，在采地继承税的缴纳问题上，伯爵与男爵是一个标准，武士适用另一个标准。可见，在财产继承问题上，不同身份的人对应于不同的权利与义务。

再看《自由大宪章》第 11 条的规定："凡对犹太人欠有债务者亡故时，其妻应享有其寡妇财产，无须偿还该项债务。"按照这样的规定，当犹太人作为债权人时，显然处于被歧视的地位。除此之外，《自由大宪章》的第 20 条、第 21 条、第 22 条还分别规定了自由民犯罪、伯爵与男爵犯罪、牧师犯罪的不同法律后果。它表明，不同的身份对应于不同的刑事责任。

《自由大宪章》总计 63 个条款，其中的多数条款都规定了特定的调整对象，不同身份的人在享受权利、承担义务上，存在着明显的区别。由此，我们可以得出这样的结论，自由大宪章所规定的人，并非同质化的一般人，而是身份化、等级化的人；自由大宪章所规定的人的形象，具有强烈的身份属性，为了便于归纳和对照，不妨称之为"身份的人"。

对于这种"身份的人"，英国法律史家梅因在《古代法》一书中已经给予了揭示。他说:"在'人法'中所提到的一切形式的'身份'都起源于古代属于'家族'所有的权力和特权,并且在某种程度上,到现在仍然带有这种色彩。"①《自由大宪章》对于人的身份和血统的强调,尤其是对于贵族爵位的重视,渊源于古老的家族传统。从这个意义上看,自由大宪章既是英国宪法的起点,但同时也带有浓厚的古代法的特征。

第二,近代西方宪法中的人。

按照某种通行的标准,近代西方宪法主要是指17、18世纪制定出来的宪法性文件。这些宪法主要是资本主义革命的产物,其中的代表性文件有英国的《人身保护法》,美国的《独立宣言》和《1787年宪法》,以及法国的《人权宣言》,等等。在这些宪法性文件中,又规定了什么样的人的形象呢?

先看英国宪法。1679年,英国颁布了《人身保护法》。在它的序言部分,阐述了立宪者制定这部宪法的根本意图:"为使人民自由之保障更为妥善并取缔海外之监禁,爰立本法"。更具体的缘由是:"查各郡官、典狱官及其他官吏,关于其执行职务所羁押之刑事犯及刑事嫌疑犯,每奉人身保护令状,往往延搁不复,虽经三令五申,仍有借故推诿命令者,殊属违反职责,有干国法。按在押人犯,其中颇多应予交保释放。如此枉法监禁,实使人民蒙其重累。兹为杜绝此种弊窦,并与现在及将来之刑事犯与刑事嫌疑犯为迅速救济起见,制定本律如下。"这段序文,就像当代中国的"立法草案的说明"一样,有效地解释了《人身保护法》的立法背景与主要目标:保护刑事犯及刑事嫌疑犯的正当权益。为了实现这个目标,在接下来的正文部分中,还详细地规定了"各郡官、典狱官或其他官吏"的法律义务。譬如,其中的第4条就规定:"各官吏,或其属员,或管狱员,或助理员,延误或拒绝具覆者,或在上列规定各期间内不依令状之规定解送在押人犯者,或经羁押之被告本人或他人请求抄发押票或拘留状而不于六小时内依本律规定抄给者,其主管狱官应科予第一次应处罚金一百镑充给各该被告或被害人。再犯时应处罚金二百镑,并褫夺其任职及执行职务之权。"诸如此类的条款,几乎都是对刑事司法人员"应当怎样""必须怎样"作出的规定。按照这些规定,《人身保护法》描述的人的形象大致可以分为两类:刑事司法人员与刑事(嫌疑)犯。它通过对刑事司法人员的约束,为刑事犯或刑事嫌疑犯的权利,提供了保护。

与13世纪的《自由大宪章》相比,17世纪的《人身保护法》所规定

---

① [英]梅因:《古代法》,沈景一译,北京,商务印书馆,1997,第97页。

的人的形象已经发生了一个根本性的变化：人的血统，以及因血统而产生的身份消失了。在《人身保护法》中，我们看不到主教、伯爵、男爵、武士等不同身份之间的差异；它对于"人身"的"保护"，也不因血缘或身份的不同而给予区别化的对待。在《人身保护法》的世界里，只有人民的自由，只有刑事犯或刑事嫌疑犯的权利。至于刑事犯的其他身份（是不是主教，是不是伯爵之类），已彻底被淡化。概而言之，《人身保护法》已经把人的形象概括为：一般的刑事犯。但他们是"人民"，尽管是犯了罪或有犯罪嫌疑的"人民"，但他们的人身权利依然要给予普遍的、同等的保护。

10年之后的1689年，英国又颁布了一部《权利法案》，这部宪法性文件的第一句话就直接表明"本法宣布人民之权利与自由"。这些权利与自由包括：人民可以请愿，可以在法律许可的范围内备有军器，可以选举国会议员，享有言论自由、财产权利，等等。这部宪法中的人，始终拥有一个共同的名字，那就是"人民"。由此，抽象的、普遍的、平等的、自由的"人民"，逐渐成为英国近代宪法所规定的人的形象。

再看美国宪法。在近代宪法史上，美国宪法占据了重要的地位，也产生了较大的影响。第一个值得注意的美国宪法性文件，是1776年7月4日通过的《独立宣言》。在这份宪法性文件中，记载了一些流传广泛的名言，譬如，"我们认为这些真理是不言而喻的：人人生而平等，他们都从他们的'造物主'那边被赋予了某些不可转让的权利，其中包括生命权、自由权和追求幸福的权利。为了保障这些权利，所以才在人们中间成立政府。"这段文字描写的人的形象一目了然，那就是"平等自由的人"：每个人生而平等，每个人都享有共同的权利与自由，每个人的权利都是不可转让的；成立政府的目的，就在于保障这些"平等自由的人"享有的平等权利。

在1787年的联邦宪法中，这种"平等自由的人"还获得了更加丰富的内涵。正如宪法序言所说："我们美国人民，为着建立一个更完美的合众国、树立正义、保证国内治安、筹设国防、增进全民福利并谋吾人及子子孙孙永享自由的幸福起见，特制定美利坚合众国宪法如下：……"在这段话中，既重申了英国《权利法案》关于"人民"的设定，以及《独立宣言》关于"平等自由的人"的规定，同时还为宪法中的人增加了一种新的角色，那就是"立约人"。揣摩《1787年宪法》序言，可以发现，宪法的正文，实际上是"我们美国人民"为了实现众多的目标，特意达成的一份契约。在这个过程中，"我们美国人民"实际上充当了一种"立约人"的角色。这样的立约人形象，进一步支持了"平等自由的人"的规定。因为，只有平等的人，才可能相互协商达成契约。在不同等级的人之间，既不便于统称为"我们",也不便于相互协商或达成契约。

在《1787年宪法》的正文中,"人民"还转化成了平等的"选举人"以及平等的"合众国国民"[①]。在美国宪法修正案的前10条,即所谓的"权利法案"中,立宪者所想象的人,也是普遍而平等的"人民"或"被告人"。按照这10条修正案,他们享有各种各样的权利,譬如信仰自由、言论自由、免遭国家侵害的自由,等等。

"平等自由的人"不仅是近代英国宪法、美国宪法关于人的设定,也是1789年法国《人权宣言》的选择。这篇宣言直接确认了"人与公民"的权利,其中宣称:"人们生来是而且始终是自由平等的","任何政治结合的目的都在于保存人的自然的和不可动摇的权利。这些权利就是自由、财产、安全和反抗压迫","自由就是指有权从事一切无害于他人的行为"。按照这些规定,无论是作为"人"还是作为"公民",他们都是平等的,也是自由的。

通过考察17、18世纪3个主要资本主义国家的宪法,可以发现,这些宪法性文件关于人的规定有一个共同的特征,那就是"普遍的、平等的、自由的人":在英国的《人身保护法》与《权利法案》中,主要体现了人的普遍性与平等性;在美国的《独立宣言》与联邦宪法中,主要体现为"平等自由的立约人或选举人";在法国的《人权宣言》中,主要体现为"普遍而平等的自由人"。其中,在美国宪法强调的"立约人"与法国宪法强调的"自由人"之间,实际上是相通的:"立约"要求"立约人"必须首先是"自由人";而只有"自由人"才可能成为"立约"的主体。

第三,现代西方宪法中的人。

如果说13世纪的西方宪法把人规定为"身份的、血统的人",17、18世纪的西方宪法把人规定为"普遍的、平等的、自由的人",那么,在20世纪的西方宪法中,人的形象又是什么呢?

翻开1946年《法国宪法》,可以发现,它对于人的形象的规定又发生了一个明显的转变。虽然,"人民"的形象一如既往,且"重新宣告凡人无分种族、宗教、信仰,皆有不可侵损与神圣的权利,并再郑重确认一七八九年之人权宣告所赋予人类及公民之权利与自由"(序言),但是,在这部宪法的序言中,更值得注意的是这样一些新的规定:"保障妇女在各方面享有与男子同等之权利";"任何人皆得藉职工团体之行动维护其利益,

---

[①] 按照美国《1787年宪法》第1条第2款的规定,在计算选举的人口基数时,未被课税的印第安人不算。这就意味着美国宪法中的"选举人"还有一个前提,那就是纳税人。

并得加入其所选择之职工团体";"工人通过其代表,参加关于工作条件之集体决定及企业之管理";"国家对于个人及家庭,保障其发展之必要条件";"国家保证任何人,尤其是儿童、母亲及年老工人,有享有健康、物质安全、休息及娱乐之保障,凡因年龄、身心状态、或经济情况不能工作者,由共同体维护其生存之权利";"国家保证儿童及成年男女获得一般教育与职业教育及文化之均等机会,并应设立各级非宗教之义务教育机关"。诸如此类的规定,在后来的《1958年宪法》中再次得到了重申。

这些新的规定,为现代宪法中的人增添了新的角色。它们在"普遍、平等、自由的人"中间,有意突显一些特殊的形象:(1)与男子相对应的妇女,(2)职工团体中的人,(3)与企业相对应的工人,(4)与国家相对应的个人及家庭,(5)与国家相对应的儿童、母亲、年老工人,以及(6)应当受教育的儿童、成年男女,等等。法国《1946年宪法》所描述的这些新形象,在近代宪法中是看不见的。这些新形象尽管面目各异,甚至还有交叉与重叠,但通过归纳,还是可以发现这些新形象的共同特征:他们都属于"处于弱势而需要帮助的人",具体地说:(1)相对于男子,妇女是处于弱势而需要帮助的人,因而宪法规定:要保障妇女在各个方面享有与男子同等的权利。(2)相对于职工团体,个体是处于弱势而需要帮助的人,因而宪法规定:个体可以参加职工团体,借助团体的力量来维护自己的利益。(3)相对于企业,工人是处于弱势而需要帮助的人,因而宪法规定:工人可以通过其代表,维护其相关权利。(4)相对于国家,个人、家庭、儿童、母亲、年老工人、应当受教育的成年男女,都是处于弱势而需要帮助的人,因而宪法规定了国家对于他们的帮助义务。

与法国《1946年宪法》相类似的,还有意大利《1947年宪法》,它的第38条规定:"每个没有劳动能力和失去必需生活资料之公民,均有权获得社会之扶助和救济。一切劳动者,凡遇不幸、疾病、残废、年老和不由其作主的失业等情况时,均有权享受相当于其生活需要的规定措施和保障。"此外,《德意志联邦共和国1949年基本法》第6条也规定:"母亲有享受社会保护和救济的权利","法律必须保障私生子和婚生子都享有同等的权利,并关心其体力、智力和道德的发展。同时,应保障其社会地位"。由此可见,意大利、联邦德国的宪法同样描述了这种"处于弱势而需要帮助的人"。

现代宪法描述的这种"处于弱势而需要帮助的人",从表面上看,似乎也是"身份化的人",似乎在回归13世纪的宪法关于人的规定。正如亚伦1931年在《古代法》一书的"导言"中所说:"究竟有没有从契约到身份的相反运动发生过。我们可以完全肯定,这个由19世纪放任主义安放在'契约自由'这神圣语句的神盒内的个人绝对自决,到了今日已经有了很多的改变;现在,个人在社会中的地位,远较著作《古代法》的时候更广泛地受到特别团体尤其是职业团体的支配,而他的进入这些团体并非都出于他自己的自由选择。……也可能梅因这个著名原则,将会有一天被简单地认为只是社会史中的一个插曲。如果竟然是这样发生了,这究竟是标志着社会的进步还是退化,是一个非常适合于一个有思想的人仔细研究的问题"[1]。

笔者不属于亚伦所谓的"有思想的人",但也愿意就这个问题表达一孔之见。根据上文述及的历史,可以判断,亚伦所谓的"从契约到身份"的逆向运动,并没有发生。尽管现代宪法中出现了"处于弱势而需要帮助的人",他们以妇女、儿童、老人、工人等形象出现,但这并不意味着,现代宪法所规定的人,正在回归"身份的人"或"血统的人"。原因是:一方面,有些人也许受到了"职业团体的支配"或影响,但是,职业团体的根本使命,还是在于维护职业团体内部之个体的利益,并不在于支配或控制个体。譬如,妇联、工会、行业协会的核心价值,还是在于保护个体利益。另一方面,现代宪法中"处于弱势而需要帮助的人",并不是与特定血缘相联系的"身份的人",而是一种普遍的自然现象。譬如,妇女的存在,就是一种超血缘、超身份的自然现象;儿童与老人是任何人都要经历的自然生命阶段;工人既是社会分工的产物,也是工人自己择业的结果。可见,现代宪法共同描绘的这些"处于弱势而需要帮助的人",并非梅因所讲的"身份的人",也不是自由大宪章所规定的"身份的人"或"血统的人",而是现代宪法中新出现的"人"。

现代宪法尽管描绘了"处于弱势而需要帮助的人",但并未放弃"平等而自由的人"。这就意味着,现代宪法同时规定了两种形象。那么,值得追问的是:两种形象的关系是什么?笔者的回答是:普遍与特殊的关系。"平等而自由的人",是现代宪法中具有普遍性的"人";"处于弱势而需要帮助的人",是现代宪法中具有特殊性的"人"。现代宪法以前者作为底色、作为平台、作为背景,同时又给后者以醒目的地位。从这个角度上说,现代宪法中的人的形象是复合型的。

如何评说这种复合型的人的形象?尤其是,如何从理论上解释这种复合型的人的形象?要回答这个问题,罗尔斯的正义理论就值得注意了。在

---

[1] [英]梅因:《古代法》,沈景一译,北京,商务印书馆,1997,"导言",第18页。

罗尔斯看来，正义是社会制度的首要价值。要实现社会制度的正义，就应当坚持两种原则："第一个原则是：每个人对与所有人所拥有的最广泛平等的基本自由体系相容的类似自由体系都应有一种平等的原则。第二个原则：社会和经济的不平等应当这样安排，使它们：（1）在与正义的储存原则一致的情况下，适合于最少受惠者的最大利益；并且（2）依系于在机会公平平等的条件下职务和地位向所有人开放。"[1] 在阐述了这两个原则之后，罗尔斯还提出了两条优先原则：自由的优先性，正义对效率和福利的优先性。

罗尔斯强调的两条正义原则及两条优先原则，尽管比较抽象，但却恰好可以解释现代宪法所规定的两种形象。他的第一个原则强调平等自由，可以对应于现代宪法所描述的"平等而自由的人"；他的第二个原则强调有利于"最少受惠者"，可以对应于现代宪法所描述的"处于弱势而需要帮助的人"。可见，罗尔斯关于正义的社会制度的两条原则，分别针对着现代宪法所描述的两种形象。而且，他所说的第一条优先原则，旨在强调"平等而自由的人"是人类社会的基础、是人的形象的底色；这样的形象应当优先予以维护。他所说的第二条优先原则，旨在强调正义优于效率，希望在保证平等自由的前提下，强调要优先维护或增进"最少受惠者"的利益——对于现代宪法中的人来说，就是要注意维护、增进"处于弱势而需要帮助的人"的利益。从这个角度上看，现代宪法关于两种复合型的人的形象的描述，恰好符合罗尔斯有关正义的社会制度的设想。

二、中国宪法描述的人的形象

中国的成文宪法移植于西方。从1908年的《钦定宪法大纲》至今，已经超过一个世纪了。百年以降，中国公布的宪法性文件数量较多，依照制定主体的不同，大致可以分为三种类型：清朝政府颁布的宪法、民国颁布的宪法、中国共产党主持制定的宪法。

1. 清末宪法中的人

清朝政府颁布的《钦定宪法大纲》，塑造了两种截然不同的人："君上"与"臣民"。因而，宪法的内容也分为两个部分：君上大权、臣民的权利与义务。关于"君上"，宪法的描述是："皇帝统治大清帝国，万世一系，永永尊戴"，"君上神圣尊严，不可侵犯"，等等。这样的"君上"形象，保留了中国传统的君主形象：世袭、神圣、"予一人"，且超越于所有人之上。传统中国的君主形象，借助于成文宪法的形式，被重新昭示于天

---

[1] ［美］罗尔斯：《正义论》，何怀宏等译，北京，中国社会科学出版社，1988，第302页。

下。换言之，血统化的、身份特殊的君主依然存在。

相比之下，臣民的形象，则焕然一新。按照《钦定宪法大纲》的描写："臣民于法律范围以内，所有言论、著作、出版，及集会结社等事，均准其自由"；"臣民非按照法律所定，不加以逮捕、监禁、处罚"，"臣民之财产及居住，无故不加侵扰"；"臣民按照法律所定，有纳税当兵之义务"；"臣民现完之赋税，非经新定法律更改，悉仍照旧输纳"；等等。这样的臣民形象，虽然还是叫作"臣民"，但它与西方近代宪法所规定的人相比，已经很接近了：都享有广泛的政治自由与财产权利。而且，在独尊的"君上"之外，臣民之间还具有普遍的平等性。当然，与西方近代宪法中"平等而自由的人"相比，他们还戴着一顶"臣民"的帽子，还有一个超越于所有人之上的"君上"。从这个角度上看，《钦定宪法大纲》规定的人的形象，混合了西方近代宪法中的人与传统中国的人；既保留了传统中国人的某些特征（君主、臣民），也打上了近代西方人的若干印迹（政治自由、财产权利、义务法定、处罚法定，等等）。

2. 民国宪法中的人

在时间上，中华民国的宪法史可以分为两段。从辛亥革命到20世纪20年代末期，为第一段。国家在形式上没有实现统一，军阀割据成为常态。其间，虽然宪法更新的频率较快，但是，在将近二十年的时间里，先后颁布的几部宪法关于人的形象的规定，大体上都是一致的：都是"平等而自由的人"。请看1912年《临时约法》第二章的规定：人民一律平等，无种族、阶级、宗教之区别；身体非依法律，不得逮捕、拘禁、审问、处罚；家宅非依法律不得侵入或搜索；有保有财产及营业之自由；有言论、著作、刊行及集会、结社、书信秘密、居住迁徙、信教之自由；有申诉、选举、应任官考试的权利；等等。这些规定，在1914年约法、1923年宪法中几乎被全部复制下来了。换言之，这个阶段的宪法描绘的人，与西方近代宪法规定的人，几乎完全一致：没有君主，只有"平等而自由的人"。

1928年以后，随着张学良的"东北易帜"，国家在形式上实现了统一，中华民国的宪法进入了第二个阶段。在20世纪三四十年代，国民政府颁布的宪法主要有1931年的《训政时期约法》，以及1946年宪法。这两部宪法规定的人的形象，类似于西方现代宪法规定的复合型的人的形象：既有"平等而自由的人"，也有"处于弱势而需要帮助的人"。对于前一种形象，这两部宪法均沿袭了1912年《临时约法》的描述。对于后一种形象，1931年约法、1946年宪法作出了新的规定。其中，1931年约法之第41条规定，"为改良劳工生活状况，国家应实施保护劳工法规。妇女儿童从事劳动者，应按其年龄及身体状态，施以特别之保护"；第 42 条规定，"为预防及救济因伤病废老而不能劳动之农民工人等，国家应施行劳动保险制度"。与之相类似，1946 年宪法之第 15 条规定，"人民之生存权、工作权及财产权，应予保障"；第 153 条规定，"国家为改良劳工及农民之生活，增进其生产技能，应制定保护劳工及农民之法律，实施保护劳工及农民之政策。妇女儿童从事劳动者，应按其年龄及身体状态，予以特别之保护"；第 155 条规定，"国家为谋社会福利，应实施社会保险制度。人民之老弱残废、无力生活以及受非常灾害者，国家应予以适当之扶助与救济"；第 156 条规定，"国家为奠定民族生存发展之基础，应保护母性，并实施妇女儿童福利政策"。按照这些规定，劳工、妇女、儿童、老弱残废者、受害者都属于"处于弱势而需要帮助的人"。

在民国时期的前后两段，时间跨度不过三十多年，宪法中的人却发生了一个较大的转变。西方宪法在三百多年里实现的人的形象转换，中国宪法在三十多年里就完成了。原因何在？显然不能归因于中国宪法的"后发优势"。毋宁说，民国前期的中国宪法，在军阀政治的背景下，其基本功能甚至唯一的功能，就在于为执政的军阀提供正当性依据。制定一部宪法，尤其是一部以"平等与自由"为旗号的宪法，就可以把一介武夫打扮成为金光灿灿的民国总统。在宪法的装饰功能（政治晚礼服的功能）压倒一切的情况下，宪法的制定者只想描绘"平等而自由的人"。因为，正如上文所述，"平等而自由的人"乃是西方近代宪法关于人的唯一想象；即使在西方现代宪法中，也是人的形象的基本底色。军阀们希望借助这样的形象，来确立自己作为"民国总统"的正当地位。军阀们的逻辑可以表达为：自己是经过"平等而自由的人"选举出来的总统，因而是名正言顺的民主国家的现代总统，绝不是已经倒掉了的封建皇帝。

但是，到了 20 世纪三四十年代，情况有所变化。民国从形式上实现了国家的统一，当政者面临着双重任务：既要维护自己的政治合法性，同时也要按照孙中山的建国纲领来履行"建国"职能。在这种背景下，20 世纪三四十年代的民国宪法，既塑造了"平等而自由的人"，以之宣扬那个时代的普世价值，同时也塑造了"处于弱势而需要帮助的人"，以之满足建设与治理的需要。尤其值得注意的是，在 1946 年民国宪法制定、颁布的同一年，法国也诞生了一部宪法。这两部宪法规定的人的形象都是一样的：既有"平等而自由的人"，也有"处于弱势而需要帮助的人"。

3. 中国共产党主持制定的宪法中的人

相对于清末及民国的宪法，中国共产党主持制定的宪法构成了一个相对独立的板块。有必要按照时间的顺序,依次考察这些宪法所塑造的人。

(1) 井冈山时期宪法中的人。

在中国共产党的立宪史上,1931年制定、1934年修订的《中华苏维埃共和国宪法大纲》,可以视为一个起点。这部宪法性文件的第2条写道:"中华苏维埃所建设的,是工人和农民的民主专政国家。苏维埃政权是属于工人、农民、红色战士及一切劳苦民众的。在苏维埃政权下,所有工人、农民、红色战士及一切劳苦民众都有权选派代表掌握政权的管理。只有军阀、官僚、地主、豪绅、资本家、富农、僧侣及一切剥削人的人和反革命分子是没有选举代表参加政权和政治上自由的权利的。"

根据这段文字,可以解读出这部宪法性文件所描绘的两种人:一是劳苦民众,二是剥削者与反革命分子。其中,劳苦民众享有政治权利与自由,代表了某种神圣的、正当的、积极的形象;剥削者与反革命分子没有政治权利与自由,代表了某种丑恶的、阴暗的、消极的形象。一方面,两大群体找不到共同的利益,劳苦民众只有通过排斥与压制对方,才能独享政治权利。另一方面,劳苦民众只有通过定义对方的形象,只有跟对方形成鲜明的对比,才能借以确认自己的形象,因为,劳苦民众所遭受的苦,都是剥削者和反革命分子造成的,因此,从逻辑上说,如果没有剥削者和反革命分子,就没有劳苦民众。可见,中国共产党主持制定的最早的宪法性文件,描述的形象是对抗性的两大群体:处于道义至高点的劳苦民众,处于道义至低点的剥削者与反革命分子。

1931年及1934年的苏维埃宪法大纲,之所以会规定这样的形象,根源于苏维埃政权的割据性质。当时,苏维埃政权处于国民党政权的军事压力之下,以农民、士兵为主体的政权必须解决的首要问题,就是区分敌我。正如《毛泽东选集》第一卷第一篇文章的第一句话所说的:"谁是我们的敌人?谁是我们的朋友?这个问题是革命的首要问题。中国过去一切革命斗争成效甚少,其基本原因就是因为不能团结真正的朋友,以攻击真正的敌人。"[1] 虽然,在毛泽东的著作中,这个"革命的首要问题"已经有了答案。但是,从宪法层面上回答这个问题,实际上是通过《中华苏维埃共和国宪法大纲》才完成的。这部宪法性文件通过德国学者施米特所谓的"划分敌友"[2],实现了它的根本性的政治使命:"团结真正的朋友,以攻击真正的敌人"——所有的劳苦民众,都是我们的朋友,都是自己

---

[1] 《毛泽东选集》,2版,第1卷,北京,人民出版社,1991,第3页。
[2] [德] 施米特:《政治的概念》,刘宗坤等译,上海,上海人民出版社,2004,第106页。

人；所有的剥削者和反革命分子，都是我们的敌人，都是异己分子。可见，宪法大纲关于两种人的形象的规定，是处于对抗状态下的割据政权的必然产物。

（2）延安时期宪法中的人。

在延安时期，具有宪法性质的文件有两个。第一个是 1941 年制定的《陕甘宁边区施政纲领》。其中的第 6 条规定："保证一切抗日人民（地主、资本家、农民、工人等）的人权，政权，财权及言论、出版、集会、结社、信仰、居住、迁徙之自由权。除司法系统及公安机关依法执行其职务外，任何机关、部队、团体不得对任何人加以逮捕、审问或处罚，而人民则有用无论何种方式控告任何公务人员非法行为之权利。"据此规定，施政纲领塑造出来的人就是"抗日人民"。所谓"抗日人民"，既包括地主、资本家，也包括农民、工人。只要愿意抗日，都属于"抗日人民"的范围。这样的形象，根源于对日本侵略者的态度。那些充当汉奸的中国人，无论属于哪个阶层，都不能归属于"抗日人民"这个群体。按照这种新的形象，《中华苏维埃共和国宪法大纲》塑造出来的相互对立的劳苦民众形象与剥削者形象，已经荡然无存，至少也是无足轻重。取而代之的新形象，则是"抗日人民"。为什么宪法塑造的形象发生了这么大的变化？原因就在于，1941 年正是抗战过程中最困难的阶段。虽然，宪法必须解决的敌友划分问题依然存在，但是，"敌人"的内涵已经发生了戏剧性的变化：从以前的剥削者、反革命分子，变成了日本侵略者。套用习惯性的说法，则是民族矛盾压倒了阶级矛盾。在新的敌人面前，旧的敌人变成了朋友。

延安时期另一个宪法性文件是 1946 年制定的《陕甘宁边区宪法原则》。这部宪法性文件塑造了一个没有修饰词的"人民"形象，并为"人民"授予了一系列的权利：1）人民为行使政治上各项自由权利，应受到政府的诱导与物质帮助。2）人民有免于经济上偏枯与贫困的权利。保证方法为，减租减息与交租交息，改善工人生活与提高劳动效率，大量发展经济建设，救济灾荒，抚养老弱贫困等。3）人民有免于愚昧及不健康的权利。保证方法为免费的国民教育、免费的高等教育，优等生受到优待，普施为人民服务的社会教育，发展卫生教育与医药设备。4）人民有武装自卫的权利。办法为自卫军、民兵等。5）边区人民不分民族，一律平等。6）妇女除有男子平等权利外，还应照顾妇女之特殊利益。此外，该宪法原则还要求普及并提高一般人民之文化水准，从速消灭文盲，减少疾病与死亡现象，等等。根据这些规定，我们看到的形象是："愚弱而平等的人"。为什么是"愚弱的人"？原因就在于，"人民"行使政治权利需要政府的帮助，"人民"为经济偏枯与贫困所困扰，"人民"为愚昧及不健康所苦，"人民"易患疾病，还有很多"人民"是文盲，等等。当然，愚而弱的"人民"是平等的，平等主要体现在民族平等、男女平等。

(3)《共同纲领》中的人。

1949年，在新政权宣告成立的前夕，颁布了一部具有宪法性质的《共同纲领》。这部宪法性文件塑造的基本形象是"强大而有力的人民"。请看《共同纲领》序言中的刻画："中国人民由被压迫的地位变成为新社会新国家的主人，而以人民民主专政的共和国代替那封建买办法西斯专政的国民党反动统治。中国人民民主专政是中国工人阶级、农民阶级、小资产阶级、民族资产阶级及其他爱国民主分子的人民民主统一战线的政权，而以工农联盟为基础，以工人阶级为领导。"再看正文第4条规定，"中华人民共和国人民依法有选举权和被选举权"；第5条规定，"中华人民共和国人民有思想、言论、出版、集会、结社、通讯、人身、居住、迁徙、宗教信仰及示威游行的自由权"；第6条规定，"中华人民共和国废除束缚妇女的封建制度。妇女在政治的、经济的、文化教育的、社会的生活各方面，均有与男子平等的权利，实行男女婚姻自由"。

通过这些文字，我们发现：人民是新社会的主人，也是新国家的主人；既是胜利者，也是国民党反动派的取代者；不仅人民中的男子强大而有力，而且妇女也强大而有力……可见，《共同纲领》塑造了一个新的形象：强大而有力的人民。当然，还应当提及的是，在强大人民的旁边，还有一个失败者的形象：反动分子。请看第7条的规定："中华人民共和国必须镇压一切反革命活动，严厉惩罚一切勾结帝国主义、背叛祖国、反对人民民主事业的国民党反革命战争罪犯和其他怙恶不悛的反革命首要分子。对于一般的反动分子、封建地主、官僚资本家，在解除其武装、消灭其特殊势力后，仍须依法在必要时期内剥夺他们的政治权利，但同时给以生活出路，并强迫他们在劳动中改造自己，成为新人。假如他们继续进行反革命活动，必须予以严厉的制裁。"按照这条规定，"反动分子"并非一模一样，而是包含了多种类型：1)必须镇压的反动分子，其中包括国民党反革命战争罪犯、其他反革命首要分子；2)可以改造的一般反动分子：剥夺他们的政治权利，强迫劳动改造，使之成为新人。3)无法改造的一般反动分子：如果他们继续进行反革命活动，则予以严厉的制裁。在反动分子群体中，尽管存在以上三种情况，但他们都属于失败了的反动分子。可见，1949年《共同纲领》塑造的人是极其不对称的两类：胜利了的"人民"强大而有力，失败了的"反动分子"要么驯服要么消失。《共同纲领》塑造出来的这两种形象，实际上是对战争结束以后胜负双方的真实记录。

（4）1954年宪法中的人。

与《共同纲领》描述的人的形象相比，1954年宪法规定的形象同中有异。就"相同"的一面而言，胜利的人民形象与失败的反动分子形象依然保留。这是1954年宪法规定的人的整体图景。

就"相异"的一面而言：1）由于战争的硝烟逐渐消散，人民"强大而有力"的威猛形象有所淡化，或者说，不像1949年那样鲜明了。取而代之的人民形象是：由各个平等的民族汇聚而成；他们以民主的方式掌握国家政权，形成了人民民主专政。2）反动分子的范围进一步多元化，其中，既有各民族内部的人民公敌、反革命分子、卖国贼，还有封建地主和官僚资本家。对于前者，一般是镇压和惩办；对于后者，是依法在一定时期内剥夺政治权利，同时使他们在劳动改造中成为自食其力的公民。3）增加了"公民"的形象。当然，"公民"并不是独立于人民与反动分子之外的第三种人，而是人民与反动分子转化之后形成的。对于"人民"而言，只要他一转身，就自动具有了公民的形象。然而，对于"反动分子"而言，情况就比较复杂了：有些反动分子，会被镇压，自始至终，没有转化成为"公民"的机会，但也有一些反动分子，譬如封建地主、官僚资本家，经过改造，有可能转化成为"公民"。由此，我们发现，"公民"是"人民"与部分改造好了的"反动分子"汇合之后形成的一种新形象。这种新形象的诞生，满足了常规社会的需要。4）增加了"劳动者"的形象。请看1954年宪法第92条的规定："中华人民共和国劳动者有休息的权利。国家规定工人和职员的工作时间和休假制度，逐步扩充劳动者休息和休养的物质条件，以保证劳动者享受这种权利。"第93条又规定："中华人民共和国劳动者在年老、疾病或者丧失劳动能力的时候，有获得物质帮助的权利。国家举办社会保险、社会救济和群众卫生事业，并且逐步扩大这些设施，以保证劳动者享受这种权利。"这些"劳动者"的形象是由"公民"派生出来，因为第91条规定了"公民有劳动的权利"，处于劳动状态下的"公民"，就是"劳动者"。换言之，"劳动者"描述了"公民"形象的一个侧面；除了"劳动者"的形象，"公民"还可以在政治活动中成为"选举者"或"被选举者"，等等。

以上四个方面表明，1954年宪法规定的人是多维的、立体的、交错的。其中，胜利的"人民"形象、失败的"反动分子"形象，根源于1949年之前的战争及其结果；至于"公民"形象、"劳动者"形象，则反映了常规社会对于人的形象的期待。

（5）1975 年宪法中的人。

1975 年宪法包含一个序言和 30 条正文，比较简略，在宪法史上获得的评价也较低，似乎不值一提。但是，它在人的形象的塑造方面，照样留下了自己的印迹。

先看序言中的叙述："二十多年来，我国各族人民在中国共产党领导下，乘胜前进，取得了社会主义革命和社会主义建设的伟大胜利，取得了无产阶级文化大革命的伟大胜利，巩固和加强了无产阶级专政。社会主义社会是一个相当长的历史阶段。在这个历史阶段中，始终存在着阶级、阶级矛盾和阶级斗争，存在着社会主义同资本主义两条道路的斗争，存在着资本主义复辟的危险性，存在着帝国主义、社会帝国主义进行颠覆和侵略的威胁。"

再看正文第 3 条第 1 款的规定："中华人民共和国的一切权力属于人民。人民行使权力的机关，是以工农兵代表为主体的各级人民代表大会"；第 14 条又规定："国家保卫社会主义制度，镇压一切叛国的和反革命的活动，惩办一切卖国贼和反革命分子。国家依照法律在一定时期内剥夺地主、富农、反动资本家和其他坏分子的政治权利，同时给以生活出路，使他们在劳动中改造成为守法的自食其力的公民。"

这些叙述表明，1975 年宪法规定的人主要是"阶级的人"——专政是无产阶级的专政，"文化大革命"是无产阶级的"文化大革命"，斗争与矛盾是阶级之间的斗争与矛盾。因此，人的主要形象，就是"阶级人"；人的本质属性，就是阶级性。

按照人的阶级属性，处于主导地位的是无产阶级。至于"人民"一词，大体上可以视为无产阶级的别名，因为，"人民"民主专政大致可以通约于"无产阶级"专政。将无产阶级的形象或人民的形象进一步"坐实"，就是 1975 年宪法第 3 条第 1 款所谓的"工农兵"。如果说，"无产阶级"描述了人的经济状况（没有财产的阶级，是为"无产"阶级），"人民"描述了人的政治状况（一切权力的所有者），那么，"工农兵"描述了人的职业状况（工人、农民与战士）。由此，可以归纳出 1975 年宪法规定的主流形象：由工农兵构成的、掌握国家权力的无产阶级。

在无产阶级这种正面形象的对立面，还有一个模糊而灰暗的形象，其中，既包括 1) 资本主义道路的代言人与实践者（根据序言），也包括 2) 卖国贼和反革命分子（根据第 14 条第 1 款），还包括 3) 地主、富农、反动资本家和其他坏分子（根据第 14 条第 2 款）。对于第一种人（走资派），无产阶级要跟他们进行长期的斗争；对于第二种人，国家要予以惩办与镇压；对于第三种人，国家要剥夺他们的政治权利，同时给出路，把他们改造成为自食其力的公民。现在回过头去看，这三种形象都不够具体，缺乏明确的指向。第一种人尤其抽象，它实际上就是一个符号或标签，可以随意贴在任何人的脸上。

主流的正面形象（无产阶级、人民、工农兵）是宪法制定者的自我定义，模糊而灰暗的形象作为主流形象的陪衬而存在。宪法制定者通过描绘一个模糊而灰暗的形象，增加了自己的道义基础，体现了"必也正名乎"的为政之道。

（6）1978年宪法中的人。

1978年宪法共计60条，在条文数量上刚好是1975年宪法的两倍。它对于人的形象的规定，相对于1975年宪法而言，有沿袭的一面，也有开新的一面。

就沿袭的一面来看，1978年宪法依然规定了"阶级的人"，正如序言中所说："我们要坚持无产阶级对资产阶级的斗争，坚持社会主义道路对资本主义道路的斗争，反对修正主义，防止资本主义复辟"；"我们要巩固和发展工人阶级领导的……革命统一战线"。此外，正文第1条强调了工人阶级的领导地位，第3条第1款强调了一切权力属于人民。这些规定，体现了1978年宪法对于人的阶级属性的重视，延续了"无产阶级、工人阶级、人民"三位一体的基本形象。同时，在无产阶级（工人阶级、人民）的对立面，模糊而灰暗的"资产阶级"依然存在，必须惩办的坏分子、可以改造的"地、富、反"依然存在（第18条）。

就开新的一面来看，1978年宪法中出现了一种新的形象："需要关心的群众（劳动者）"。请看第15条第1款的规定："国家机关必须经常……倾听群众意见，关心群众疾苦"；第50条第1款又规定："劳动者在年老、生病或者丧失劳动能力的时候，有获得物质帮助的权利。国家逐步发展社会保险、社会救济、公费医疗和合作医疗等事业，以保证劳动者享受这种权利。"这些条文，塑造了一种疾苦的、年老的、生病的、丧失劳动能力的弱者形象。这种弱者形象的出现，一方面表明1949年《共同纲领》所描绘的"强大而有力"的形象趋于淡化；另一方面也有助于树立国家（立宪者）作为救济者的形象——这种形象泽被众生、带来福音，解民于倒悬，救人于水火。这样的救济者形象对于立宪者而言，是弥足珍贵的。

（7）1982年宪法中的人。

1982年宪法塑造的人的形象主要有以下两种：

首先是"作为主权者的中国人民"。按照1982年宪法序言的叙述，"中国人民"自始至终都是最基本的形象。1949年以前，"中国人民为国家独立、民族解放和民主自由进行了前仆后继的英勇奋斗"；1949年以后，"中国人民掌握了国家的权力，成为国家的主人"。在1982年宪法正文中，首先亮相的形象，也是人民。譬如，"中华人民共和国的一切权力属于人民"（第2条第1款）；"全国人民代表大会和地方各级人民代表大会都由民主选举产生，对人民负责，受人民监督"（第3条第2款）。可见，1982年宪法塑造的主要形象，是"中国人民"或"人民"。还可以进一步探究，"人民"或"中国人民"到底是指什么。在这个问题上，1982年宪法文本还提供了可供进一步索解的信息：从政治的角度看，人民是主权者。这一点，构成了人民的本质特征。从民族的角度看，人民是由各个民族汇聚而成的。从职业的角度看，人民包括工人、农民、知识分子。从层级的角度看，人民是以工人阶级为领导、以工农联盟为基础的——在这个角度上说，人民的形象依然带有一定的阶级性。但是，与前几部宪法规定的人的形象相比，在1982年宪法中，人的阶级性已经有所淡化。工人阶级的形象，已经不像以往那样浓墨重彩，倒像是轻描淡写的写意画；处于工人阶级对立面的其他阶级，更加扑朔迷离，难以"坐实"。

其次是作为个体的公民形象。把1982年宪法中的相关描述归纳起来，公民的形象就显现出来了：其一，公民的基本特征是拥有本国国籍。正如1982年宪法第33条第1款的规定："凡具有中华人民共和国国籍的人都是中华人民共和国公民。"可见，公民的核心标志是国籍，它对应的是外国人或无国籍人。其二，正是拥有同样的国籍，赋予了公民与公民之间的平等性。其三，公民是权利的享有者与义务的承担者。任何公民，无论是享受权利还是承担义务，都会牵涉到其他公民，这就赋予了公民与公民之间的相互关联性，"公民"之"公"，就是指这种相互关联的公共性。其四，与人民的整体性或群体性相比，公民的形象主要体现为个体化的人。

相对于前几部宪法，1982年宪法规定的人的形象比较平实，且只有简单的两类：作为主权者的人民形象、作为个体的公民形象。

三、小结

上述分析表明，无论在西方还是在中国，宪法所规定的人的形象都发生了某些根本性的转变。在西方，13世纪宪法中的人，是"身份的、血统的人"；17、18世纪，宪法规定的人变成了"平等而自由的人"；到了

20世纪，宪法规定的人可以概括为"平等而自由的人"与"处于弱势而需要帮助的人"的复合。再看中国，清末宪法规定的人是"君上"与"臣民"，两种身份之间的界限不可逾越，因而也可以合称为"身份的、血统的人"。其中，"臣民"虽然顶着"臣民"的帽子，但实质上已经变成了"平等而自由的人"。到了民国前期（辛亥革命到20世纪20年代），宪法中的人完全变成了"平等而自由的人"。1928年以后，民国宪法规定的人也是两种："平等而自由的人"与"处于弱势而需要帮助的人"。可见，三个时代的西方宪法所规定的三种形象，同样在三个时代的中国宪法中依次出现：清末宪法对应于13世纪的英国宪法，它们规定的人分别都被突出了身份与血统。17、18世纪的西方宪法对应于民国前期宪法，它们规定的人都是"平等而自由的人"。20世纪的西方宪法对应于民国后期宪法，它们规定的形象都是两种："普遍的、平等的、自由的人"，以及"处于弱势而需要帮助的人"。

中西宪法规定的人的形象，虽然遵循了同样的变迁规律，但是，变迁背后的原因截然不同。

西方宪法中的人的形象的变迁，属于"内生型变迁"，是西方经济、政治、思想变迁的产物。具体地说，13世纪的宪法规定的"身份的、血统的人"，既根源于世袭君主、世袭贵族、宗教僧侣在公共事务中所处的支配地位，也根源于君权神圣、教权神圣。近代宪法规定的"平等而自由的人"，是资本主义革命的产物：政治上，传统的君主与贵族被请下神坛，公共事务的支配者变成了新兴的资产者；经济上，"工商业一旦发展起来，被雇用的人便不得不离开曾经隶属的家庭协同体而进行自己的消费生活，这时雇佣契约上的权利义务归于该人，这就不能不承认其自主地缔结雇佣契约的可能性"[①]，身份关系由此打破，自主订立协议逐渐成为常态；思想上，18世纪的启蒙哲学、自然法理论宣扬的个人主义、自由主义，成为那个时代的思想主流。在这样的社会背景之下，"平等而自由的人"就成为立宪者心中最基本的人类形象。至于现代宪法中新出现的"处于弱势而需要帮助的人"，则是"福利国家"的产物：马克思、恩格斯对于自由资本主义社会的批判，凯恩斯强调的国家干预，以及工人运动的兴起，诸如此类的因素，共同培育、催生了宪法中"处于弱势而需要帮助的人"。

至于中国宪法中的人的形象的变迁，则属于"外生型变迁"。清末宪

---

① ［日］星野英一：《私法上的人》，王闯译，北京，中国法制出版社，2004，第18页。

法规定的"君上"与"臣民",从形式上看,是对一个古老传统的沿袭。但是,宪法中的"臣民"在精神面貌上,已经不同于传统的臣民,而是近似于西方宪法中"平等而自由的人"——不过,中国第一部宪法塑造出来的这种"新臣民",既缺乏足够的经济基础,也没有真实的政治基础。因而,这种"新臣民"的诞生,不过是对西方近代宪法规定的"平等而自由的人"的模仿。立宪者模仿这种新形象的动因在于:一方面,西方的强大根源于西方的宪政制度,因此,西方宪法规定的"平等而自由的人"也应当在中国宪法中规定下来。另一方面,清政权的正当性,也需要一个新的依据,而参照西方的政治模式,为自己制定一部宪法,有助于强化清政权的正当性基础与合法性依据,西方宪法规定的人的形象也就被立宪者复制过来了。至于民国前期宪法规定的人的形象,同样是对西方宪法的模仿。与清末宪法的不同之处在于:此时皇帝已经不复存在,因此,"君上"的形象消失了,"臣民"一词也取消了。取而代之的形象就只有"平等而自由的人"。如前所述,民国初期宪法规定这样的形象,根本的目的就在于为立宪者的当政地位提供正当性依据。民国后期宪法塑造出来的"处于弱势而需要帮助的人",从总体上看,也是西方"福利国家"影响下的产物。按照"福利国家"的理论与实践,帮助那些处于弱势的人,构成了现代国家的道义基础。民国政府为了巩固自己的道义基础,也在自己的宪法中刻画了那种"处于弱势而需要帮助的人"。

不过,中国宪法在清末宪法及民国宪法之外,还有一个极其重要的谱系,那就是中国共产党主持制定的宪法。

从井冈山到延安再到北京,中国共产党主持制定了 8 个宪法性文件。这些宪法性文件规定的人,既不同于西方宪法规定的人,也不同于民国宪法规定的人。事实上,这些宪法性文件几乎是在一个全新的话语体系中塑造了人的形象。这个新的话语体系的核心就是"区分敌我",人的形象也就是以"敌我"为主轴而展开的。具体地说,按照井冈山时期的宪法,"敌"是剥削者与反革命分子,"我"是劳苦民众。按照抗战时期的延安施政纲领,"敌"是日本侵略者,"我"是抗日人民。按照《共同纲领》,"敌"是反动分子,"我"是强大而有力的人民。按照 1954 年宪法,"敌"是反动分子,"我"是人民。按照 1975 年宪法,"敌"是各种坏分子,"我"是由工农兵组成的无产阶级。按照 1978 年宪法,"敌"是资产阶级与坏分子,"我"是无产阶级。可见,这些宪法尽管使用了不同的表达方式,但它们都塑造了两种相互对抗、善恶分明的"敌我"形象。

这样的"敌我"形象,是中国共产党长期作为革命党的性质所决定的。革命是什么？按照现代经典的说法，"……革命不是请客吃饭，不是做文章，不是绘画绣花，不能那样雅致，那样从容不迫，文质彬彬，那样温良恭俭让。革命是暴动，是一个阶级推翻一个阶级的暴烈的行动。"① 这样的"革命"观念决定了革命党的角色和职责：强调暴力革命，强调革命阶级对于各式各样的反革命阶级的斗争。在这种革命逻辑的支配下，中国共产党领导的政权，就是革命政权；由革命政权制定的宪法，就是革命宪法。在一部接一部的革命宪法中，描绘出一个革命的"我们"形象以及另一个反革命或不革命的"敌人"形象，也是顺理成章了。

当然也有例外。在1946年制定的《陕甘宁边区宪法原则》中，剑拔弩张的"敌我对抗图"消失了，剩下的形象只有"人民"，而且是需要帮助的"人民"。此前宪法性文件中常见的"敌人"形象不复存在。如果要问：这部宪法性文件规定的人的形象为什么如此新颖，以至于超越了一以贯之的革命逻辑？根本的原因也许是，颁布宪法原则的1946年4月，内战尚未全面爆发，"敌我关系"处于一种极其微妙的状态：在两个多月以前的政治协商会议上，刚刚通过了5项议案，其中包括有关政府组织的协议、和平建国的纲领以及关于国民大会、宪法草案、军事问题的协议。② 按照这些协议，由国共双方及其他党派共同参与的"联合政府"有望建立，议会政治、党军分立也有望变成现实。在这样的形势下，1946年春天的陕甘宁边区，就面临着一个"和平建国"的可能前景。因此，至少在这个春天，就没有必要在宪法性文件中刻意张扬或继续渲染"敌我对抗"的形象了。当然，这个短暂的和平的春天，到1946年6月就结束了。3年解放战争由此展开。

如果说，1946年的宪法原则是在一个相当特殊的背景下，暂时超越了"敌我对抗"的形象，那么，1982年宪法也许是永久性地超越了"敌我对抗"的形象。这部宪法主要描绘了作为主权者的人民形象、作为个体的公民形象。1982年宪法特别突出这两种形象，既根源于中国共产党性质的转变——从革命党到执政党，也根源于政权性质的转变——从革命政权到建设政权、发展政权。在执政、建设、发展的理念下，需要尽可能增进团结、消除矛盾，需要尽可能扩大统一战线。为此，1982年宪法刻画了一个指涉宽泛的"人民"形象。至于"公民"，更是一种超阶级的形象，这种形象最大限度地概括了人民内部千差万别的个体之间的一致性，有助

---

① 《毛泽东选集》，2版，第1卷，北京，人民出版社，1991，第17页。
② 参见《毛泽东选集》，2版，第4卷，北京，人民出版社，1970，第1156页以下。

于强化不同个体之间的同质性。这既是社会团结的文化基础,也是社会和谐的精神前提。至于沿袭已久的"敌人"形象,虽然在序言中隐隐约约地露过一次面,但已经虚化,有点像韩愈在《初春小雨》一诗中所写的:"天街小雨润如酥,草色遥看近却无。"

第二节 宪法塑造的国家形象

在宪法中,人的形象是变化的。同样,在宪法中,国家的形象也是变化的。不同时代的宪法,所塑造出来的国家形象是不一样的。宪法塑造的国家形象的变迁,也可以反映宪法变迁的轨迹。因此,有必要从宪法变迁、宪法发展的角度,讨论中国宪法与中国国家形象的关系,研究中国宪法如何塑造、提升中国的国家形象。在此基础之上,笔者认为,当代中国的宪法学研究者、宪法实践者应当兼做中国国家形象的设计师。提出这样的预期,主要是基于以下两个方面的考虑。

一方面,中国的国家形象作为一个现实问题,近年来已经受到了广泛的关注,牵动了世界人民的目光。无论是整个世界还是中国自身,都在琢磨、想象、反思中国的国家形象。据美国《时代》周刊2007年3月26日报道:英国广播公司委托环球扫描公司做了一次国家形象的抽样调查,以便评估各个国家给世界带来的积极影响或消极影响。通过收集不同国家数万名高、中阶层人士的反馈意见,调查机构对各主要国家的国际形象进行了一次排名。其中,加拿大与日本获得的国际认同度最高,都是54%;在它们的后面,法国是50%,英国是45%,中国是42%。按照这个排行榜,中国的国家形象在世界排名第五。又据《人民网》报道,2007年10月,应法国一家电视台和美国《国际先驱论坛报》的请求,法国社会研究所也在西方各主要国家开展了一项民意调查,调查结果显示:98%的法国人、97%的意大利人、96%的美国人和绝大多数被询问者均认为:美国是世界上的头号强国,中国是世界上的第二号强国。持有这一观点的被询问者在各国的比例分别是:法国占93%,美国占90%,德国和英国占87%,意大利占88%,西班牙占86%。这些具有一定参考意义的数字表明,中国的国家形象,构成了一个需要认真对待的现实问题。[①]

另一方面,与这两组数据既相互关联又形成强烈对照的,是间歇性浮出水面的"中国威胁论"。它为中国的国家形象带来了微妙而复杂的影响。实际上,今天的"中国威胁论"并不是什么新鲜事物,早在20世纪50年

---

① 以上几组数据转引自王岳川:《大国文化创新与国家文化安全》,载《社会科学战线》,2008(2)。

代，它就一度甚嚣尘上。如果要从源头上追溯，这种论调还可以让人回想起数百年前的"蒙古西征"——西方人由来已久的"黄祸论"就是因此而兴起。不过，21世纪初期的"中国威胁论"尽管可以找到"黄祸论""冷战思维"的痕迹，但在本质上，却主要是"中国崛起"（或民意调查中所发现的"第二强国"）所导致的一种连锁反应，是一些人在"中国崛起"这个事实面前所滋生的不安、焦虑甚至敌意的产物。尽管我们自己知道，中国的崛起是"和平崛起"，但在一些西方人士的固有逻辑中，一个大国崛起的必然后果就是要求重新划分势力范围，因此，大国的崛起必然危及世界和平；按照他们习以为常的思维方式，"和平"与"崛起"本身就是相互矛盾的。"中国威胁论"在当代世界的四处蔓延，就是这种弱肉强食的思维定式所导致的结果。然而，值得我们注意的是，如果这样的论调在世界范围内演化成为一种普遍性的共识，就将不可避免地损害中国的国家形象。

　　以上两个方面提醒我们，在中国在国际社会中的形象越来越引人注目的情况下，有必要更全面、更谨慎地思考中国的国家形象问题。对于这样一个现实问题，宪法学家应当作出怎样的回应？能否袖手旁观？表面上看，国家形象是一个纯粹的政治问题，尤其是一个国际政治、国际关系问题，似乎与宪法学理论没有什么直接的联系，甚至间接的联系也不明显。但是，如果稍加思忖，我们就会发现，宪法与国家形象的关系极为密切。因为，在这个日益全球化的时代，一个国家的宪法不仅仅是写给本国人看的，不仅仅是让本国的国家机构照着做的，同时也是写给外国人看的。[①] 在国际社会中，一个国家正式公布的宪法，就是这个国家递给世界各国人民的一张最正规、效力最高的名片。宪法上的文字，就是在明确而直接地告诉世界人民：这是哪个国家？它是干什么的？从这个意义上说，宪法是对一个国家的形象所作出的最权威的说明，是国家形象的说明书。

　　正是考虑到宪法与国家形象之间的密切联系，笔者拟对中国宪法如何塑造中国国家形象的问题作出初步的探讨[②]，但愿这样的探讨既有助于拓

[①] 从这个角度上看，宪法也具有一定的符号功能。参见李琦：《作为政治修辞的宪法：宪法的另一种面相乃至宪法的另一种类型》，载《厦门大学学报》，2014（6）。

[②] 从法治、行政法治的角度思考我国的国家形象，学界已有初步的研究。参见韩春晖：《共和的变迁与法治的成长：一种国家形象的视角》，载《湖南师范大学社会科学学报》，2013（6）；韩春晖：《从"行政国家"到"法治政府"：我国行政法治中的国家形象研究》，载《中国法学》，2010（6）。

展中国宪法学研究的新视野，也有助于我们这个时代的政治家、法律家、法学家能够通过宪法、借助宪法，更好地设计、塑造、提升中国的国家形象。

一、百年中国宪法文本中的国家形象

为了历史地、深入地理解宪法对于国家形象的塑造功能、论证功能，有必要对百年中国宪法文本中的国家形象稍作回顾，以之作为进一步讨论的基础。

首先值得注意的是，在清朝末年以前，尤其是在"三千年未有之大变局"（李鸿章语）以前，中国没有西式的宪法文本，中国的国家形象也不需要借助于宪法来塑造、来论证。中国的道德、礼乐、辞章、器物，在周遭的亚洲人面前，在中国人面前，本身就是最灿烂的，中国的国家形象是"不证自明"的。① 但是，19 世纪下半叶的时局，以乾坤颠倒般的程度，彻底改变了中国的国家形象。到了 19 世纪末、20 世纪初，不仅在西方人的眼里，中国的国家形象是负面的；就是国内的精英阶层，也对中国的国家形象深感失望。譬如，马克斯·韦伯在评论明清之际的中国形象时，就说："中国的精神特点在这一时期完全是凝滞的。在经济领域内，虽然有似乎很有利的条件，但是却没有出现任何一点近代资本主义发展的萌芽。……在技术、经济、行政管理方面，也没有一点点欧洲所谓的'进步'的发展……以上就是这个时代最引人注目的特点。"② 异国的思想家对于那个时代的中国形象评价甚低，本国思想家作出的"酷评"也有过之而无不及。譬如谭嗣同，就把数千年来的中国形象贬得一无是处。他说："两千年之政，秦政也，皆大盗也"，"两千年之学，荀学也，皆乡愿也"③。在言论界具有更大影响的梁启超，则在《论不变法之害》一文中描述道："今有巨厦，更历千岁，瓦墁毁坏，榱栋崩拆，非不枵然大也。风雨猝集，则倾圮必矣。"④ 这就是梁氏的如椽巨笔绘制出来的中国形象。如此令人担忧的中国形象，显然亟待变革。问题是：往哪个方向变？回答是：走向宪制国家。在写于 1901 年的《立宪法议》一文中，梁启超说：

---

① 严格说来，在传统中国，并没有现代意义上的国家概念。传统中国的"国"，主要是"家"与"天下"之间的一个中间环节。比"国"更小的政治单位是"家"，比"国"更大的政治单位就是"天下"。
② ［德］韦伯：《儒教与道教》，王容芬译，北京，商务印书馆，1995，第 107~108 页。
③ 谭嗣同：《仁学》，载《谭嗣同全集》，下册，中华书局，1990，第 337 页。
④ 李华兴、吴嘉勋编：《梁启超选集》，上海，上海人民出版社，1984，第 4 页。

"有土地、人民立于大地者谓之国。世界之国有二种：一曰君主之国，二曰民主之国。设制度、施号令以治其土地、人民谓之政。世界之政有二种：一曰有宪法之政（亦名立宪之政），二曰无宪之政（亦名专制之政）。"[1] 可见，中国形象的改变，就是要从"无宪之国"走向"有宪之国"。这就是梁启超想象出来的中国形象的未来。这样的观点，大致可以代表当时中国思想界的主流观点。

由于"有宪之国"与"无宪之国"所形成的强烈对比，就在政治上、思想上、文化上产生了一个影响深远的思维定式："有宪之国"代表了积极的、正当的、进步的国家形象；与之相对应的"无宪之国"则代表了消极的、负面的、落后的国家形象。正是在这种主流思想的催促下，清朝政府为了提升、优化、改善自己的国家形象，只好向着"有宪之国"的方向迈进。1908 年的《钦定宪法大纲》，就是在这种时代背景之下出台的。这部钦定的宪法大纲是中国有史以来的第一份宪法性文件。在学术思想界，它获得的评价虽然较低，但是，它却在很大程度上，改变了中国国家形象的塑造方式：在此之前，主权者不需要通过宪法来塑造自己的国家形象；在此之后，中国所有的主权者，都离不开宪法，都需要通过一部宪法来明确地、理直气壮地告知中国人民和世界人民：中国是一个什么样的国家。

从内容上看，《钦定宪法大纲》包括两个部分：第一部分共计 14 条，列举了极其强势的"君上大权"；第二部分共计 9 条，以"附"的名义规定了"臣民的权利义务"。百年之后再回头看，这样的宪法文本实际上描述了一个虽有宪法但实质上却是一个典型君主国的国家形象：君主世袭，君主神圣，君主只有无限的权力，没有义务；而且，臣民的权利和义务概由君主颁布的法律来规定。这样的宪法文本，本意是追求"立宪君主国"的国家形象，然而，宪法本身就是由君主钦定的，宪法对君权几乎没有任何实质性的约束，由此就决定了宪法塑造的国家形象，仅仅是向着"有宪之国"的方向走出了很小的一步，或者更准确地说，只是向着"有宪之国"的方向作出了走的姿态，但实际上并未动步。

如果说《钦定宪法大纲》只是作出了一个"走向宪政"的姿态，那么，1911 年的《重大信条十九条》就向"有宪之国"的国家形象迈出了实质性的一步：这部匆忙出台的宪法虽然还是坚持了君主制国家的底色，虽然没有提及臣民（或公民）的权利与义务，但是，却在文本中明确地扩大了议会和总理的权力。由此，我们就看到了一个新的国家形象：有君

---

[1] 李华兴、吴嘉勋编：《梁启超选集》，上海，上海人民出版社，1984，第 148 页。

主,但也有承担实际责任的议会和内阁。这样的国家形象,就比较接近英国的国家形象了。在《重大信条十九条》设定这种国家形象的背后,是君主权力的急剧萎缩、危机四伏,以及挤压君主权力的新兴势力(革命党人)的迅速崛起。《重大信条十九条》不过是从一个比较隐晦的层面上,描述了那个时期的国家形象,揭示了国家在当时的政治身影。

1912年是中国历史上的一个极具标志性的年份:沿袭了数千年的帝制中国变成了中华民国。这种新的国家形象集中体现于1912年颁布的《临时约法》。从标题上看,它叫"中华民国临时约法",这就意味着,国家的性质或面貌发生了根本性的变化:从君主国变成了民主国。《临时约法》的第一章是"总纲",主要规定了人民主权的国家性质,以及国家的领土与国家的主要机构;至于世袭的君主,则不复存在。第二章是"人民",共计14个条款,主要规定了人民的各种权利;人民的义务则只有两项:纳税与服兵役。通过这样的规定,我们可以发现:这是一个人民自由而平等的国家;人民的权利很多,义务也很明确;在此之前的"臣民",也不复存在了。第三章及以后的内容,主要规定了参议院、总统、国务员、法院等国家机构的权力与责任。透过这些规定,我们可以看到一个崭新的国家形象:人民主权的国家。这样的国家形象,就是厕身于欧美现代国家的行列里,也是协调的,绝不会给人以刺眼的感觉。

1912年以后的二十多年里,中国颁布的宪法文本数量之多,尤其是在单位时间内的密集程度,在世界立宪史上绝无仅有。众多的宪法文本频繁变化、转瞬即逝这种现象本身,就已经透露出那个时代的国家形象:摇摇晃晃、动荡不安,各种势力相互角逐,政治秩序尚未形成,国家形象远未定型。

1949年《共同纲领》的制定与颁布,再次展示了一种全新的国家形象。与1912年的《临时约法》相比,《共同纲领》为中国的国家形象增添了一个至关重要的新元素:这是一个以工人阶级为领导、以工农联盟为基础的新国家。这个新的元素被后来的几部宪法继承下来,并演化成了一个新的宪法传统。

这个新的宪法传统意味着,20世纪50年代之后的新中国与1912年建立的中华民国相比,已经发生了一个深刻的变化:以前的资产阶级主权的国家,变成了现在的工农阶级主权的国家。1912年的《临时约法》虽然也规定了"人民主权",但是,它所谓的"人民",从表面上看,是指所有的人、一般的人、"祛阶级化"的人;按照20世纪50年代以后的宪法上的定义,它所谓的"人民主权"的实质,是官僚资产阶级主权。1949

年以后的宪法同样坚持"人民主权"的原则，但是，"人民"的内涵已经变了，也更明确了，主要是指工农阶级，或者说，人民的核心是工农阶级——虽然在工农阶级的周围，还有其他各种各样的属于"统一战线"范围内的劳动者、爱国者。

经过纵向的对比，我们可以发现，20世纪50年代以后的中国宪法，主要描述了一个工农阶级主导的国家形象。对于国家形象在这个维度上的变迁，黄仁宇先生从历史学的角度，给出了自己的看法。他说："国民党和蒋介石在中国制造了一个新的高层机构。中共与毛泽东创造了一个新的低层机构，并将之突出于蒋之高层机构之前。"[①] 黄仁宇先生在此所谓的"高层机构"，大体上可以对应于官僚资产阶级主权的国家；而"低层机构"与工农阶级专政的国家形象遥相呼应。

二、现行宪法对于中国国家形象的塑造

如果说，中国历史上的宪法文本，已经映照出中国历史上的国家形象，那么，中国现行宪法又是如何描述当代中国的国家形象的？或者说，透过中国现行的宪法文本，我们可以看到一个什么样的国家形象？对这个问题的思考，有助于我们更现实地理解宪法文本与国家形象的关系。

中国现行宪法文本包括序言与正文两个部分，它们分别以不同的方式塑造了中国的国家形象。就中国宪法的序言来看，最值得注意的是以下3段文字，它们分别处于宪法序言的开端、中部与结尾。

第一段文字见于宪法序言的开篇："中国是世界上历史最悠久的国家之一。中国各族人民共同创造了光辉灿烂的文化，具有光荣的革命传统。"这两句话，包含了两个关键词——"历史"与"革命"，它们既描绘了中国国家形象的轮廓，又凸显了中国在世界各国中的个性与特色；它们对于中国国家形象的说明，具有奠基性的作用。

对"历史"的强调旨在指出，中国是一个历史悠久、文化灿烂的国家。在这里，历史与文化是叠加在一起的。时间维度上漫长而悠久的历史汇聚到现在，就转化成为空间维度上厚重而灿烂的文化。这是中国的特色。从世界范围来看，美国、加拿大、澳大利亚虽然也很大，但它们没有悠久的历史与文化，它们都是新兴的国家。巴比伦虽然也是文明古国，但它的文明中断了，后来也没有接上。与这些国家相比，中国的历史文化传统一直延续下来了。这是中国的优势——虽然在某些人的眼里，它也可能

[①] ［美］黄仁宇：《中国大历史》，北京，三联书店，1997，第295页。

成为一个负担。譬如，当年萧公权询问美国哲学家杜威，中国积弱的原因何在，杜威的回答便是"文化过度了"①　历史悠久的利弊暂且不论，它至少表明，中国是一个"文明古国"。可见，"历史"二字，已经有效地为中国的国家形象涂上了一层厚厚的底色：中国是一个有历史、有过去、有传统的国度。与这样的国家形象相呼应，在中国宪法序言共计一千八百多字的篇幅中，大部分内容都是在叙述历史。

其中，有几个相对重要的历史时刻在宪法序言中得到了强调：首先是1840年。这一年，中国成为"半殖民地……国家"——这样的国家形象表明：中国被拖入了世界，从"中国在亚洲"变成了"中国在世界"，并与西方国家发生了深度的关联。中国置身于其中的坐标体系也随之发生了根本性的变化，中国的国家形象将在更大的范围内，出现在更多国家、更多人民的视野里。然后是1911年。这一年，中国的国家形象从"帝制中国"变成了"民国"。虽然还没有实现真正的国家独立；虽然在"民国"这件华丽的皮袍下"帝制中国"的幽灵还时不时探出头来，但是，"民国"的国家形象总算初步树立起来了——至少贴出了"民国"的标签。再后面就是1949年。这是一个更重要的时间刻度，它标志着中国国家形象的焕然一新：在世界人民面前，中国完全站立起来了，告别了"半殖民地……国家"的角色，以独立、平等的姿态步入了世界国家之林；就国家内部而言，则变成了人民当家做主的共和国。中国宪法序言对于这几个历史时刻的回顾与致意，既体现了对于历史的尊重，同时还有一个极其重要的功能：突出了历史对于国家的意义，强调了历史、历史规律对于国家的合法性，具有一种强烈的支持作用——1949年的新中国是历史选择的结果，是不以人的意志为转移的历史规律选择的结果。

与"历史"相并列的另一个关键词是"革命"。强调中国是一个具有"光荣的革命传统"的国家，同样是一个值得解读的重要信息。因为，它强调"革命传统"是光荣的，就意味着"革命"是一种积极的、正当的、进步的国家形象，与之相对应的"反革命"或"不革命"则代表了某种消极的、错误的、落后的国家形象。宪法文本关于国家形象的这种自我期待，实际上揭示了百年中国主流思想领域中的一个基本预设：激进与保守、革命与反革命的二元划分。激进的革命较之于保守的不革命或反革命，不仅具有天壤之别，而且包含了相当强调的价值判断：革命是善，不革命或反革命是恶。因此，具有"光荣的革命传统"意味着：我们这个国

---

① ［美］萧公权：《问学谏往录》，合肥，黄山书社，2007，第63页。

家是经过革命建立起来的,是革命的产物,今后还将继续保持革命的光荣传统。透过这种以"革命"描绘国家形象的表达方式,我们可以看到激进主义思潮在百年中国历史上的支配地位。对于这样的思想史状况,早在20世纪80年代,余英时先生就在一篇题为《中国近代思想史上的激进与保守》的演讲词中给予了深入而细致的分析,他说:"面对现代西方文化的挑战,中国传统文化不得不进行大幅度的改变,这是百余年来大家所共同接受的态度,只有程度上的分别而已。激进取向支配着近代中国的思想界是有其必然性的。……中国的思想主流要求我们彻底和传统决裂。因此我们对于文化传统只是一味地'批判',而极少'同情地了解'。"① 余英时先生的这篇演讲词,有助于我们理解宪法文本对于"革命"的强调;尤其是对于我们理解当代中国的国家形象,譬如"红色中国""革命传统",等等,很有启迪意义。

不过,透过余英时先生的论述,我们还可以发现一个值得反思的问题:宪法同时强调了"历史"与"革命",但却没有注意到两者之间在逻辑上存在的矛盾与断裂:一方面,我们强调历史,强调对于历史传统的尊重,但另一方面,我们又强调革命,强调对于过去的否定。两者如何兼顾?如何保持平衡?对于这样的问题,我们的宪法学理论界尚未给予必要的关注。在笔者看来,宪法开篇就强调了两种相互冲突的色彩,也许恰恰可以让我们窥见百年中国的一个困境:现代中国的文明秩序尚未最终形成,因此还需要不断地革命或改革(改革也是一场革命),但无论如何革命、无论如何改革,深厚的历史文化传统对于中国的制约作用、为中国国家形象打下的底色,始终都是抹不掉的。

接下来,再看宪法序言中处于中间位置上的第二段文字:"中国各族人民将继续在中国共产党领导下,在马克思列宁主义、毛泽东思想、邓小平理论和'三个代表'重要思想指引下,坚持人民民主专政,坚持社会主义道路,坚持改革开放,不断完善社会主义的各项制度,发展社会主义市场经济,发展社会主义民主,健全社会主义法制,自力更生,艰苦奋斗,逐步实现工业、农业、国防和科学技术的现代化,推动物质文明、政治文明和精神文明协调发展,把我国建设成为富强、民主、文明的社会主义国家。"

这段话更具体地描述了中国国家形象的几个侧面。首先,它规定了国家的指导思想,这些指导思想实际上就是国家的灵魂。其次,它回答了中

---

① [美] 余英时:《钱穆与现代中国学术》,南宁,广西师范大学出版社,2006,第191页。

国正在做什么——坚持人民主权、社会主义、改革开放、制度完善，注重市场经济、民主政治、法制建设。最后，它还规定了国家的目标：四个方面的现代化（工业、农业、国防、科技）、三个方面的协调发展（物质、政治、精神）、三个方面的社会主义国家（富强、民主、文明）。通过这些具体的规定，宪法比较全面地回答了中国打的什么旗、走的什么路、要往哪里走诸如此类的问题。这几个方面，阐述了中国的基本性格，构成了中国国家形象的核心要素。通过这样的描述，可以让世界人民比较清晰地看到中国的国家形象。

宪法序言中还有一段值得注意的文字，它被置于序言文本的后部，专门描述了中国与世界的关系："中国的前途是同世界的前途紧密地联系在一起的。中国坚持独立自主的对外政策，坚持互相尊重主权和领土完整、互不侵犯、互不干涉内政、平等互利、和平共处的五项原则，发展同各国的外交关系和经济、文化的交流；坚持反对帝国主义、霸权主义、殖民主义，加强同世界各国人民的团结，支持被压迫民族和发展中国家争取和维护民族独立、发展民族经济的正义斗争，为维护世界和平和促进人类进步事业而努力。"

这段文字预期的读者，主要是世界人民。它表明，中国是世界国家体系中的一个成员，中国与世界密不可分。一方面，中国愿与所有的国家，在和平共处五项原则的基础上进行交往。这是一个普遍性的原则。另一方面，中国既要反对帝国主义、霸权主义、殖民主义这些强悍的、武化的、野蛮的国家行为，也要支持弱势的国家群体。把这两个方面综合起来，世界人民就可以看到一个在国际社会中极具正义感的国家形象，一个不畏强权者、帮助弱势者的国家形象。这就是宪法序言旨在告诉世界人民的信息。

如果说，中国宪法的序言已经勾画了中国的外在形象——"表情""姿态""风采"，那么，宪法的正文则向世界介绍了中国的内在结构——"骨骼""肌肉""血脉"。按照宪法正文的规定，中国国家形象的内在方面的信息，可以概括为以下两个方面。

一方面，它强调了国家的中坚阶层——工农阶层。按照《宪法》第2条第1款的规定，中国的一切权力属于人民，但是，按照《宪法》第1条第1款的规定，人民的主体又是工农阶层：以工人阶级为领导，以工农联盟为基础。这样的规定意味着，中国是一个工农阶层主导的国家。宪法正文提供的这个信息，实际上是在向历史表达一种敬意：新中国是在共产党的领导下建立起来的，在中国共产党建立之初，无论是按照马克思主义的政党理论还是共产主义运动的实践，它都是一个工人阶级的政党。正是在这个意义上，宪法要规定：中国是以工人阶级为领导的国家。但是，在中国共产党领导人民建立新中国的过程中，尤其是在革命战争年代，农民阶级为新国家的诞生提供了实实在在的基础，"农村包围城市的道路"可以佐证这一点。因此，宪法描述了工农联盟在国家政治生活中的基础地位。宪法对于工农阶层的强调，旨在引导人们从根源上理解中国的国家形象：她是怎样萌芽、生长起来的。

另一方面，它还展示了中国作为一个国家的基本框架——人民代表大会制度。宪法正文的第三章，就是对这个框架的全面勾画、具体介绍。按照这个框架，在中央，全国人大处于主导地位，由它产生其他的中央国家机构：国家元首、行政机关、审判机关、检察机关、军事机关，等等。这些机关都要向全国人大负责，并接受全国人大的监督。同时，在地方也相应地建立了地方各级人大之下的"一府两院"制度。

以上分析表明，中国作为一个国家的整体形象，在相当程度上，就是由宪法的序言与正文两个部分联合塑造的。这就意味着，世界人民可以通过中国现行的宪法文本，来想象中国的国家形象，来认识中国、了解中国。

三、宪法修改与中国国家形象的提升

既然宪法对于国家形象的塑造功能、论证功能不容低估、不宜忽视，那么，从这个层面来看当代中国的宪法修改，就必须注意：中国宪法文本的修改就不仅仅是一个内政问题和法律问题，它同时也是一个外交问题和政治问题。因此，必须注意从传播学、接受美学、公共关系等角度，来思考中国的宪法修改，充分考虑宪法修改向世界人民所传递的信息。

立足于维护、提升国家形象这个目标，在思考宪法修改或宪法发展的过程中，就有必要注意以下两个方面。

一方面，宪法向世界人民传递的有关国家形象的信息，要简明扼要，不宜过多过细。这就好比一个姑娘，为了把自己打扮得更漂亮一些，头上、身上全部插满鲜花，每个部位都不厌其烦地进行装饰，太多的饰物、太多的脂粉，只会把人吓跑，根本不能给人以美的体验。

记得作家王蒙讲过一个关于"美丽围巾"的香港电视广告片：本来是要宣传某个牌子的围巾，但是，广告并不喋喋不休地絮叨这种围巾如何价廉物美、手感如何好、花色如何好、保暖性能如何好，只是通过一段高度

抽象的故事，煽情地烘托出一个商标：一个大写的英文字母"B"①。这样，某种围巾的品质、格调、文化内涵都表现出来了。宪法对于国家形象的塑造也是这样：如果它把国家形象的每一个细节，甚至是每一个毛孔，都完整无遗地展示出来，恐怕就会失之烦琐；世界人民就很难在过多的信息中提炼出这个国家的核心精神与主题风格。世界人民不能很好地定位这个国家，这个国家在世界人民的心中就只能留下一个模糊而斑斓的印象。

在世界各国的宪法中，就简洁地描述本国的国家形象而言，美国的宪法具有一定的参考价值。它的序言译成汉语是："美国人民，为建设更完美之合众国、以树立正义、奠定国内治安、筹设公共国防、增进全民之福利，并谋今后使我国人民及后世永享自由生活起见，特制定美利坚合众国宪法"。加上标点符号，共计77字，就描述了美国的国家形象：正义、安全、福利、自由。这几个字，就相当于这个国家的商标；通过这几个字，一种积极的国家形象就呼之欲出了。可见，宪法对国家形象的塑造，不宜堆砌过多的文字。

另一方面，宪法描述的国家形象应当相对稳定，稳定而持久的形象容易入脑入心、令人信赖。商业社会中，我们习惯于信任百年老店，因为老品牌经过了时间的检验与筛选，常常是信誉与质量的象征，因此，很多"老字号"都是含金量很高的商标，也是一笔无形资产。与之相类似，在现代国家之间的竞争中，稳定的国家形象也是一笔财富。

稳定的国家形象从何而来？稳定的宪法就是一个重要的载体。美国的宪法从1787年算起，至今（2016年）已历229年；英国的宪法从1215年的大宪章算起，至今已经800年。稳定的宪法，有助于描绘出一个稳健、厚重的国家形象。从这个角度上说，如果过于频繁地修改宪法，有可能给中国的国家形象造成某些负面的影响，因为它意味着，这个国家还没有最后形成、养成自己特有的精神与风格，还有很多变数。

国家的政策可以随时调整，国家领导人也会按照民主程序定期更替，但总要有一些始终不变的符号作为国家形象的内核。通过这种符号，世界人民才可以在众多的国家中识别出这个特定的国家。这样的国家符号当然不止一种（比如中国的长城、美国的自由女神像），但稳定的宪法肯定是其中最重要的组成部分。对此，卡多佐法官的论述可以提供一个相当有力的佐证，他认为，英国的大宪章作为英国人民成功反对王权的象征，美国的《权利法案》所代表的精神，不仅是英美两国形象的精神写照，甚至构

---

① 王蒙：《美丽围巾的启示》，载《读书》，1996（8）。

成了一种令人崇拜的"神话"①。这种关于宪法的"神话",已经卓有成效地提升了英美两国的国家形象与魅力。

亚里士多德在《政治学》一书中讲:"变革一项法律大不同于变革一门技艺。法律所以能见成效,全靠民众的服从,而遵守法律的习性须经长期的培养,如果轻易地对这种法制常常作这样或那样的废改,民众守法的习性必然削减,而法律的威信也就跟着削弱了。"② 既然一般的法律都不宜轻易改变,就更要让宪法保持稳定了,因为它不仅关系到法律的威信,而且关系到国家的威信、国家的形象以及国家在世界人民心中的分量。

概而言之,宪法的修改事关国家的形象,事关国家的软实力、精神魅力、文化竞争力。因此,在研究宪法的过程中,尤其是在修改宪法、发展宪法的过程中,不能不对此给予特别的注意。

对于当代中国的宪法学家来说,不仅要关注作为法律的宪法、关注宪法的司法化问题,还要关注宪法的政治属性,要兼做国家形象的设计师,以宪法的方式,进一步完善、提升中国的国家形象。

---

① [美]本杰明·N·卡多佐:《演讲录 法律与文学》,董炯、彭冰译,北京,中国法制出版社,2005,第105~106页。
② [古希腊]亚里士多德:《政治学》,吴寿彭译,北京,商务印书馆,1997,第81页。

第三节 中国宪法的演进

要讨论中国宪法的历史变迁,除了着眼于宪法描述的人、宪法描述的国家形象,还可以着眼于从"确认"到"正名"这根内在的逻辑线索。

从历史发展过程来看,1908年8月27日正式公布的《钦定宪法大纲》是中国有史以来的第一部成文宪法。这部宪法价值几何,姑且存而不论,它至少从形式上开启了一个新的时代,那就是中国的宪法时代。中国的宪法历经三代(清朝、中华民国、中华人民共和国),至今已超过一百年。回顾这一百多年的中国宪法,可谓"跌宕起伏,柳暗花明":它既见证了中国政治的变迁,也牵动着几代法律人的学思。这些宪法中的绝大多数,在颁布之前,都承载着沉甸甸的希望;但颁布之后,又很快引起了人们的失望。就在希望与失望的交织过程中,一百余年的光阴流过去了。

百年中国的众多宪法,虽然政治背景不同、阶级性质不同、价值目标不同,但是,它们都属于"百年中国"的宪法,都是在"转型中国"这个整体背景之下诞生的,都是现代中国政治、经济、思想、文化的产物,都是用方块字写成的。从这个角度上说,它们又带有很多的共性。在诸多的共性当中,尤其值得注意的是,它们都包含着一个共同的内在逻辑,那就是:从"确认"到"正名"的逻辑线索。对于蕴藏在中国百年宪法背后的这根逻辑线索,兹论证如下。

一、确认:中国百年宪法内在逻辑的起点

《钦定宪法大纲》第1条规定:"大清皇帝统治大清帝国,万世一系,永永尊戴。"作为中国有史以来的第一部宪法的第一个条款,它是否改变了当时的政治思想、政治制度?没有。它没有为大清帝国的政治带来任何实质性的新要素,它仅仅是对沿袭了数百年甚至数千年的传统政治制度的再次确认而已。初次诞生的中国宪法所具有的这一内在品质,百年以来,一直连绵不断,并由此而凝聚成中国宪法内在逻辑的起点,那就是"确认"。换言之,中国众多宪法的制定与颁布,都蕴藏着一个根深蒂固的思维定式,那就是对过去的确认——确认那些已经存在的政治事实。用当代话语来说,就是要"把实践中取得的并被证明是成熟的重要认识和基本经

验写入宪法"①。

　　从中国宪法的历史发展过程来看，清朝末年的《钦定宪法大纲》是对中国传统政治的确认，是以宪法的形式使君权正当化。1911年的《重大信条十九条》，其主要内容也是皇统不变和不可侵犯，皇权依法继承，皇帝有颁布宪法、任免大臣、统帅军队的大权，等等。袁世凯时代的《中华民国约法》，是对袁世凯统治地位的确认：它以宪法的名义，确认总统独揽立法、行政、军事、财政、司法、外交大权，并享有解散议会和否决法案的权力。曹锟在凭借武力夺取最高权力之后，甚至采取贿选的方式，也要制定一部《中华民国宪法》，以之确认自己的统治地位。蒋介石的《训政时期约法》《五五宪草》《中华民国宪法》，几乎都是对国民党统治地位的确认。孙中山主持制定的《中华民国临时约法》之所以昙花一现、不了了之，根本的原因，就是临时约法确认的政治格局、政治框架是脆弱的，甚至是虚假的；没有政治事实支撑的宪法，当然是没有生命力的。因此，一部成功的中国宪法，必须以"确认"作为它的逻辑起点。从这个角度上说，中国宪法也可以称为"确认型"宪法。

　　为什么中国的宪法是一种"确认型"宪法呢？从历史文化根源上说，一个根本的原因，就在于中国有一个"向后看"的思想传统。"所以从孔子的时代起，多数哲学家都是诉诸古代权威，作为自己学说的根据。孔子的古代权威是周文王和周公。为了赛过孔子，墨子诉诸传统中的禹的权威，据说禹比文王、周公早一千年。孟子更要胜过墨家，走得更远，回到尧、舜时代，比禹还早。最后，道家为了取得自己的发言权，取消儒、墨的发言权，就诉诸伏羲、神农的权威，据说他们比尧、舜还早若干世纪。"② 这样的思维模式，支配了中国百年宪法的精神实质，使中国的宪法以确认过去的事实与经验作为其内在逻辑的起点。1954年，毛泽东在《关于中华人民共和国宪法草案》一文中就明确指出："这个宪法草案，总结了历史经验，特别是最近五年的革命和建设的经验。它总结了无产阶级领导的反对帝国主义、反对封建主义、反对官僚资本主义的人民革命的经验，总结了最近几年来社会改革、经济建设、文化建设和政府工作的经验。"③ 毛泽东的这个看法，颇有代表性。它表明，中国宪法总是习惯于

---

① 王兆国：《关于〈中华人民共和国宪法修正案（草案）〉的说明》，载《人民日报》，2004-03-09。
② 冯友兰：《中国哲学简史》，北京，北京大学出版社，1996，第137页。
③ 《毛泽东文集》，第6卷，北京，人民出版社，1999，第325页。

回顾以往的事实与经验，通过确认过去来规定现在与未来。

通过进一步的分析，我们还可以发现，"确认"作为中国宪法内在逻辑的起点，主要包括两个方面的意蕴：一方面，是形而下的经验事实方面。它意味着，有什么样的政治事实，就有什么样的宪法框架；宪法上的安排基本上就是对既有的政治事实的确认。袁世凯已经造成了个人专权的事实，他就必然要以宪法的方式来确认这种事实；20世纪30年代，国民党已经造成了"一党专权"的事实，它也要制定一部《训政时期约法》，来确认这种政治事实。更为典型的政治个案是曹锟：当他占据了最高统治地位之后，即使动用武力、花费巨额贿赂，威逼利诱，也要迫使国会议员们为他制定一部宪法，以确认他的统治地位。诸如此类的事例表明，中国宪法就是对中国政治事实的确认。并非宪法文本在规定政治事实，而是政治事实在"规定"着宪法文本。

另一方面，"确认"还是一种形而上的思想理路。它意味着，只有通过确认过去，宪法上的言说才可能一步一步地展开。从根源上说，任何宪法都有一个未曾明确表达的思想前提（或一个不言而喻的立论基础、一个解释学上所谓的"前见"），只有以某个不证自明的"思想前提"作为基础，立宪者才可能一步一步地建构起一个基本的宪法框架。从比较法文化的角度上看，不同文化传统下的"思想前提"，从根本上塑造了不同类型的宪法。

譬如，美国宪法的思想前提，就是源出于基督教的"约"的观念：它首先孕育了世俗的社会契约理论，进而又成为美国宪法的不证自明的思想前提。因为，美国宪法的第一句话就宣称："美国人民，为建设更完美之合众国……特制定美利坚合众国宪法……"这样的表达方式意味着，美国宪法的文本，以及，通过美国宪法表达出来的政治框架，有一个不言而喻的思想前提：它是"美国人民"相互协商达成的一个"约"定，正是因为它是一个契约，这部宪法本身才是正当的，才可以理直气壮地提出来，它的权威性、合法性才有了一个不容置疑的地位。美国宪法的这种表达方式意味着，"契约"乃是宪法的思想前提。

反观百年中国的宪法，即使有一些宪法文本号称"约法"，我们却很难把契约观念看作是它的思想前提——在阅读百年中国众多的宪法文本的时候，我们无法体会到契约的观念。那么，中国宪法是不是就没有它的思想前提？也不是；"确认"的观念，就是它的思想前提。以1982年通过的现行宪法为例，它的序言部分的主体内容，就是几段关于历史的叙述，譬如，中国是世界上历史最悠久的国家之一；1840年以后的历史事实；进入 20 世纪以后的历史事实；尤其是 1911 年与 1949 年两个时间刻度，又把 20 世纪的历史裁为 3 段——清末、民国与共和国；在 20 世纪下半叶，又经历了生产资料私有制的社会主义改造，以党的十一届三中全会为标志的改革开放，等等。通过这一连串的历史事实，我们就看到了一条清晰的历史线索，正是这些历史线索，揭示了一条历史发展的规律。整部宪法的权威性、正当性、不容置疑性，就是建立在这样一条历史发展规律之上的。换言之，我们的宪法是将对历史的确认，尤其是对某些历史事实的确认，来作为整部宪法的基础和起点的。现在，我们甚至都很难想象，如果不确认历史，我们宪法的逻辑起点与思想根基会在哪里呢？

二、正名：中国百年宪法内在逻辑的终点

如果说"确认"是中国百年宪法内在逻辑的起点，那么，确认过去、确认历史的目的是什么？就是正名。何谓"正名"？《论语·子路篇》记载了一段著名的对话："子路曰：'卫君待子而为政，子将奚先？'子曰：'必也正名乎！'子路曰：'有是哉，子之迂也！奚其正？'子曰：'野哉由也！君子于其所不知，盖阙如也。名不正则言不顺，言不顺则事不成，事不成则礼乐不兴，礼乐不兴则刑罚不中，刑罚不中则民无所措手足。'"按照孔子的这段名言，治国理政的第一要务，就是"正名"。因为，名分不正就言语不顺，言语不顺就无法把事情办成，事情办不成意味着礼乐不能兴、刑罚不能恰如其分，就会让老百姓恐慌得手脚都无法安放，最终也无法实现对国家的有效治理。

治国理政的第一要务也就是中国宪法内在逻辑的终点。因为，宪法是典型的政治法，是政治家治国理政的依据。如果没有宪法作为依据，政治家的政治行为就会处于"名不正则言不顺，言不顺则事不成"的尴尬处境。因此，宪法对于政治家来说，一个核心的价值与现实的功能就在于"正名"。1908 年以后的众多当政者，无论他们的政治立场有多大的差异，都要颁布自己的宪法，最根本的原因就在这里。

为什么百年中国的当政者，都不约而同地把"正名"的希望寄托在宪法身上，以至于"正名"竟然成了中国宪法内在逻辑的终点，以至于百年中国的宪法竟然在相当程度上演化成为"正名之法"？笔者相信，对这个问题的进一步索解，有助于深入理解正名与中国宪法的内在关联。

从历史上看，传统中国的当政者为自己正名的方式，主要是求助于上天。上天的意志就是天意。如果一个当政者的统治地位得到了天意的支持，那么，他就成了名正言顺的统治者。不过，上天虽然具有独立的意

志，已经被想象成为一种人格化的主体，但是，"天何言哉"，上天绝不可能亲口向世人宣告只有某某才是合法的统治者。上天表达意志，必须借助于祥瑞之类的载体。譬如，据《资治通鉴》记载，公元5年12月，"前辉光谢嚣奏武功长孟通浚井得白石，上圆下方，有丹书着石，文早'告安汉公莽为皇帝'。符命之起，自此始矣"①。这种从井下挖出的石头及其字符，就是天意的体现。王莽希望借助于这样的神秘预言，向公众传达一个明确的信号：根据天意，他本人应当名正言顺地掌握最高的政治权力。又譬如，公元20年，"秋，七月，大风毁王路堂。莽下书曰：'乃壬午餔时，有烈风雷雨发屋折木之变，予甚恐焉；伏念一句，迷乃解矣。昔符命立安为新迁王，临国洛阳，为统义阳王，议者皆曰："临国洛阳为统，谓据土中为新室统也，宜为皇太子。"自此后，临久病，虽瘳不平。临有兄而称太子，名不正。惟即位以来，阴阳未和，谷稼鲜耗，蛮夷猾夏，寇贼奸宄，人民征营，无所措手足。深惟厥咎，在名不正焉。其立安为新迁王，临为统义阳王'。"②一次重大的政治安排，就是以"名不正"到"正名"的方式完成的。

如果说，以各种"符命""祥瑞"体现出来的天意，主要盛行于政治权力的争夺或转移的特殊时期，那么，证明天意的常规方式，则是一些庄严的仪式，譬如，东岳封禅、天坛祭天，等等。这样一些由最高统治者主持的仪式，承担着一项重要的政治功能，那就是，沟通统治者与上天的关系。因为，统治者的祭天过程，就相当于统治者向上天"汇报工作"，并祈求上天的认可与保佑。假如在祭天的过程中，祥云笼罩、风和日丽、紫气东来，那就意味着，统治者的"工作报告"得到了上天的批准，甚至是嘉奖；同时也意味着，统治者的政治权力、统治地位是名正言顺的，天意的支持就是依据，就是证明。

在传统中国，如果说天意是正名的主要凭据、主要载体，那么，从1908年开始，天意承担的功能就转给了宪法，宪法由此成为为政治权力正名的新载体。之所以会发生这样的转变，主要是两个方面的原因。

一方面，是宪法与天意的共通性。如果说天意体现的是上天的意志，那么，宪法体现的就是人民的意志；上天是一种人格化的主体，人民也是一种人格化的主体；天意通过看得见的祥瑞、符命、仪式体现出来；民意则通过看得见的成文宪法体现出来。"天视自我民视，天听自我民听"之

---

① 〔宋〕司马光：《资治通鉴》，北京，中华书局，2007，第406页。
② 同上书，第429页。

类的古老论断表明，在上天与人民之间，原本就有一种共通性。因此，从体现上天意志的祥瑞转换为体现人民意志的宪法，终于在 1908 年的中国政治舞台上变成了现实。从此以后，百年中国的当政者不再关心表达天意的祥瑞、符命，转而依赖于表达民意的宪法。

另一方面，发生在中国的这种转换，在某种程度上也是对西方的模仿。1688 年，英国发生了"光荣革命"。在此之前，英国著名的保皇派代表人物菲尔麦出版著作，全面论证了君权神授与王位世袭的正当性。按照这种传统的理论，国王的统治权力是上帝意志的体现，不需要其他的依据，只要凭借上帝就足以为君主的统治正名。但是，在所谓的"资本主义革命"的潮流中，洛克通过《政府论》上下两篇，全面批判了菲尔麦的保皇立场——"他的体系建立在一个很小的范围里，不外是说：一切政府都是绝对君主制；他所依据的理由是：没有人是生而自由的"①，进而阐述了一种全新的主张：社会契约与议会主权——尤其是社会契约，几乎就是对各国宪法的一种抽象化的表达。譬如，上文已经提及的美国《1787 年宪法》的序言，就已经清晰地表明，美国宪法乃是社会契约的具体化。可见，随着资本主义革命的兴起，为政治统治正名的方式，也发生了一个巨大的转换：在菲尔麦之前，是代表上帝旨意的圣经在为政治统治正名；在洛克之后，是代表社会契约的宪法在提供着正名的功能。发生在西方的这种正名方式的转变，对于中国百年之前的先知先觉者，也产生了示范性的影响。由此，在"得风气之先"的知识分子的鼓吹下，中国政治的"正名"依据，也亦步亦趋地经历了从天意到宪法的巨大变迁。

三、从"确认"到"正名"：中国百年宪法内在的逻辑线索

因此，要深入地理解百年中国的宪法，就不能仅仅着眼于形形色色的宪法文本，而是必须看到隐藏在这些文本背后的那一条逻辑线索。上文的分析可以表明，就百年中国宪法内在逻辑而论，它的起点是"确认"、终点是"正名"，这是一根彼此牵连、相互依赖的逻辑线索。

一方面，"确认"是"正名"的前提与基础。

如果没有"确认"这个逻辑上的起点，"正名"的政治功能与政治目标是难以实现的。因为，"正名"就是要有所言说，就是"要说话"。如果无话可说，就谈不上正名。百年中国的宪法话语，就是从"确认"开始的，并以所确认的历史经验、历史规律作为背景，来达到"正名"的目

---

① [英] 洛克：《政府论》，上篇，瞿菊农、叶启芳译，北京，商务印书馆，1997，第 4 页。

标。因此,"正名"必须从"确认"开始。譬如,在1982年的宪法序言中,为什么要用那么长的篇幅来确认过去、确认历史,原因就在于,立法者确认的历史事实,足以转化为不以人的意志为转移的历史规律,而当过去的事实上升为普遍性的规律,历史也就变成了逻辑与哲学,这时候,历史就不仅仅是对过去的记录,而且是真理的载体,或者说就是真理本身,依据这样的真理而写成的宪法、安排的政治,其正当性就有了一个坚实的基础与起点。

假如撤掉"确认"这个逻辑起点,那么,中国百年宪法就会陷于失语的境地。因为,任何一部宪法,总要开口说话。如果不从确认过去、确认历史开始,我们的宪法又该"从何说起"呢?《钦定宪法大纲》作为中国有史以来的第一部成文宪法,它一开篇,就说"大清皇帝统治大清帝国,万世一系,永永尊戴"。这样的话语,确认的就是沿袭了数千年之久的"道统、政统、法统":皇位世袭、皇权至上。无论是嬴政这个"始皇帝",还是光绪这个临近末尾的皇帝,都信服这个道理。这就意味着,《钦定宪法大纲》是通过确认过去来展开自己的言说的。至于现行宪法,正如前文所述,它也是将对历史的确认作为自己的起点,并从这个起点出发,走向一个更加宽广、更加现实的世界的。当然,与《钦定宪法大纲》不同的是,现行宪法所确认的历史,并非从秦始皇到光绪帝的历史,而是1840年以后的近代史,尤其是20世纪以来的现代史、当代史。尽管不同的宪法所"看到"的"历史"存在着重大的差异——历史段落、历史侧面、历史事件都不相同,但是,它们都有一个共同的特点,都是从确认历史开始起步,换言之,都是把确认过去作为自己的话语前提。

另一方面,"正名"是"确认"的结果与归宿。

如果只有确认,仅仅是对历史与过去的一种认知而已,那么这种对历史的认知、对历史规律的把握,与政治现实的关系是什么,它在当下的指向是什么,尚不特别清楚。相反,只有从确认历史出发,最终走向正名的政治目标,宪法对过去与历史的确认,才获得了一个逻辑上的结果。还是以1982年宪法为例:如果这部宪法仅仅只有序言部分,仅仅满足于对历史的回顾与确认,那么,它的价值就只相当于一篇"历史散文",虽有一定的认知意义,但它的政治功能是模糊的。只有在确认过去的基础上,进一步阐明现实的政治事实和政治关系,才可能全面实现宪法的政治功能。因此,"正名"是"确认"在逻辑上进行推演的结果,是确认过去、确认历史的必然归宿。

假如取消"正名"这个内在的目标或终点,百年中国也不会制定这多宪法文本。当曹锟用"胡萝卜加大棒"两种手段,"要求"国会议员们一定要"通过"那部宪法的时候,曹锟希望得到的东西,就是附丽于宪法身上的正名功能,就是宪法所特有的"正名价值"。如果曹锟手上没有这么一部宪法,那他就只是一个掌握了枪杆子的武夫或军阀;但是,如果拥有这么一部宪法,那么,他的武夫或军阀身份,就骤然变成了堂堂正正的中华民国总统。换言之,宪法所具有的强大的正名功能,足以把一个凡俗的曹锟打扮成一个金光灿灿的民国总统。正是由于这个原因,百年以来的中国当政者,无论他的政治理念是什么,他都会制定出一部宪法,通过这部宪法,他才能够与现实对话、与未来对话。

以上两个方面的分析表明,中国百年宪法内在的逻辑线索包含两个端点——"确认"与"正名","一个都不能少"。两者之间的区别是:"确认"针对的是过去或历史,"正名"针对的是现在或未来,因为,只有现在或未来才需要正名,也只有过去或历史才等待着确认。虽然在"确认"与"正名"之间,存在着这些显而易见的差异,但是,它们在骨子里,却存在着相互支持的另一面。可见,在百年中国宪法的背后,实际上贯穿了一条从"确认"到"正名"的逻辑线索:"确认"是起点,是前提,是条件;"正名"是终点,是结果,是目标。

四、从内在逻辑看中国宪法的外在特征

从"确认"到"正名",反映了百年中国宪法的内在逻辑线索,并且这个内藏于宪法文本背后的逻辑线索,有助于从多个不同的侧面,解释百年中国宪法的外在特征。

就制宪过程而言,我们可以发现,百年中国颁布的宪法将近二十部[①],平均每5年左右,就有一部宪法出台。如此频繁地制定宪法,在世界各国的制宪史上,恐怕也是无出其右的。为什么会出现这种状况?一个内在的根源就是:我们的宪法属于"正名型宪法"。百年以来,中国的政

---

① 这些宪法文件主要有:(1) 1908年的《钦定宪法大纲》;(2) 1911年的《重大信条十九条》;(3) 1912年的《中国民国临时约法》;(4) 1913年的《天坛宪草》;(5) 袁世凯的《中华民国约法》;(6) 曹锟的《中华民国宪法》;(7) 段祺瑞的《中国民国宪法草案》;(8) 1931年的《中华民国训政时期约法》;(9) 1936年的《五五宪草》;(10) 1946年的《中华民国宪法》;(11) 1931年的《中华苏维埃共和国宪法大纲》;(12) 1941年的《陕甘宁边区施政纲领》;(13) 1946年的《陕甘宁边区宪法原则》;(14) 1949的《共同纲领》;(15) 1954年宪法;(16) 1975年宪法;(17) 1978年宪法;(18) 1982年宪法;等等。此外,还有众多的宪法修正案,单是1982年宪法就修改了4次,1978年宪法就修改了两次。

治舞台上发生了翻天覆地的变化,先后登场的政治活动家,都有正名的需要;为了"正"自己的"名",所有的当政者都需要颁布自己的宪法。正是由于这个原因,宪法才随着政治家的轮番登场而不停地制定与颁布。另一个内在的根源是,我们的宪法属于"确认型宪法"。这样的本质特征使我们的宪法偏爱过去的经验与认识,把主要的力量用于描述已经形成的政治格局;已经形成的政治事实是什么,我们的宪法就跟在后面亦步亦趋地规定什么。相比之下,对于未来的新变化、新发展,缺乏足够的安排,也没有考虑为未来的新事物留下足够的空间。因此,只要政治事实发生了些微的变化,就会很快突破当时的宪法框架。在"名不副实"的现象经常发生的情况下,要么频繁地修改宪法,要么允许"良性违宪"①。正是在这里,我们看到了一幅奇怪的宪法学图景:这一边在主张"良性违宪",即使改革实践已经突破了宪法,也不要过于频繁地修改宪法,以保持宪法的稳定性与权威性;那一边又在反对"良性违宪",因为,即使是良性的违宪,依然是对宪法权威的损害。但在笔者看来,诸如此类的争论,并没有击中问题的要害:为什么会有"良性"的违宪?为什么又会有频繁的修宪?表面的原因是:既有的宪法无法包容新的政治现实与改革实践。本质的原因是:百年中国的宪法在根子上属于"确认型宪法",它以确认过去为归依,它对过去的政治事实、政治经验"确认"得越具体,它对未来的包容性就越小,它就越容易被不断变化的现实"撑破"。

就宪法内容而言,百年中国颁布的宪法大多具有浓厚的意识形态色彩,政治宣言重于法律规范,政治性大于法律性。以现行宪法为例:宪法的序言部分长达一千八百多字,几乎都是政治宣言;总纲部分大部分也是政治性的表达;有关公民权利的规定没有相应的救济措施;有关国家机构的规定也只有授权,没有对权力的限制,更没有关于权力越界的矫正制度;等等。宪法文本中的这些具体内容与表达方式,虽然与宪法本身的宏观性、原则性有关,但主要还是源于中国宪法的文化个性:从"确认"到"正名"的内在逻辑。"正名"的目标,在于"言顺",而不在于法律性,更不在于程序性、可追究性、可诉讼性;"确认"的起点,也不是具体的法律规则,更不必包括假定、处理、后果之类的逻辑结构,而是以往的经验与认识,或者说,主要依赖于对过去或历史作出的归纳与提炼。因此,中国宪法文本所具有的外在特征——偏重政治性、偏重意识形态,并不是某个宪法起草人的个性所决定的,而是中国百年宪法的内在逻辑所决

---

① 关于良性违宪的讨论,可以参见郝铁川:《论良性违宪》,载《法学研究》,1996(4)。

定的。

　　就行宪后果而言，百年中国的宪法几乎都属于"没有牙""不咬人"的宪法。譬如，在宪法的实施过程中，几乎没有人因为违反宪法而被追究相应的责任；在法律程序中，没有宪法诉讼法。诸如此类的宪法实践，其实都可以用百年中国宪法的内在逻辑来解释：我们的宪法以确认过去作为它的精神前提，以实现正名作为它的现实目标。这样的逻辑线索决定了宪法的外在特征：只要把一部宪法制定并公布出来，尤其是通过宣传、讲解、张贴，让这部宪法广为人知、深入人心，就基本上实现了宪法的政治目标：正名。

第四节　中国宪法的修改

本节直接讨论中国宪法的修改,因为,宪法修改是宪法变迁的基本方式,也是宪法变迁的最直观的表现。

20世纪90年代以来,接连不断的修宪吸引了众多的目光,因此,围绕着宪法修改这个主题,已经积累了不少的研究文献。[①] 举凡宪法修改的原则[②],宪法修改的特点[③],宪法修改与社会转型的关系[④],宪法修改与宪政转型的关系[⑤],以"宪法修正案"修改宪法的方式问题[⑥],宪法修改的经验、问题与应对思路[⑦],4个修正案所具有的"改革宪法的属性"[⑧],诸如此类的具体问题,都已受到了反反复复的追问,其中:有学者提出了修宪限制理论,认为宪法修改不得变更和不可伤害宪法核心。[⑨] 还有学者从"规范宪法学"与"政治宪法学"两种不同的学术取向着眼,研究了不同的学术方法对于宪法修改的影响。[⑩] 还有学者提出了宪法修改的具体建

[①] 这些文献主要包括:张文显:《世纪之交的修宪——兼论宪法的概念与宪法修改》,载《法制与社会发展》,1999 (3);王广辉:《论我国宪法典结构的完善》,载《法商研究》,2000 (5);马岭:《对〈宪法〉"序言"和"总纲"的修改建议》,载《法律科学》,2003 (4);王怀章、童丽君:《论迁徙自由在我国的实现》,载《法律科学》,2003 (4);李林、肖群拥:《中国宪法的宪政取向与缺失——基于中国现行宪法的文本分析》,载《法律科学》,2003 (3);殷啸虎、姚岳绒:《完善我国立宪技术的若干思考》,载《法制与社会发展》,2002 (3);赵世义、刘连泰、刘义:《现行宪法文本的缺失言说》,载《法制与社会发展》,2003 (3);浦兴祖:《修宪与完善政治制度》,载《政治与法律》,2003 (3);顾肖荣:《关于修宪的两点建议》,载《政治与法律》,2003 (3);唐忠民:《论我国的违宪审查体制与完善》,载《现代法学》,2002 (6);刘作翔:《关于司法权与司法体制的宪法修改意见》,载《法学》,2013 (5);等等。此外,有关宪法修改的文献综述,还可以参见曾萍:《宪法修改问题研究综述》,载《人大研究》,2003 (9)。
[②] 参见谢维雁:《我国宪法修改原则论析》,载《现代法学》,2006 (6)。
[③] 参见曾萍:《宪法修改的主要特点》,载《法学》,2004 (4)。
[④] 参见陆幸福:《中国当代社会转型与宪法修改》,载《理论学刊》,2006 (8);江启疆:《我国宪法的制定、修改与社会法治化转型》,载《现代法学》,2005 (4)。
[⑤] 参见秦前红:《宪法修改与宪政转型》,载《法商研究》,2004 (3)。
[⑥] 参见胡锦光:《中国现行宪法修改方式之评析》,载《法商研究》,2012 (3)。
[⑦] 参见董和平:《宪法修改的基本经验与中国宪法的发展》,载《中国法学》,2012 (4)。
[⑧] 高全喜:《革命、改革与宪制:八二宪法及其演进逻辑》,载《中外法学》,2012 (5)。
[⑨] 参见秦前红、涂云新:《宪法修改的限制理论与模式选择——以中国近六十年宪法变迁为语境的检讨》,载《四川大学学报》,2012 (6)。
[⑩] 参见莫纪宏:《我们应当怎样修改宪法:兼论"政治宪法学"与"规范宪法学"修宪观的得失》,载《清华法学》,2012 (6)。

议：将中国特色社会主义理论体系和中国特色社会主义制度写入宪法；将全面推进经济建设、政治建设、文化建设、社会建设和生态文明建设写入宪法；在宪法中完善关于经济体制的规定，进一步发挥宪法对经济体制改革的规范与确认作用；增加公民保护环境的权利和义务，进一步完善我国公民基本权利体系；增加"国家安全委员会"一节，确认国家安全委员会的宪法地位；增加司法制度的授权性和原则性表述，为司法体制改革提供宪法依据；根据党的十八大报告对两岸关系的定位，修改宪法序言中关于台湾问题的表述；等等。① 不仅如此，经过历次修宪增补的新鲜内容，也逐渐汇集到宪法学的整体框架内，构成了宪法学教科书或其他专门著作不可分割的元素与成分。单从这些已经取得的研究成果来看，宪法学的研究者并没有忽略宪法修改的问题；相反，宪法修改还是他们特别留意的一个学术领域。

不过，在阅读、梳理相关研究资料的过程中，可以发现，既有的研究成果要么专注于宪法修改的某个具体内容（譬如人权"入宪"、私有财产的宪法保护，等等），要么倾心于宪法修改的某个侧面（譬如宪法修改的原则、特点，等等）。至于把历次修宪作为一个动态的、有生命的、连续展开的整体，予以实证性的考察，尚未得到充分的重视；尤其是，透过修宪的过程与内容，探析中国式修宪的内在精神，更未得到有效的展开。换言之，通过已有的研究成果，可以看到宪法修改的某个点、某条线、某个面，但没有看到一幅立体的修宪图景。有鉴于此，笔者试图通过整理现行宪法的 4 个修正案，归纳出当代中国宪法修改的外在特征与内在精神；根据宪法修改的特征与精神，反思主流宪法学理论的不足或缺陷；延伸开来，还可以从"中国式修宪"这个特定的角度，就"良性违宪"的问题作出自己的解释。把这几个方面的剖析整合起来，旨在实现一个共同的理论目标：阐明修宪的中国语境。

一、对 4 个宪法修正案的归类整理

如果要从源头上看，现行宪法的依据一直可以追溯至 1954 年宪法，甚至可以追溯至 1949 年的《共同纲领》。因为，无论是 1975 年宪法、1978 年宪法还是 1982 年宪法，都是通过对前一部宪法进行"修改"的方式制定出来的。因此，从形式上说，1975 年宪法、1978 年宪法、1982 年宪法及其以后的 4 个宪法修正案，都具有"宪法修正案"的性质。但是，

---

① 参见周叶中：《关于适时修改我国现行宪法的七点建议》，载《法学》，2014（6）。

当代中国的语境下，无论是在政治话语还是学术话语中，一般都把 1982 年宪法视为一个全新的宪法。因此，所谓"现行宪法"，并不包括 1978 年宪法、1975 年宪法、1954 年宪法，而是专指 1982 年宪法；至于"宪法修正案"，专指 1982 年宪法之后的宪法修正案。[①]

现行宪法从 1982 年颁布至今（2016 年），已有 34 年。在这个并不算太长的时间段落里，它已经被修正了 4 次，先后产生了 4 个宪法修正案。如此频繁地修改宪法，一个显而易见的原因在于，中国在这 34 年的时间里，已经发生了一个巨大的变化。不断变迁的国家与社会，要求宪法也要"与时俱进"。从这个角度上说，当代中国的宪法修改，实为当代中国改革与转型的一个缩影、一个集中体现。

为了对实践中的宪法修改获得一个实证性的把握，有必要首先阅读 4 个宪法修正案的具体内容。在整理 4 个宪法修正案的基础上，笔者绘制了以下这个表格。

附表　　　　　　1982 年宪法 4 个修正案的具体内容

	指导思想	政治制度	经济制度
1988 年修正案			(1) 保护私营经济，对私营经济实行引导、监督和管理； (2) 土地的使用权可以依法转让。
1993 年修正案	(1) 社会主义初级阶段； (2) 中国特色的社会主义理论。	(1) 中国共产党领导的多党合作与政治协商制度； (2) 区县人大每届任期 5 年。	(1) 家庭联产承包责任制； (2) 社会主义市场经济； (3) 国有企业有权自主经营。
1999 年修正案	(1) 长期处于社会主义初级阶段； (2) 邓小平理论。	(1) 依法治国，建设社会主义法治国家； (2) 反革命活动改为危害国家安全的犯罪活动。	(1) 按劳分配为主，多种分配并存； (2) 家庭承包经营为基础，统分结合的双层经营体制； (3) 非公有制经济是重要组成部分。

[①] 1982 年宪法的产生，并不是出于"制宪"，而是出于"修宪"。1982 年 11 月 26 日，在第五届全国人民代表大会第五次会议上，彭真作为宪法修改委员会副主任委员，向大会所作的报告是《关于中华人民共和国宪法修改草案的报告》，并非"关于中华人民共和国宪法草案的报告"。这就意味着，1982 年宪法也是"修改"而成的，并非"创制"而来的。这个细节所包含的文化意义，还期待着有心人予以进一步的揭示。

续前表

	指导思想	政治制度	经济制度
2004年修正案	（1）"三个代表"重要思想； （2）物质文明、政治文明、精神文明的协调发展； （3）尊重和保障人权。	（1）建设者被纳入统一战线； （2）特别行政区选出人大代表； （3）戒严改为紧急状态； （4）乡镇人大每届任期5年； （5）国歌是《义勇军进行曲》。	（1）鼓励、支持、引导非公有制经济； （2）合法的私有财产不受侵犯； （3）建立社会保障制度。

表格中的内容几乎就是4个宪法修正案的全部内容。需要特别说明的是，把这些内容分别归属于"指导思想""政治制度""经济制度"，只是一种粗略的划分，目的在于方便下文的分类考察。譬如，2004年修正案关于国歌的规定，归入"政治制度"就比较勉强，严格说来，它是一项有关政治符号或政治仪式的规定；把"建设者"纳入统一战线的范围，既可以说是"政治制度"上的选择，但同时也具有"指导思想"上的意义；此外，"人权入宪"既可以说是一种"政治制度"上的规定，也可以被界定为一种"指导思想"。虽然留下了这样几处较为模糊、有待于进一步斟酌的地方，但在总体上，把4个宪法修正案的内容划分为"指导思想""政治制度""经济制度"三个方面，大致是可以成立的。

二、从4个宪法修正案看中国式修宪的外在特征

通过以上表格，我们可以直观地发现，当代中国的宪法修改，主要体现了以下几个方面的特征。

首先，宪法所确认的国家的指导思想，发生了一个连续性的变迁，变迁中有继承，继承中有发展。这一特征又具体地表现为三点：第一，依照1982年宪法，国家的指导思想是马列主义、毛泽东思想。到了1993年，宪法修正案正式确认了"社会主义初级阶段理论"与"中国特色的社会主义理论"——这两点内容，其实就是后来的"邓小平理论"的核心内容。1993年之际，"邓小平理论"虽然还没有正式地提出来，但它的精神实质却已经载入1993年的宪法修正案了。换言之，"邓小平理论"虽然是在1999年被明确地载入了宪法修正案，但是，这却绝不是一个突兀的宪法修改，而是1993年宪法修正案自然演进的一个逻辑结果。第二，1993年的宪法修正案认为，我们"正"处于社会主义初级阶段；1999年的宪法修正案认为，我们将"长期"处于社会主义初级阶段。这样的修正也是耐

人寻味的,它表明,社会主义的初级阶段理论(邓小平理论)将长期处于指导地位。到了 2004 年,宪法所确认的指导思想,在"邓小平理论"之后,又增加了"三个代表"重要思想。这就意味着,在"邓小平理论"之后又诞生了一个相对新颖的指导思想。按照主流的说法,这个新的指导思想既根源于邓小平理论,又是对邓小平理论的继承与发展。第三,2004年宪法修正案还提出了物质文明、政治文明、精神文明协调发展的指导思想。从源头上看,它既是对过去二十多年里努力发展物质文明的肯定,同时还提出了多种文明协调发展的要求。在这种协调发展思想的背后,就隐藏着后来提出的"科学发展观"。从一定层面上说,"科学发展"的实质就是"协调发展",它们共同的对立面就是片面的发展或"单向度"的发展。

其次,在政治制度方面,1993 年以后的 3 个宪法修正案的主要内容,体现了从"革命型宪法"到"建设型宪法"的转变,具体地说:第一,在 1993 年的宪法修正案中,强调了中国共产党领导的多党合作与政治协商制度。这种制度强调"合作"与"协商"——这两个关键词,就体现了建设型宪法的本质要求,因为,一切"建设",都只能通过"合作"与"协商"来实现。第二,在 1999 年的宪法修正案中,强调了依法治国,要求建设法治国家。这就意味着要告别从前的以"运动"治国的革命时代,走向和平的建设时代。把"反革命活动"修改为"危害国家安全的犯罪活动",也是这种转型的重要标志。第三,在 2004 年的宪法修正案中,"社会主义的建设者"被纳入统一战线的范围,也表明了"建设型宪法"的发展方向;对人权的尊重与保障,把"戒严"修改为"紧急状态",都表达了同样的价值追求。因为,对人权的尊重主要体现了建设时代的特征;"戒严"对应于军事管制,"紧急状态"则是一种中性化的表达方式。此外,1993 年的宪法修正案把区县人大的任期从 3 年改为 5 年,2004 年的宪法修正案又把乡镇人大的任期从 3 年改为 5 年,这些修改都体现了建设年代对于政治制度建设方面的需求。

再次,在经济制度方面,4 个宪法修正案共同的方向是迈向市场经济。这里有两条线索:第一条线索的核心是私营经济。在 1988 年的宪法修正案中,注重保护私营经济,国家对私营经济的态度是引导、监督和管理;到了 1993 年,宪法修正案直接确认了社会主义市场经济,强调国有企业的自主经营权;到了 1999 年,又进一步提高了私营经济的地位,强调非公有制经济是社会主义经济的重要组成部分;2004 年,宪法修正案对非公有制经济的态度是鼓励、支持与引导——与 1988 年的宪法修正案的引导、监督和管理相比,已经发生了一个质的区别。在市场化改革逐步深化的同时，1999年的宪法修正案承认了分配方式的多样化；2004年的宪法修正案还强调了对于合法的私有财产的保护，以及与市场化相配套的社会保障制度。第二条线索的核心是土地经营制度的市场化。1988年，宪法修正案承认土地的使用权可以依法转让；1993年，宪法修正案承认了家庭联产承包责任制；1999年，宪法修正案承认了以家庭承包经营为基础、统分结合的双层经营体制。通过以上两条线索，我们可以发现，私营经济的发展、分配方式的多样化、农村经济制度的多样化，是4个宪法修正案在经济制度方面的共同追求。

最后，宪法的修改呈现出"先经济，后政治"的规律。在1988年的宪法修正案中，主要的内容就是两条：一是对私营经济正当性的肯定，二是确认了土地的使用权可以依法转让。这两个方面，都属于经济制度方面的修改。在1988年的宪法修正案中，既没有政治制度方面的修改，也没有指导思想方面的修改——这两个方面的修改，要等到1993年以后，才在宪法修正案中全面地体现出来。宪法修改的这种规律，与"新时期"以来的改革进程是基本吻合的。因为当代中国的改革，就是从经济体制改革开始起步的，农村与城市经济体制改革的全面展开、深入实践，呼唤着宪法上的肯定与回应。正是在这样的背景之下，1982年宪法规定的经济制度，率先被突破、被修改。至于政治制度、指导思想方面的修改，则是经济制度改革发展到一定阶段的产物。

三、从四个宪法修正案看中国式修宪的内在精神

通过归纳中国式修宪的外在特征，我们还可以进一步探寻中国式修宪的内在精神。倘若要问，中国式修宪的内在精神是什么，笔者的回答是："确认"。"确认"一词，既体现了中国式修宪的内在精神，同时还可以被视为中国式修宪的逻辑起点。从一定层面上说，中国式修宪，即为"确认性"修宪；中国宪法，即为"确认性"宪法。

所谓"确认性"修宪，是指修宪者通过宪法修正案，对那些事先已经存在的思想观念、政治制度、经济制度进行事后的确认，赋予其宪法上的正当性与合法性。分而言之，中国式修宪的"确认"精神，主要体现在以下几个方面。

就指导思想而论，2004年的宪法修正案写入了"三个代表"重要思想，但是，"三个代表"重要思想早在2000年，就已经被完整地提出来了[①]；在

[①] 参见黄穗生：《"三个代表"重要思想首次完整提出时地考》，载《探求》，2003（2）。

2002年党的十六大报告中，更是明确地把"三个代表"重要思想与马克思列宁主义、毛泽东思想、邓小平理论并列在一起，确定为执政党必须长期坚持的指导思想；2004年的宪法修正案，明确了"三个代表"重要思想的指导地位，只不过是将这种已经诞生了4年之久的指导思想再次加以确认而已。与此相类似，早在1997年，邓小平理论就已经被总结提炼出来并被认定为执政党和国家的指导思想了，1999年的宪法修正案中正式写入邓小平理论，依然是对这种早已处于指导地位的理论再次加以确认而已。

就政治制度而论，中国共产党领导的多党合作与政治协商制度诞生于新中国成立初期，已经实行了将近半个世纪，但直至1993年，才正式写入了宪法修正案。再看"依法治国，建设社会主义法治国家"，早在1997年党的十五大报告中就已经得到了权威性的表达，1999年的宪法修正案中写明"依法治国，建设社会主义法治国家"，只是从宪法上对这种早已作出的政治决断再次加以确认而已。把"反革命"行为改为"危害国家安全"的行为，早在1997年的《刑法》中就已经实现了，然而，迟至1999年，宪法上的更新才得以实现。对人权的尊重与保障，早在1990年前后，就已经得到了中国政府的承认，但是，直至2004年，才明确地载于宪法。这几个方面说明，4个宪法修正案关于政治制度的一系列新规定，几乎都是对以往的政治实践予以确认而已。

就经济制度而论，"包产到户"的生产方式早在1979年就开始尝试与实践，到1981年前后就已经得到了国家的正式承认，到了1984年以家庭联产承包责任制为基础的双层经营体制得以初步形成。在1985年至1988年之间，以家庭联产承包责任制为基础的双层经营体制逐渐地从政策上升为法律。然而，家庭联产承包责任制作为一种经济制度，直至1993年的宪法修正案中，才得到了正式的确认。至于"双层经营体制"的概念，还要迁延至1999年，才在宪法修正案中得到正式的承认。这样的史实说明，宪法修正案中载明的经济制度，早在十多年之前，就已经在经济生活中广泛而普遍地存在着了。

以上三个方面的事实表明，我国的宪法修改，总是跟在经济实践、政治实践、思想探索的后面，实践中出现的新的重要认识、新的重要制度，常常会在后来的宪法修正案中得到确认。在2004年的修宪过程中，王兆国代表修宪机构向全国人大作了一个例行的关于宪法修改草案的说明，其中就讲到，宪法的修改，就是要"把实践中取得的并被实践证明是成熟的重要认识和基本经验写入宪法"①。这样的表达,已经说明了中国式修宪的内在精神:确认过去已"被证明是成熟的重要认识和基本经验"——其中的关键词,就是"确认"。为什么中国的宪法总是要修改?人们最容易看到的原因是:社会在剧烈地变迁,宪法也应当与时俱进。然而,一个更重要的根源也许是:新的"重要认识"总是在不断地取得,新的"重要经验"总是在不断地积累,这些"新东西"的核心部分都期待着宪法上的确认。因此,不断地修改宪法,以确认已经取得的重要认识和经验,也许就是中国宪法难以摆脱的一个历史宿命了。

四、中国式修宪对主流宪法理论的挑战

上文通过考察4个修正案的基本内容,发现了中国式修宪的外在特征与内在精神。这样的理论认知,有助于反省当代中国主流的宪法学理论;同时,也对主流的宪法学理论提出了多个方面的挑战。

其一,按照主流的宪法学说,宪法的基本范畴是宪法与宪政、主权与人权、国体与政体、基本权利与基本义务,等等。② 宪法所要解决的根本问题,乃是国家权力与公民权利之间的关系问题。譬如1787年制定的美国联邦宪法,主要是对国家权力的规定;1791年增补的10条权利法案,则是对公民权利的规定。再譬如法国宪法,1789年制定的《人权宣言》,体现了对公民权利的规定;至于1958年制定的第五共和国宪法,主要是对国家权力的规定;等等。这样一些宪法学说与宪法文本,都表达了一种广泛流传的宪法传统:宪法的核心问题,就是国家权力与公民权利及其相互关系。然而,就当代中国的4个宪法修正案来看,显然已经远远超越了这种传统的宪法模式。因为,在我们的宪法修正案中,国家的指导思想乃是一个至关重要的内容:1993年的社会主义初级阶段理论、1999年的邓小平理论、2004年的"三个代表"重要思想,持续不断地载入了宪法,并且引起了广泛的关注。这种修宪实践已经表明,不仅国家权力与公民权利构成了宪法的核心内容,而且适用于整个国家的指导思想也是宪法的重要内容。但是,现有的主流宪法学理论,显然还没有对此作出积极的回应;对于宪法学理论的研究者来说,无论你对这些宪法内容的立场和态度是什么,它都构成了一种不容回避的客观存在,这种客观存在的宪法现象

---

① 王兆国:《关于〈中华人民共和国宪法修正案(草案)〉的说明——2004年3月8日在第十届全国人民代表大会第二次会议上》,载《人民日报》,2004-03-09。
② 参见李龙:《宪法基础理论》,武汉,武汉大学出版社,1999,第138页。

期待着理论上的阐释。

其二，在主流的宪法学理论中，经济制度也长期处于被忽视的地位。譬如，在重要的法学期刊上，我们很难找到宪法学者关于土地使用权的研究、关于家庭联产承包责任制的研究、关于分配方式的研究、关于"双层经营体制"的研究。① 在这些问题上，其他领域的研究者作出的贡献引人注目，但是宪法学者却很少给予足够的注意。在一些宪法学者的潜意识里，经济制度似乎不大像一个宪法学问题，至少不属于宪法学的核心问题。但是，透过4个宪法修正案，我们可以发现，恰恰是经济制度，构成了宪法修改的先导和持续修宪的核心内容。由此，我们有必要反省我们固有的宪法观念，有必要逐渐走出单一的宪法观念，既要看到宪法是关于政治制度的规则，同时也要注意到它还是关于经济制度的规则。

其三，在政治制度方面，4个宪法修正案还有一个值得注意的特点，那就是国家制度与政党制度并重。在1993年的宪法修正案中，专门规定了中国共产党领导的多党合作与政治协商制度；在2004年的宪法修正案中，又对统一战线的内容进行了新的规定。这些内容按照传统的学科分工，都很难被纳入宪法学理论的视野中。但是，通过这样一些修宪实践，我们已经可以发现，政党制度也是宪法关注的重要内容，也是宪法修改的重要组成部分。这就提醒我们，在宪法所确认的政治制度中，除了国家制度，还应当包含政党制度以及国家与政党相互关系的制度。从这个角度上说，宪法学除了研究国家问题，还应当研究政党问题。因为，在现代国家与现代政党之间，本来就具有密不可分的联系。

以上三个方面意味着，当代中国的修宪实践，已经对主流的宪法学理论、传统的宪法观念提出了挑战：从政治层面来看，宪法既规定国家制度，也规定政党制度；从制度层面来看，宪法既规定政治制度，也规定经济制度；从国家层面来看，宪法既规定国家的制度建设，同时也规定国家的指导思想。这就为传统的宪法学研究拓展出若干新的空间：指导思想及其与制度建设的关系；经济制度及其与政治制度的关系；政党制度及其与国家制度的关系；等等。

五、从"确认性"修宪看"良性违宪"

通过对4个宪法修正案的具体内容、外在特征、内在精神的分析，我

---

① 对这几个问题的研究，主要集中在经济法学、民商法学等领域。在宪法学领域，较少关注这几个方面的问题。

们对于修宪在当代中国的特殊语境,尤其是对于中国式修宪乃至于整个中国宪法的"确认"性质,都已经获得了一个基本的认识。以此为基础,我们还可以进一步延伸开来,讨论一个曾经聚讼纷纭的问题,那就是"良性违宪"。

1996年,郝铁川发表《论良性违宪》一文,论证了"良性违宪"的积极意义。他说:"所谓良性违宪,就是指国家机关的一些举措虽然违背当时宪法的个别条文,但却有利于发展社会生产力、有利于维护国家和民族的根本利益,是有利于社会的行为",因此,"良性违宪"属于"看似违宪但实际上却符合历史发展趋势的事件"。至于"良性违宪"的原因,则主要有两点:其一,"法律相对于社会现实的发展具有滞后性,特别是在社会变革和危急时期更为突出,这导致了良性违宪的产生。这是各国出现良性违宪的具有普遍性的原因"。其二,"中国的立宪制度不够完善,是造成良性违宪较之别国为多的特殊原因。中国立宪中普遍采用列举式的授权性规范……列举式授权性规范体现了传统计划经济体制统得过死的弊端,它与今天的改革形势不可避免地发生冲突"①。

面对这样的"良性违宪说",童之伟提出了反对意见,经过分析与论证,他的结论"十分明确:1.'良性违宪'也是违宪,同'恶性违宪'没有实质差别,同样必须追究违宪责任;2.'良性违宪'比'恶性违宪'更可怕,更值得人们警惕,更容易在宪法意识薄弱、不习惯法治、不少人时刻想要突破宪法'束缚'的我国社会找到市场,所以,相对而言,我们在理论上和实践中应当特别注重遏止'良性违宪';3.对于改革中出现的新问题,可以经过法定程序以宪法修正案的形式解决,不可期望法外解决,也绝不能允许法外解决"②。

郝、童之间围绕着"良性违宪"的争论虽然引起了学术界的多方关注③,但是,这样的争论并未形成真正的学术交锋,因为,双方是站在截然不同的学术立场上来立论的。对于"良性违宪"的批评者来说,他所持有的立场是应然的理想法治;站在这种立场上,无论是"良性违宪"还是"恶性违宪",都是对宪法的违反,这种违反宪法的行为,不可能产生任何积极意义。对于"良性违宪"的倡导者来说,他所持有的立场是实然的社

---

① 郝铁川:《论良性违宪》,载《法学研究》,1996(4)。
② 童之伟:《"良性违宪"不宜肯定》,载《法学研究》,1996(6)。
③ 譬如韩大元:《社会变革与宪法的社会适应性——评郝、童两先生关于"良性违宪"的争论》,载《法学》,1997(5);曦中:《对"良性违宪"的反思》,载《法学评论》,1998(4)。

会现实,从社会现实着眼,"良性违宪"有它特定的积极意义与正当理由。

郝铁川的文章以为,"良性违宪"的发生是因为宪法具有滞后性以及立宪中的列举式授权规范。童之伟的文章认为,"良性违宪"是因为相关主体宪法意识薄弱、不习惯法治、故意想突破宪法的束缚。然而,无论是郝文还是童文,都没有真正触及当代中国违宪现象的实质。上文的分析已经表明,中国式修宪,乃是"确认性"修宪:修宪者对于宪法的修改,本质上并不能提出新思想,也不能创立新制度;宪法的修改仅仅是对已有认识与已有经验的确认。这样的修宪逻辑意味着,只有突破宪法的既有规定,或者在宪法既有规定之外,才可能积累新的认识、新的经验。从这个层面上说,在中国宪法修改、变迁、发展的过程中,必然伴随着某些违宪行为。因为,修宪既然是对过去已经获得的认识和经验的确认,那么,在新的认识与经验凝聚之前、经过检验之前,绝不可能无中生有地制定出新的宪法规则来,因而,突破既有宪法规则进行改革与探索,在较长时期内,将是一个不可避免的宪法现象。

此外,对违宪或违法行为的评价,也不能像童文所认定的那样:一无是处,应予绝对否定。因为,对于任何行为的评价,都可能包含两个方面的标准:一是法律评价,二是历史评价。有的行为,虽然符合现行的宪法与法律,但是,如果它不符合历史发展的方向,那么,它在接受历史评价之时,就可能获得一个否定性的评价结果。另一些行为,虽然与现行的宪法或法律相冲突,但是,如果它符合历史发展的方向,那么,它在接受历史评价之时,就可能获得一个肯定性的评价结果。如果像童文那样,在评价某个事实、某个行为的时候,仅仅依据现行的宪法规范或法律规范,那么,就可能对历史评价的应有功能、积极意义失去应有的尊重。从这个角度上说,由4个宪法修正案揭示出来的中国式修宪,以及由此延伸出来的"良性违宪"问题,还可以启示我们更多的、此处尚未全面展开的东西。

第五章 研究方法

第一节 恩格斯的宪法社会学研究

一、引言

除了特定时期的政治宣传之外，在中国现当代的学术理论文献中，有关英国宪法的介绍和评论，基本上都是褒扬多于批评，甚至是只有褒扬，鲜有批评。这样的宪法话语模式并非始于当代，而是从19世纪末期就开始了。譬如，早在1899年，在《各国宪法异同论》一文中，梁启超就曾以倾慕的口吻述及英国的宪政与宪法："宪政（立宪君主国政体的简称）之始祖者，英国是也。英人于700年前，已由专制之政体，渐变为立宪之政体，虽其后屡生变故，殆将转为专制，又殆将转而为共和，然波澜起伏，几历年载，卒能无恙，以至今日。非徒能不失旧物而已，又能使立宪政体益加进步，成完全无缺之宪政焉。……又各国之宪政，多由学问议论而成，英国之宪政，则由实际上而进，故常视他国为优焉。"[①] 在这篇文献中，梁启超表达了他对于英国宪法的高度礼赞与不胜向往。从此以后，在一个世纪的时间里，英国宪法获得的赞誉有增无减。在很多中国学者的潜意识里，英国成了西方宪政的原产地，英国式的宪法体制和宪政秩序则被当作西方原生型宪政的样本，以至于在当代中国越来越多的出版物中，我们总是能够读到一些有关英国宪政的传奇式的历史典故。

譬如，其中的极具代表性的一则典故，就是这样讲述的："1612年11月10日，英王詹姆士一世召集法院长官及总主教开会议于王宫。会中，

[①] 《梁启超全集》，北京，北京出版社，1999，第318页。

总主教极力敷陈君主所有特权的重要。至于法官不过受君主委托而司理狱讼。万一于必要时，听讼一事英王可以躬亲，不必经过法官。总主教于是引圣经的言语，以证明此类君主的特权实由神授。总主教言毕，大法官柯克代表法院全体同僚发言：依英格兰的法律，所有讼案均应由法院依国法或国俗判决；君主本人不能单独折狱。英王闻之，不以为然。因曰：'我一向以为法律是从理性得来。裁判官是人，我亦是人。裁判官有理性，我亦有理性。他们既能判案，我为什么不能判案？'柯克答辩：'不错，上帝的确赋予陛下极其丰富的知识和无与伦比的天赋；但是，陛下对于英格兰王国的法律并不精通。法官要处理的案件动辄涉及臣民的生命、继承、动产或不动产，只有自然理性是不可能处理好的，更需要人工理性。法律是一门艺术，在一个人能够获得对它的认识之前，需要长期的学习和实践。'最后，柯克复引法学大师布拉克顿的名言'王居万民之上，但位于上帝和法律之下'，以声明君主虽在国内为至尊，然仍须受制于上帝及法律。"① 在这段生动而传神的宪法故事中，柯克爵士不畏王权，义无反顾地捍卫了法院的独立与尊严。

汉语文献中记载了大量的有关英国宪法的细节。关于英国宪法原则的总结，就更常见了。譬如，在一本广泛流行的教科书中，英国宪法的主要原则被归纳为以下几点：一是议会主权原则，"到19世纪，议会的权力达到了顶峰，以致有人说英国议会除了不能把男人变成女人或把女人变成男人外，无所不能"；二是分权原则；三是责任内阁制原则；四是法治原则，它"意指依法治国，任何机构和个人都不享有法外特权。在中世纪的英国，对专横的王权缺乏有力的制约，法治常遭破坏，法治原则是资产阶级革命后才逐渐确立起来的"②。按照这样的概括，资本主义革命之后的英国宪法及其宪政堪称完美无缺：其中既有议会主权所表达的民主政治，又有负责任的内阁政府，还有任何机构和个人都不能享有特权的法治秩序。

并非只有中国学者撰写的介绍或研究性文字，才给我们描绘了一幅精美的英国宪政图景，就是在汉译过来的西人著作中，英国宪法的"形象"也是十分光彩照人的。譬如，在美国学者戈登关于西方宪政史的专题著作中，总共9章的篇幅，其中就有两章专门留给了英国的宪政。③ 再譬如，

---

① 李慧：《法官的操守》，载《人民法院报》，2015-07-03，第7版。
② 由嵘主编：《外国法制史》，北京，北京大学出版社，2000，第349~353页。
③ 参见［美］戈登：《控制国家——西方宪政的历史》，应奇等译，南京，江苏人民出版社，2001。

在考文的长篇论文《美国宪法的"高级法"背景》中,也曾浓墨重彩地渲染了英国的宪法实践对于美国宪法的潜在影响。[①] 至于哈耶克在《自由宪章》一书中对于英国宪法的梳理与称道,更是为广大的中国学人所熟知。

汉译文献与中国学者自己的著述不约而同地羡称英国宪政与英国宪法,这样的现象,从表面上看,似乎属于"英雄所见略同",但是,更加真实的原因恐怕还在于:中国学者关于英国宪法与宪政的印象,也许主要就来源于这些西方著述,或者说,西方著述中所描绘的英国宪法图景,已经在很大程度上,支配和限制了中国学者关于英国宪法的想象。

尽管通过流行的相关著述,我们确实可以体会到英国宪法之"美"。然而,任何事物都具有两面性:既有它光彩的一面,也有它暗弱的一面;既有它的优点,也有它的劣势。如果只知其一、不知其二,我们就不可能真正地理解并准确地把握一个事物的全貌。英国宪法"这个东西",同样具有两面性,它除了"美"的一面,还有"不美"的另一面。如果说,在众多的汉语文献(包括汉译文献)中,已经对英国宪法之"美"作出了全方位的、立体化的描绘,那么,关于英国宪法中"不美"的另一面,还值得给予进一步的关注。否则,我们对于英国宪法的认识,就可能跌入"盲人摸象"式的陷阱。

二、恩格斯眼中的英国宪法

透过恩格斯于1844年3月写成的《英国宪法》一文,我们就可以看到英国宪政与宪法的另一面。在这篇很少为中国法学界所引证的经典文献中,恩格斯以一个观察者的视角,给我们描绘了一幅更加真实的19世纪中叶的英国宪法图景。

恩格斯注意到,就纵向的英国宪法的历史来说,英国的中庸派认为,英国宪法是"历史地"发展起来的,因为,1688年革命所奠定的基础被保存下来了——这样的观点,似乎也是当代中国学界的一个基本共识。但是,恩格斯通过自己的观察发现,把1688年的英国人同1844年的英国人比较一下,就可证明:如果说两者的宪法基础完全一样,那是荒谬绝伦、根本不可能的事,因为,除了文明的一般进步之外,英国1844年的政治性质已经和1688年时完全不同了,无论是辉格党还是托利党,都发生了根本性的演变,这些演变,使得1844年的英国政治状况已经迥异于1688

[①] 参见[美]考文:《美国宪法的"高级法"背景》,强世功译,上海,三联书店,1996,第二节、第三节。

年的政治状况了。在这里,恩格斯要求人们采用运动的、变化的眼光,来分析英国宪法的政治基础。

就横向的英国宪政体制来说,恩格斯认为,英国君主立宪政体的第一个原则是权力均等,即国家权力分属于国王、上院与下院。对于这种权力分立的原则与精神,英国资本主义革命的辩护人洛克在他的传世名著《政府论》下篇中,已经作出了详细的阐述。但是,恩格斯发现,这3个机构都存在着严重的矛盾和异化。

先看国王。按照立宪君主政体的基本理论,国王应当拥有1/3的立法权,但是,"王权实际上已经等于零,假如举世皆知的事实还要证明,那末只需要提出下面一点就足够了:反对王权的一切斗争已经停止了一百多年,甚至激进的民主的宪章派也认为最好是不要把自己的时间消耗在这种斗争上。那末在理论上分给国王的三分之一的立法权究竟在哪里呢?"[1] 虽然王权已经等于零,但英国的君主立宪政体还要向这个空空洞洞、毫无内容的人物顶礼膜拜。正是在这里,体现了英国宪法与宪政的自我矛盾。

再看贵族。从理论上讲,由贵族组成的上院,与国王一样,也应当享有1/3的立法权。但是,实际上,"上院一百多年来不断遭受的各种嘲笑已经逐渐深入舆论,以致大家都把立法权的这一部门当做退休的政界人物的养老院,每一个还没有完全失去工作能力的下院议员都把上院议员的提议看做一种侮辱;既然这样,那末就不难想像宪法规定的第二个国家权力会受到怎样的尊敬。实际上,上院议员的活动已变成空空洞洞毫无意义的形式了"[2]。换言之,上院与它的法定职责之间,也是名不副实。

在以上两点分析的基础上,恩格斯进一步指出:"如果国王和上院是无权的,那末下院就必然把全部权力集中在自己身上,而事实上也正是这样。实际上下院在颁布法律,并通过内阁大臣们(他们不过是下院的执行委员会)来管理国家。只要民主因素本身确实是民主的,那末,在下院这样独掌大权的情况下,英国就应当体现出纯粹的民主政治——尽管立法机关的其他两个部门在名义上还会存在。但却完全不是这么一回事。"[3] 因为,下院议员的选举存在着诸多问题,譬如,"……在伦敦,托利党的卡尔顿俱乐部和自由派的改革俱乐部里,城市代表的席位完全公开拍卖,谁出的价钱高,就卖给谁,这些俱乐部就像做生意一样地进行交易:'你出

---

[1] 《马克思恩格斯全集》,第1卷,北京,人民出版社,1956,第682页。
[2] 同上书,第683~684页。
[3] 同上书,第684页。

多少多少英镑,我们就保证给你一个什么什么位置'等等。除此之外,在进行选举时还有一些'正当的'办法,这些办法就是:投票时到处酗酒,候选人请选民到小酒馆喝酒,在投票的地方结伙扰乱,吵架殴斗,——所有这一切都充分表明任期七年的代表是一文不值的"。这些事实告诉我们,"……王权和上院已经失去了作用;我们看到,掌握大权的下院是用什么方法来补充成员的;现在的问题是:实质上究竟是谁统治着英国呢?是财产。财产使贵族能左右农业区和小城市的代表选举;财产使商人和厂主能影响大城市及部分小城市的代表选举;财产使二者能通过行贿来加强自己的势力"①。

英国的统治者既不是国王,也不是贵族;下院所代表的民主政治,在很大程度上也是虚假的。英国的真正统治者实际上是财产。这样的事实表明,在英国宪法的理论与实践之间,已"……处于极端矛盾的状态。两方面彼此背道而驰,它们已经毫无相同之处了。这里是立法权的三位一体,那里是资产阶级的横行霸道;这里是两院制,那里是操纵一切的下院……这里是世袭立法者的独立的上院,那里是为老朽无用的议员们设立的养老院。立法权的三个组成部分,每一个都不得不把自己的权力让给别的要素:王权让给大臣,即让给下院的多数;上院议员让给托利党……下院则让给资产阶级。……英国宪法实际上已经根本不存在了;全部漫长的立法过程纯粹是一场滑稽戏"②。

恩格斯描绘的这样一幅英国宪法图景,与现当代宪法著作中的英国宪政图景,显然存在着一个巨大的反差。虽然,由于观察角度的限制,恩格斯笔下的英国宪法图景并非完备无缺,更没有面面俱到;虽然,恩格斯描述的英国宪法主要限于19世纪40年代,不可能完全对应于20世纪、21世纪的英国宪法,但是,通过恩格斯的叙述,我们还是感受到了一种强大的理论冲击力。

三、分析方法的有效性问题

从研究方法的角度,我们还可以作出进一步的探讨。

已经有学者注意到,在汉语文献中,有关思想史的研究,人们往往习惯于从经典作家或经典著作出发。就中国思想史而言,一般是从孔子、孟子一直数到康有为、梁启超、孙中山;就西方思想史而言,一般是从苏格

---

① 《马克思恩格斯全集》,第1卷,北京,人民出版社,1956,第687页。
② 同上书,第688页。

拉底、柏拉图一直数到罗尔斯、哈贝马斯。在这样的研究范式之下,"经典、经典的引证、注释与解说、精英的文字论述,则把思想史的线索连缀起来,只要被采撷在书中,经典就真的'名垂青史'。而思想的历史也就自然成了思想家的博物馆,陈列着他们的照片。一半仿佛编花名册,把已经逝去的天才的生平与著作一一登录在案;一半仿佛挂光荣榜,论功行赏或评功摆好"①。

这样的研究方法不仅盛行于思想史领域,也常常见于有关宪法与宪政的研究领域。譬如,对于中国现行宪法的研究,最主要的研究对象就是宪法文本。宪法文本中的表达与修辞,往往是中国宪法学理论得以展开的起点与基础。倘若是研究近代中国的宪法史或宪政史,那么,清政府的《钦定宪法大纲》、民国初年的《临时约法》、袁世凯与北洋政府的宪法、国民党政府的宪法,等等,就构成了一条最主要的线索。依此类推,有关英国宪法与宪政的研究,主要是针对《自由大宪章》《人身保护法》《王位继承法》《议会法》等法律文本以及柯克、洛克等经典人物而展开的。换言之,从神圣的文本与神圣的人物出发,构成了我们认识中西宪法与宪政的主要路径。

这种研究方法与认识路径的正面价值或积极意义,当然是毋庸置疑的。通过这样的路径,我们可以认识到概念体系中的宪法,可以了解到抽象层面上的宪政。但是,我们对于实践层面上的宪法、对于真实生活中的宪政,就不大容易获得深入细致的理解。换言之,我们只能看到"浮在上面"的有关宪法的表达与修辞,难以看到"沉到下面"的宪政的运行过程与真实处境。这种主流的研究方法所蕴含的困境,要求我们认真对待恩格斯在《英国宪法》一文中所采用的基本方法。

恩格斯对英国宪法的研究,主要借助于经验主义的分析方法,甚至是纯粹经验主义的分析方法。正如恩格斯自己所言:"……我着手研究的英国宪法不是布莱克斯顿的'释义'里和德洛姆的幻想里的那种宪法,也不是从《Magna Charta》〔大宪章〕至改革法案这一长串法规所体现出的那种宪法,而是在现实里存在着的那个英国宪法。"② 恩格斯自觉选择的这种研究方法的特点,可以归纳为以下几个方面。

首先,它关注的焦点不是正式颁布的那些宪法文本,而是宪法在实践中的过程与行为。按照正式的法律文本,英国宪法的主要内容就是《自由

---

① 葛兆光:《中国思想史》,导论,上海,复旦大学出版社,2001,第9页。
② 《马克思恩格斯全集》,第1卷,北京,人民出版社,1956,第682页。

大宪章》《人身保护法》《王位继承法》等等。但是，在宪法的运作行为与运行过程中，我们却可以看到一系列鲜活的现象：财产对政治的支配、代表席位的拍卖、投票过程的结伙斗殴，等等。相对于宪法文本中的理性与严谨，实践中的宪法呈现出一派五光十色甚至光怪陆离的画面。

其次，这种经验主义的方法偏重于案例分析，强调通过对具体案例的剖析，揭示宪法文本与宪政实践之间的内在矛盾。譬如，按照英国宪法的基本原则，必须尽力保护被告人的权利，因为，被告人和国王一样，都是神圣而不可侵犯的。但是，这项宪法原则在实践过程中，出现了这样一些离奇的后果：1800年，有一个人被认定犯有伪造钞票的罪行，但却未受到惩罚，因为他的辩护人在判决宣告之前发现，在伪造的钞票上名字简写作 Bartw，而在起诉书上写的是全名 Bartholomew。法官认为，申辩的理由充足，于是宣告被告人无罪。1827年，在温彻斯特，有一个妇女被控谋杀婴儿，可是却被宣告无罪，理由就是陪审员在验尸记录中写的是我们"发了一个誓"，保证发生过如此这般的事情，可是本应该写成我们"每人都发了一个誓"，因为13个陪审员不是发了一个誓，而是发了13个誓……通过这样一些具体的事例，恩格斯旨在说明的问题是：受惩罚的不是犯罪行为，而是犯罪的笨拙；谁要是穷得雇不起这种讼棍式的辩护人来对抗官方的讼棍伎俩，过去那些为保护他而创立的一切形式都会对他不利；谁要是穷得请不起一个辩护人或相当数目的证人，那么即使他的案件有些模棱两可，他也一定要遭殃。"这样的例子我真能举出几百个，但上面举出的几件就已经足以说明问题了。"① 正是在恩格斯举出的系列典型案例中，英国宪法的本质，便得到了深入而细致的揭示。

最后，恩格斯强调了两种不同的真实性：注重以实践的真实性取代文本的真实性，以政治生活的真实性优先于法律文本的真实性。宪法文本中的规定当然确有其事，是真实的，但是，"宪法所规定的一切权力——王权、上院、下院，我们都眼看着消失了；我们看到，国教会和英国人的一切所谓天生的权利都是徒具空名，甚至陪审法庭也只是虚有其表，法律本身没有实际效力"；"……这种事态引起了多少谎言和不道德的行为；人们俯首跪拜空名而否认现实，不愿对现实有任何的了解；拒不承认实际上存在的东西，他们自己创造出来的东西，他们自己欺骗自己，使用一套带有人为范畴的隐语，而每一个这样的范畴都是对现实的一种讽刺；他们胆战心惊地死死抓住这些空洞的抽象概念，只是为了不承认生活和实

---

① 《马克思恩格斯全集》，第1卷，北京，人民出版社，1956，第699页。

践中的情形完全是另一回事。全部英国宪法和一切立宪主义的舆论无非是一个弥天大谎"①。

四、恩格斯的观点与方法对我们的启示

以上我们梳理了恩格斯关于19世纪中叶英国宪法的基本观点和分析方法,这样的观点与方法对于当代中国的宪法与宪法研究,特别是宪法社会学研究,到底具有什么样的启示意义呢?

首先,它让我们看到了英国宪法的另一面,即,不是那么光亮甚至还有些阴暗的另一面,有助于我们形成对于英国宪法乃至于整个西方宪法的更全面的认识。清朝末年以后,在西方强势文明的冲击与逼迫之下,我们对于西方的宪政与宪法,逐渐养成了一种崇拜的心态。由于英国宪法是我们亟待学习的样本,是我们希望迈向的目标,是我们自愿选择的方向,在这样的大趋势之下,我们只愿意看到一个完美的、光鲜的英国宪法;我们从心底里就不愿看到英国宪法的某些阴暗面,我们甚至对附着于英国宪法身上的某些污点,都视而不见。百年以来,很多处于风口浪尖上的宪法理论家、启蒙思想家,譬如康有为、梁启超甚至包括后来的罗隆基等人,都是以鼓动与宣传作为自己的志业。他们当然享有学者的声誉,但他们更重要的身份是政治启蒙家与舆论宣传家。为了达到"振臂一呼、应者云集"的社会效果,他们只愿向国内公众传达这样一个信息:英国的宪法是完美无缺的,只要走上了英国式的宪政,中国的富强就将指日可待。试想:倘若要求他们像一个自然科学家那样,全面地剖析英国宪法的优点和缺点,让国内公众既看到英国宪法的优点,更要看到它的缺陷,那么,他们旨在宣传、推广的英国宪法之魅力,岂不是要大打折扣?正是这种特定的语境,致使几代中国学者,虽然对实践中的英国宪法,并不缺少深入了解的机会,但是,在"向西方寻求真理"的信条之下,即使是那些亲临英伦的学者,也只愿意看到它"成功的经验"。至于与此密切相关的"失败的教训",即使偶尔进入了他们的眼帘,恐怕也难沉入他们的心底。从这个角度上看,汉语文献中流传着的关于英国宪法的神话,并不是中国学者们自觉的、深思熟虑的结果,而是在中西强弱对比悬殊的情况下,所出现的一种不自觉的文化现象。这样的文化现象,不独盛行于康有为、梁启超时代,也是当代中国学界的一道风景。值得注意的是,对于这种一厢情愿地美化、神化英国宪法的思维定式,当代中国学界尚未展开深入的反省。

---

① 《马克思恩格斯全集》,第1卷,北京,人民出版社,1956,第704页。

其次，在恩格斯的笔下，19世纪中叶的英国宪法形同虚设，整个英国的统治者既不是国王，也不是上院，甚至不是象征民主政治的下院，而是财产，是财产在英国发号施令。在这里，恩格斯实际上已经揭示了马克思主义的一个基本原理：并不是纸面上的英国宪法在决定着英国的经济发展状况，纸面上的英国宪法既不能决定实践中的英国宪政，更不能"为英国经济的发展保驾护航"。在《英国宪法》一文的开篇，恩格斯就曾讲道：世界上没有一个国家能在势力和财富上同英国匹敌。然而，英国的这种经济状况并不是由纸面上的英国宪法造就的。毋宁说，英国实践层面上的宪政，乃是英国经济发展的产物。从这段史实与史论出发，再对照当代中国的"词与物"，我们可以发现，当代中国的学者对于当代中国的法律文本，习惯于寄予很高的希望。他们总是期待着，仅仅通过制定或修改某个法律文本，就能够建立起理想的市场经济、民主政治、法治国家。事实上，恩格斯着意分析的19世纪中叶的英国宪法实践，已经揭示了这样一个道理：不能过高地估计文字中所表达的法律对于政治、经济和社会的作用。不仅纸面法律文本的命运是这样，如果进一步思考，我们还会注意到，即使是国家主权者认真推行的新制度，其对政治、经济、社会的影响也是有限度的，因为，一切制度因素，并非一种孤立的存在，而是与社会状况、文化传统、风俗习惯、经济水平等因素都具有水乳交融般的紧密联系。

再次，为了认识真实生活中的英国宪法，恩格斯采用了经验主义的研究方法。通过这种方法，恩格斯以一个旁观者的身份，给我们描绘了一幅现实中的英国宪法图景。这样的研究方法，对于当代中国的宪法学理论来说，也是极具参考价值的。因为，在当代中国的宪法学研究领域，学者们关注的主要对象就是现行的宪法文本，宪法学理论在相当程度上被简化成了宪法文本学。虽然，从宪法文本出发，我们也能够获得关于一个国家、一个时代的宪法知识，但是，如果仅仅是或主要是依赖于宪法文本，就只能抓住一些宪法学范畴或空洞的、抽象的宪法概念，而难以揭示真实生活中的宪政状况。当代中国的宪法学理论为什么发育相对迟缓？一个重要的原因也许就在这里。从这个层面上看，我们更应当借助于恩格斯的经验分析方法，以观察者的角度，揭示出实践中的宪法状况，促使当代中国的宪法学理论不仅仅是宪法文本学，同时也是宪法社会学，当然也是宪法政治学、宪法经济学、宪法文化学。只有这样，我们才可能建立起充满生机与活力的宪法学理论。

最后，是宪法学研究中的批判精神。19世纪40年代的英国宪法不同于21世纪的中国宪法，当代中国学者当然也不是代表工人阶级批判资产阶级的恩格斯。单从这个意义上说，我们不能把恩格斯对于英国宪法的批判，原封不动地搬到当代中国的宪法学研究领域中来。但是，由恩格斯参与奠基的马克思主义，毕竟还是一种批判性的理论，只要哪里还有缺陷，哪里就是批判的对象。资本主义国家的宪法需要批判，这是毋庸置疑的；但是，在社会主义国家宪法实践过程中滋生的毛病与问题，也离不开理论批判的锋芒。倘若没有这样的批判锋芒，过于柔驯的宪法学理论既不能"解释世界"，更不能——像马克思在《关于费尔巴哈的提纲》一文中所要求的那样——"改变世界"①。

五、两点预先的答辩

有必要补充说明的是，笔者关于恩格斯《英国宪法》一文的解读与梳理，可能会招致诸多批评。譬如，也许有人会认为，笔者的剖析带有强烈的意识形态色彩，是在接续马克思主义经典作家批判资本主义社会的陈旧话题，是在揭示"资产阶级宪法"的虚伪性。不仅如此，笔者以马克思主义经典作家的著述作为立论的依据，似乎还有某种"狐假虎威"的嫌疑，等等。面对这些可能出现的诘问与责难，不妨在此预先作出两点简要的答辩。

其一，在恩格斯写作《英国宪法》的1844年，所谓"马克思主义"云云，连影子都还没有。对于恩格斯以及马克思来说，他们漫长的著述生涯才刚刚开始。《英国宪法》一文作为恩格斯的早期著作，在1844年之时，还远远没有上升到意识形态的地位。那个时候的恩格斯，年仅24岁，只是一个年轻而敏锐的观察者。他通过自己的观察，见证并描述了19世纪中叶英国宪法的真实状况。因此，与其说《英国宪法》是一个意识形态化的文本，还不如说是一份内容翔实的考察报告。透过这份报告，我们看到了英国宪法的另一面。

其二，即使是经典作家的论述，也不可能"句句是真理"，更不可能"一句顶一万句"。从这个角度上说，恩格斯关于英国宪法的描述，并没有穷尽英国宪法的全貌。此外，英国宪法还是不断地变化发展的，恩格斯在19世纪40年代的观察与发现，也不能套用于20世纪、21世纪的英国宪法。这些都意味着，不能把恩格斯在这篇文献中的论断当作一份针对英国宪法的"终审判决"。尽管如此，我们也不能因为曾经出现过关于经典著作的教条化的理解，就因噎废食地拒绝经典作家的睿智与卓见。

回到马、恩，回到经典，要求我们更加理性地对待《英国宪法》这篇文献，充分尊重一个经典作家的研究方法与批判精神。

---

① 《马克思恩格斯选集》，3版，第1卷，北京，人民出版社，2012，第136页。

第二节　从宪法解释学到宪法社会学

一、宪法解释学的兴起

在当代中国，宪法评注的兴起，主要体现为宪法解释学的兴起。譬如，范进学的《宪法解释的理论建构》《认真对待宪法解释》等著作①，探讨了宪法解释的方法；并根据现行的宪法文本，实践了这些解释方法。韩大元主持的关于宪法文本的研究课题，主要针对宪法文本中的若干关键词而展开。② 周伟关于宪法解释案例的研究，主要研究了全国人大常委会及其内设专门机构的批复。③ 其他众多的专题性宪法学研究，也习惯于根据宪法文本的某个条款、某些条款、某些领域而切入。这些具有宪法解释学倾向的研究成果，尽管内容不同、重点不同、观点各异，但却包含着一个共同的特征：把研究的范围限制在宪法文本明确涉及的内容上④，比如中央与地方的关系、公民的基本权利或宪法权利、宪法解释制度、违宪审查制度或宪法监督制度、政体问题、人权问题，等等。在西方国家，针对文本的宪法解释学具有原教旨主义的倾向。⑤ 这些明确载之于宪法文本的制度或问题，构成了当前宪法解释学"纵横驰

---

① 参见范进学：《宪法解释的理论建构》，济南，山东人民出版社，2004；范进学：《认真对待宪法解释》，济南，山东人民出版社，2007；范进学：《美国宪法解释方法论》，北京，法律出版社，2010。
② 譬如韩大元：《认真对待中国宪法文本》，载《清华法学》，2012 (6)；韩大元：《中国宪法文本上"农民"条款的规范分析——以农民报考国家公务员权利为例》，载《北方法学》，2007 (1)；韩大元：《宪法文本中"公共利益"的规范分析》，载《法学论坛》，2005 (1)。
③ 参见周伟：《宪法解释方法与案例研究——法律询问答复的视角》，北京，法律出版社，2007。
④ 参见刘飞：《宪法解释的规则结合模式与结果导向》，载《中国法学》，2011 (2)；黄卉：《合宪性解释及其理论讨》，载《中国法学》，2014 (1)；黄明涛：《两种宪法解释的概念分野与合宪性解释的可能性》，载《中国法学》，2014 (6)；钱锦宇：《为原旨主义辩护》，载《学习与探索》，2012 (9)；等等。
⑤ See Paul Brest, "The Misconceived Quest for the Original Understanding", 60B. U. L. Rev. (1980). p. 205; Jefferson P., "The Original Understanding of Original Intent", *Harvard Law Review*, 1985, 98 (5)：885－948; Scalla A. A., *Matter of Interpretation: Federal Courts and the Law*, Princeton: Princeton University Press, 1997：38.

骋"的主要领域。

不断推出的大同小异的宪法学教科书，尽管都冠上了"宪法学"的名称，但在内容上，却主要是"宪法评注"或"宪法解释学"：关于国家性质、国家结构、国家机关、地方制度、司法制度、选举制度、政党制度、公民权利、公民义务的论述，常常构成了宪法学教科书的主体内容。当然，在这些内容之前，宪法学教科书一般还有两个部分：一是宪法的一般理论，主要论述宪法的概念和本质、宪法的特点与分类、宪法的原则与作用等等。二是宪法的历史，分别论述西方宪法的历史与中国宪法的历史。在"宪法的一般理论"中，尽管也体现了对于宪法文本的超越，但是，其内容却鲜有变化——几乎都是这样叙述的：宪法是国家的根本法，是各种政治力量对比关系的集中表现，是公民权利的保障书；宪法应当坚持的原则是人民主权原则、基本人权原则、分权原则或"议行合一"原则；等等。

因此，从总体上看，无论是宪法专题研究著作还是宪法学教科书，相关的论述主要都是以宪法文本作为依据的。这种宪法解释学在当代中国的兴起，乃是多种因素交错作用的产物。

首先，是"我注六经"这种传统的知识生产方式的产物。[①] 自古以来，中国的思想传承、文化积累与知识生产，几乎都是通过对经典的解释与再解释来实现的。甚至连儒家创始人孔子，也是通过整理、增删六经而完成自己的文化使命的。[②] 因此，自春秋以降，历代儒家传人的主要工作，就是凭借古老的经典，以"注"或"疏"的方式，来表达对于世界、对于人生、对于时代的看法。这样的知识生产传统，潜在地影响了当代中国的宪法学研究。在宪法学研究者的意识或潜意识里，宪法文本就是当代最重要的经典；无论是对于法律世界还是对于政治社会而言，宪法的这种至高无上的地位都是不言而喻的。与之形成鲜明对照的是，虽然"六经"在思想文化史上的价值与意义不容抹杀，但它对于现实世界的实际影响力，早已式微；它的权威地位，早已为今日的宪法所取代。由于今日的宪法就相当于昔日的"经"，因此，今日的宪法学研究者对于宪法文本的注释，其意义就相当于传统知识分子对于"经"的注释。换言之，今日的宪法学研究者在潜意识里还指望通过对于宪法文本的评注，来实现"为天地

[①] 作为一种研究方法的"我注六经"，向来是与"六经注我"联系起来的。详见赵林：《"六经注我"与"我注六经"——中西治学方法论的差异》，载《开放时代》，1997（2）。

[②] 据《史记·孔子世家》，"故《书》传、《礼》记自孔氏"。至于诗经，"古者《诗》三千余篇，及至孔子，去其重，取可施于礼义……礼乐自此可得而述，以备王道，成六艺"（〔汉〕司马迁：《史记》，长沙，岳麓书社，1988，第419页）。

立心、为生民请命"以及"为万世开太平"的宿愿。①

其次,宪法解释学的兴起,还源于法律实证主义的影响。事实上,早在古代中国,就已经孕育了具有法律实证主义倾向的律学传统。据学者考证,"中国传统的法律之学——律学——出现在官僚帝国形成之后和相对成熟的法典问世之时。早期的律家多为研习法律、熟知治讼技术的政府官吏,这种人渐为儒生取而代之。东汉之世,法律章句(即今之法律注解)之学大兴,儒家宗师亦参预其事,律学于是盛极一时,经此之后,律学的发展虽然趋于平淡,依然不绝如缕。现存的《唐律疏议》……可以视为律学的成就"②。迟至 19 世纪中叶,中国海禁既开,西方思想开始如潮水般地涌来。这个时候,恰恰也是西方法律实证主义极其兴盛的时期。源于西方的法律实证主义以"科学"的名义,俨然大写的真理,跟随其他主义一起,进入中国。其中,李达成书于 20 世纪 40 年代的《法理学大纲》,就堪称法律实证主义在中国的最为典型的理论表达。1949 年新中国成立以后,在法学研究领域中居于指导地位的马克思主义法律思想,在某种程度上也是一种法律实证主义,因为,它强调法律是统治阶级意志的体现,主张法律根源于一定的经济基础。这些观念,既暗合了法律实证主义的精神与风格,同时也支持了宪法学研究中的"注解"倾向。概而言之,中国传统的律学传统、马克思主义法律思想、西方的分析实证主义法学,再加上 20 世纪 50 年代以后引入的苏式法律传统,各方面的资源汇聚在一起,为宪法解释学的兴起提供了强有力的推动作用和支撑作用。

最后,宪法解释学的兴起,还与法学界日益强调的"专业槽"意识有关。大致是 20 世纪 90 年代以后,中国学界似乎出现了一种新的趋势:思想淡出,学术凸显,整个学术界越来越强调学术的专业化分工。这种趋势,其实也体现了从"思想革命"到"学术建设"的转轨,从"高调理论"到"低调理论"的转型,是整体性的时代风尚、社会思潮在学术界的延伸。在这种转向的过程中,就法学界而言,也逐渐形成一种共识,那就是,要"高筑专业槽",主张学者们都要在各自的专业领域内,向纵深方向进行挖掘。在这种法学思潮的影响下,一些宪法学研究者逐渐疏离了"大词法学""价值判断""宏大叙事",转而走向宪法文本、宪法规范、微

---

① 张载的所谓"横渠四句教":"为天地立心,为生民请命,为往圣继绝学,为万世开太平。"详见黄宗羲原著,全祖望补修:《宋元学案》,第 1 册,北京,中华书局,1986,第 664 页。
② 梁治平:《法律实证主义在中国》,载《中国文化》,1993(1)。

观论证。宪法解释学，就是在这样的学理背景之下，根据宪法文本而发展起来的学问。它体现了宪法学研究者的专业意识，表达了他们的专业化追求。

当然还有其他方面的原因，但以上几个因素的影响，也足以催生出令人瞩目的宪法解释学或"宪法评注学"。这样的理论追求和学术旨趣，当然会产生多个方面的积极意义，譬如，有助于从细节上完善现有的宪法制度，有助于对现有的宪法规则进行建设性的修补，有助于把宪法规则运用于实践，有助于推进宪法规则的实施，等等。正如有学者所指出的，"在一个社会开始走向法治的时候，对法律规则的重视在很大程度上就是对法治的重视。既然法治要求社会的管理者在对各种规范进行选择时法律至上，那么，法学的研究者就应向立法机关提供较为完善的法律规则体系，以便通过立法活动向社会提供明确的法律规则。有了这个前提，法治才能向更高的层面发展。没有法律规则，所谓依法治国只是一句空话"[①]。

"认真对待规则"的宪法解释学，一方面，有益于当代中国的法治建设，其价值和意义不容低估，但另一方面，这种宪法学研究倾向的局限性，也是显而易见的。

首先，局限性体现在"词"与"物"的关系上。现行的宪法文本是典型的"词"，现行政权及其运作实践是典型的"物"，两者的关系到底怎样？作为"词"的宪法文本能否全面地、真切地反映现行政权及其运作实践？笔者认为，答案应当是否定的。最简单的例证是，按照宪法文本，全国人民代表大会是最高国家权力机关，但是，按照政权运作实践，全国人民代表大会也要接受党的领导；按照宪法文本，人民法院依法独立行使审判权，不受行政机关、社会团体和个人的干涉，但是，按照政权运作实践，行政机关甚至个人对法院的"干涉"总是或隐或显地存在着。诸如此类的现象表明，"词"与"物"的关系绝非一一对应。在这样的情况下，针对宪法文本的评注虽然发展了宪法解释学，但它对于政权运作实践的解释能力、影响能力也许就不宜高估。马克思说："哲学家们只是用不同的方式解释世界，问题在于改变世界。"[②] 按照这个论断，哲学家既要解释世界，更要改变世界，然而，恪守宪法解释学的旨趣，基本上就只能解释宪法文本，连"解释世界"都谈不上，遑论"改变世界"！可见，宪法解释学即使丰富了对于宪法文本的解释技术，但与政治现实、社会现实，终

---

① 陈金钊：《法治与法律方法》，济南，山东人民出版社，2002，第114页。
② 《马克思恩格斯全集》，3版，第1卷，北京，人民出版社，2012，第136页。

究是隔膜的；它对于政治生活、公共生活的完善，并未起到足够的推动作用、引领作用。

其次，宪法解释学注重对现行宪法文本的解释，也诞生了一系列的优秀成果。但是，这些解释技术、研究成果满足了谁的需要呢？谁在期待着宪法解释的技术与方法呢？一方面，它没有满足司法者的需要，因为，司法者的司法活动一般不直接引证宪法文本，"宪法司法化"尽管受到了一些研究者的重视[1]，但宪法并未真正进入司法实践领域。不太严格地说，宪法解释学与司法者及其司法活动并无直接的关系。另一方面，它也没有满足行政者的需要。行政者日常性的行政执法活动，也与宪法文本没有直接的关系。从形式上看，宪法解释学的"潜在消费者"也许是立法者，因为，依照当代中国的立法惯例，所有的立法活动都要以宪法作为依据，都不得违反宪法；很多重要法律的第1条，都要写上"根据宪法，制定本法"的字样。从这个角度上说，宪法解释学也许可以满足立法者的需要——但是，即使在这一点上，宪法解释学的意义也是要打折扣的。因为，按照分析实证主义法学的理论，立法问题并不是一个纯粹的法学问题，而是一个伦理学问题。正如博登海默所看到的，"奥斯丁在法理学与伦理科学之间划了一条明确的理论界限，他认为，法理学乃是一种独立而自足的关于实在法的理论……立法科学则是伦理学的一个分支，其作用在于确定衡量实在法的标准以及实在法为得到认可而必须依赖于其上的原则。奥斯丁所主张的这种将法理学与伦理学相区别的观点，实是分析实证主义最为重要的特征之一。根据这种观点，法学家所关注的只是实然意义上的法律，而仅有立法者或伦理哲学家才应当去关注应然意义上的法律"[2]。而宪法解释学，恰恰就是按照分析实证主义法学的路径发展起来的，因此，它的学术旨趣、理论追求，就应当是或主要是针对实实在在的宪法规则，而不是立法活动。事实上，立法者的立法活动虽然不能背离宪法文本，但是，立法者关注的重心，却是"应然意义上的法律"。20世纪80年代以来，国家的立法机构已经颁布了数量庞大的法律文件，但却很少有人指出其中的某部法律或某些法律有违反宪法的嫌疑。可见，即使是

---

[1] 参见蔡定剑：《中国宪法司法化路径探索》，载《法学研究》，2005 (5)；上官丕亮：《当下中国宪法司法化的路径与方法》，载《现代法学》，2008 (2)；强世功：《宪法司法化的悖论——兼论法学家在推动宪政中的困境》，载《中国社会科学》，2003 (2)；许崇德、郑贤君：《"宪法司法化"是宪法学的理论误区》，载《法学家》，2001 (6)。

[2] ［美］博登海默：《法理学：法律哲学与法律方法》，邓正来译，北京，中国政法大学出版社，1999，第118页。

立法者，对于宪法解释技术也没有急迫的需求。换言之，宪法解释技术的"消费者"，主要还是宪法学研究者共同体。这种理论状况，说明宪法解释理论尚未找到明确的"消费群体"，还没有体现宪法学研究应当具有的社会功能与实践价值。

而且，即使是在纯粹的学理层面上，宪法解释学也面临着一些困境：它虽然发展了宪法解释的技术，但却忽视了宪法学的基础理论、一般理论与方法论；它虽然展示了宪法文本的某些细节，但却疏于揭示宪法现象的一般规律，尤其是疏于解释中国宪法现象的特质。如果说，学术可以划分为"学"与"术"两个层面[①]，那么，宪法解释理论的主要贡献就在于"术"，而对于宪法之"学"，却没有作出足够的贡献。由此，我们发现，在宪法解释理论中，宪法的表层被揭示出来了，但宪法的深层依然埋在地下，宪法的根基依然没有被发掘出来。

以上几个方面表明，宪法解释理论的价值虽然受到了公认，但是，它们还是不能充分地满足实践的需要、理论的需要。为了弥补宪法解释学的不足，有必要在尊重现有的宪法解释学的基础上，进一步发展一个新的领域，那就是宪法社会学理论，尤其是适用于当代中国的宪法社会学理论。

二、宪法社会学的憧憬

这里所谓的"宪法社会学"理论，是把社会学的方法运用于宪法学研究；它尊重现行的宪法文本，但又不拘泥于宪法文本的限制，而是表现了对于宪法文本的超越；更重要的是，它还特别强调对于中国宪法实践的尊重。由于这两个方面的追求，我们所谓的"宪法社会学"明显地区别于主流的宪法解释学；其一，宪法解释学主要是从宪法文本出发，主要是对现行宪法文本的解释，它研究的对象主要是纸面上的宪法；宪法社会学主要是从宪政实践出发，主要是对宪法实践的解释，它研究的对象主要是行动中的宪法或"活的宪法"。其二，宪法解释学旨在追寻宪法制定者的本意，是在制宪者意图的框架下所作出的智识努力；宪法社会学则把制宪者作为研究的对象，把制宪者也作为宪法现象的一个组成部分。其三，宪法解释学的品格主要是"术"，即对于解释技术的提炼；而宪法社会学的品格主要是"学"，即对于宪法哲理、宪法原理、宪法机理的揭示，等等。正是这几个方面的差异，促使我们在宪法解释学之外，进一步发展当代中国的

---

① 关于法学研究中的"学"与"术"，可参见喻中：《法学方法论》，北京，法律出版社，2014，第3页。

宪法社会学。

　　笔者之所以要说"进一步发展"，实在是因为，当代中国的宪法社会学理论并非一片空白，而是已经获得了一个较为坚实的基础，譬如本书第一章所展示出来的成果。但是，即使已经推出了上述成果，当代中国的宪法社会学理论依然处于欠发达状况。

　　一方面，学者们对于当代中国实践中的宪法或行动中的宪法，尚未给予深入而细致的讨论。譬如，政党与国家的关系，就是一个极其突出的宪法现象，但是，关于这个现象的宪法学解释，却比较薄弱。在一些宪法学者看来，政党问题不是一个宪法学理论问题，宪法学应当关注的中心是国家权力与公民权利，议会、政府、法院、公民之类的主体才是宪法的"合法"主体。这种关于宪法学内容的"前见"，即使有17、18世纪的西方宪法学理论及其实践作为依据，依然是有疑问的，因为，它画地为牢地限制了宪法社会学应当具有的广阔视野，尤其是对当代中国的宪法现象没有给予足够的尊重。然而，在当代中国的背景下，抛开政党谈论宪法，终究是不切实际的，因为，很多宪法实践或宪法现象，只有在政党政治的背景下才能得到有效的解释。

　　另一方面，对于中国宪法现象的文化个性，尚未给予有效的揭示。在这个方面，王人博的《宪政的中国之道》也许是一个值得注意的例外。[①]但就总体上看，中国宪法的逻辑起点、逻辑终点，中国宪法与西方宪法在文化根源上的差异，尤其是，中国宪法为什么呈现出当前的形态，诸如此类的问题，都没有得到深入而细致的解释。一些研究者习惯于以欧美诸国的宪法学理论作为应然的标准，以之衡量当代中国的宪法现象，发现两者之间差距较大，就简单地否定当代中国的宪法实践。这种"单向度"的思维方式，既不利于中西之间的对话，也无助于解释中国宪法，更难实现"改造世界"的使命。

　　因此，要发展当代中国的宪法社会学，必须目光向内：既要挖掘中国的历史，更要挖掘中国的现实。通过这样的途径，来发展中国自己的宪法社会学。按照笔者的初步探索，当代中国的宪法社会学理论应当包括以下3个层面的内容。

　　首先，是中国宪法的精神实质。

　　这是中国宪法区别于西方宪法的起点。譬如，美国的宪法是可以进入诉讼领域的，可以作为法官判决的依据，但中国的宪法就不行。同样都是

[①] 参见王人博：《宪政的中国之道》，济南，山东人民出版社，2003。

宪法，为什么会有这么大的差距？原因就在于中美两国的宪法具有截然不同的精神实质。美国宪法是制宪会议上相互争吵和相互妥协的产物，中国宪法的产生就没有那么艰难——它常常都是一致通过的。为什么中国的宪法总是会得到"一致"的通过呢？根源在哪里？通过对这些问题的索解，就会逐渐接近中国宪法的精神实质。毕竟，中国的宪法不是出自本土，而是移植自异域。在培育中国宪法的进程中，尤其是在这个进程的早期，中国人对它有着特别的期待，换言之，在中国人的潜意识里，总是认为，制定一部"好的宪法"就能实现某些重要的目标。但是，西方的宪法，却没有担负起这种"不能承受之重"，它们的宪法，不过是争吵结果或妥协结果的一纸记录罢了。笔者以为，中国宪法的精神实质，就隐藏在这些历史与现实的缝隙里。

按照传统教科书的观点，宪法既是各种政治力量对比关系的集中体现，但同时也是公民权利的保障书。① 在流行的观念中，这也许就是关于宪法的最抽象的理论概括了。然而，人们总是习焉不察的是，关于宪法的这两点概括实际上是自相矛盾的。如果宪法的核心价值是保障公民权利，那么，只要对公民权利有利的，都会在宪法文本中规定下来；只要是对公民权利不利的，都会排除在宪法文本之外。按照这样的要求，宪法又如何能够集中体现各种政治力量的对比关系呢？反过来，如果宪法是政治力量对比关系的集中体现，那么，在军阀当政下制定的宪法，势必要集中体现出军阀的当政地位，在这种情况下，宪法又怎么能充当公民权利的保障书呢？传统观点的支持者也许会作出这样的辩护：认为宪法是各种政治力量对比关系的集中体现，是一个事实判断；认为宪法是公民权利的保障书，则是一个价值期待。笔者认为，即使这样的辩护，也不能令人信服。一方面，宪法上的词句，并不能真正体现各种政治力量的实际对比关系。在当代世界一百多个国家中，宪法文本大同小异，都承认民主，都主张平等，等等，但在这些相似的宪法文本后面，政治力量的对比关系千差万别，差异极大。另一方面，说宪法应当是公民权利的保障书，也没有揭示宪法的真实价值。譬如1787年的美国宪法，在刚刚颁布之初，甚至连公民权利的条款都没有，它不也成了一部让很多人称道的宪法吗？直至1791年，10条宪法修正案得以通过，美国宪法才有了人们常说的权利法案；权利法案之为修正案，不恰好表明，在宪法制定之初，它还不是最紧迫、最关键的部分吗？可见，宪法的精神实质，特别是中国宪法的精神实质，还期

---

① 参见许崇德主编：《中国宪法》，北京，中国人民大学出版社，1989，第24～27页。

待着更恰切的理解。

其次，是中国宪法的制度框架。

现有的宪法学理论，在论及中国宪法时，基本上都是围绕着国家制度与公民权利、义务来展开的。有关国家制度的理论，包括国家性质、国家形式、选举制度、中央和地方的代议机关、行政机关、司法机关等等；有关公民的权利、义务，主要包括权利、义务的内容、特点等等。这种通行的体系，并未全面地、准确地概括中国宪法实践的全貌。

按照我们的观察，中国宪法的基本框架应当是：中国共产党领导的多党合作与政治协商制度、人民代表大会制度、"一国两制"与民族区域自治制度、基层群众性自治制度。

第一，中国共产党领导的多党合作与政治协商制度，构成了中国宪法的内在基石。从形式上看，1949年新政权的成立，就是由当时的"新政协"决定的；为新政权提供宪法依据的《共同纲领》，也是"新政协"制定的。从那以后，中国共产党领导的多党合作与政治协商，既构成了当代中国最重要的政治事实，也应当作为中国宪法重点铺陈的首要内容。因此，在当代中国的背景下，政党体制就不仅仅是一个"党建"方面的内容了，它还是中国宪法的一个核心组成部分。只有这样，中国宪法之"名"才能对应于中国宪法之"实"，否则，我们的宪法学理论与宪政实践总是会分离成为"两张皮"。

第二，人民代表大会制度，构成中国宪法的外在结构。人民代表大会制度不仅仅是一个"政权组织形式"，它同时也可以解释当代中国的立法制度、行政制度、司法制度、选举制度，换言之，国家机关之间的相互关系，都可以在人民代表大会制度下来理解、来改进。因此，人民代表大会制度应当作为一个相对独立的理论板块，予以系统的研究与阐述。但是，在现行的宪法学理论体系中，它的地位并没有得到应有的突显。

第三，"一国两制"与民族区域自治制度，反映了中国特色的央地关系。这项制度包括三个层面的内容：其一，是香港、澳门、台湾与大陆的关系，用"一国两制"理论来解释。其二，是民族区域自治制度，它是当代中国安排民族关系的宪法制度。其三，是各省、直辖市，它们是作为普通的行政区与中央结成的宪法关系。可见，在这个部分中，可以反映出极具实践意义的央地关系。

第四，基层群众性自治制度，主要体现了中国宪法对于"公民社会"的引导与规范。有关基层民主、公民社会、村民自治或居民自治等方面的内容，都可以在这个宪法制度下来理解。

以上四个方面，构成了中国宪法的制度框架。如果按照这个框架来安排宪法社会学的制度面向，也许比既有的体系更能反映当代中国宪法实践的真实状态。

分析至此，也许有学者会提出质疑：在这个框架中，怎么没有反映公民权利呢？怎么没有提到人权保障呢？对此，笔者的回答是，有关政权运行的制度安排，应当成为宪法制度的基本框架。公民的基本权利当然很重要，但它不属于政权运行中的制度问题。保障公民权利，作为政权的一项义务，可以在宪法序言或总纲中予以规定。考之于其他国家的宪法，法国关于公民权利的规定，依赖于《人权宣言》；美国关于公民权利的规定，依赖于后来的权利法案；英国根本就没有统一的宪法法典，它关于公民权利的规定，散见于《自由大宪章》《人身保护法》等系列宪法性文件。因此，在中国宪法的制度框架层面，重心应当是阐明以上几个方面的基本制度。

最后，是中国宪法的运作技术。

它的主要目标，是解释、发展、完善宪法实践的技术细节。比如，在村民自治领域，如何实现村民的自我管理、自我服务呢？尤其是，如何实现村民的民主理财呢？这里就有一些值得探讨的技术路径。2007年12月，包括央视在内的各大媒体竞相报道了贵州省的一个山村，通过一枚"五瓣印章"，较好地实现了村民民主理财的目标，就是一个值得重视的宪法个案。① 这起个案中展示出来的民主运作方式，绝不可能见于正式的宪法文本，但它却是宪法社会学的极其重要的组成部分，因为它涉及村民自治的实现程度问题。以此类推，举凡投票的技术、表决的技术、开会辩论的技术、会场设置的技术，以及人大监督法院的技术、人大监督政府的技术，诸如此类的细节问题，都有待于理论上的斟酌与考量。

"窥一斑而知全豹"，细节中也蕴藏着深刻的宪法社会学。海外汉学家从英国使节朝见清朝皇帝的礼仪之争，透视出东西两大文明之间极其复杂的关系。② 我们也可以从一些细节入手，来解读中国宪法的理论蕴含。③ 从这个角度上说，对于宪法技术的理论研究，可以从两个角度展开：一是

---

① 参见喻中：《民主的技术》，载《法制日报》，2007-12-16。
② 参见［美］何伟亚：《怀柔远人：马嘎尔尼使华的中英礼仪冲突》，邓常春译，北京，社会科学文献出版社，2002。
③ 法国思想家福柯从广场上的酷刑到监狱里的作息时间表的转换，探讨了权力形态从惩罚到规训的变迁这一重大的思想主题，就体现了"以小见大"的学术进路。参见［法］福柯：《规训与惩罚》，刘北成、杨远婴译，北京，三联书店，1999。

技术路径的角度，探讨、总结、提炼实践中的宪法技术；二是文化解释的角度，"细微之处见精神"，从一些寻常的宪法细节着手，寻找其中的大义。

以上三个层面，就是笔者所说的宪法社会学的主要内容。与宪法解释学不同的是，这些内容及其路径，既尊重现行的宪法文本，但更强调对于实践的尊重，尤其是，对于中国语境、本土逻辑的尊重。笔者希望通过这样的努力，能够走上一条从实践出发的宪法社会学理论。

三、结语

在我们所倡导的宪法社会学理论中，宪法就是关于政治实践的记录与写照。换言之，政治实践是什么，宪法社会学的研究对象就应当是什么。

在《存在与时间》一书的卷首，海德格尔写道："我们用'是'或'存在着'意指什么？我们今天对这个问题有了答案吗？没有。所以现在要重新提出存在的意义的问题。然而我们今天竟还因为不懂得'存在'这个词就困惑不安吗？不。所以现在首先要唤醒对这个问题本身的意义的重新领悟。"[1]

如果套用海德格尔的表达，那么，我们也可以说：在我们的时代，尤其是在当代中国，对源出于西方的"宪法"一词的真正意义有答案了吗？几乎没有。因此，我们现在重新提出"宪法"的意义问题是恰当的。然而，我们今天为自己无力理解"宪法"而感到困惑了吗？一点也不。因此，我们首先应当再次唤醒对这个问题本身的意义的理解。

宪法社会学，就是要唤醒对于宪法尤其是对于中国宪法的重新理解。

本书关于宪法的理解到此结束。

关于宪法的其他理解永远不会结束。

---

[1] ［德］海德格尔：《存在与时间》，陈嘉映、王庆节合译，北京，三联书店，2006，第1页。

图书在版编目(CIP)数据

宪法社会学/喻中著. —北京：中国人民大学出版社，2016.12
 国家社科基金后期资助项目
 ISBN 978-7-300-23470-0

Ⅰ.①宪… Ⅱ.①喻… Ⅲ.①宪法-社会学-研究 Ⅳ.①D911.04

中国版本图书馆 CIP 数据核字（2016）第 237800 号

国家社科基金后期资助项目
宪法社会学
喻　中　著
Xianfa Shehuixue

出版发行	中国人民大学出版社		
社　　址	北京中关村大街 31 号	邮政编码	100080
电　　话	010-62511242（总编室）	010-62511770（质管部）	
	010-82501766（邮购部）	010-62514148（门市部）	
	010-62515195（发行公司）	010-62515275（盗版举报）	
网　　址	http://www.crup.com.cn		
	http://www.ttrnet.com（人大教研网）		
经　　销	新华书店		
印　　刷	涿州市星河印刷有限公司		
规　　格	165 mm×238 mm　16 开本	版　次	2016 年 12 月第 1 版
印　　张	13.75 插页 2	印　次	2016 年 12 月第 1 次印刷
字　　数	231 000	定　价	39.80 元

版权所有　侵权必究　印装差错　负责调换